企业成本核算分析与控制

会计真账实操训练营◎编著

中国铁道出版社有限公司
CHINA RAILWAY PUBLISHING HOUSE CO., LTD.

图书在版编目（CIP）数据

企业成本核算、分析与控制/会计真账实操训练营编著. —北京：中国铁道出版社有限公司，2021.6（2025.3重印）
ISBN 978-7-113-11638-5

Ⅰ.①企… Ⅱ.①会… Ⅲ.①企业管理-成本管理 Ⅳ.①F275.3

中国版本图书馆CIP数据核字（2021）第037480号

书　　名：企业成本核算、分析与控制
QIYE CHENGBEN HESUAN、FENXI YU KONGZHI
作　　者：会计真账实操训练营

责任编辑：王淑艳　　编辑部电话：（010）51873022　　邮箱：554890432@qq.com
封面设计：末末美书
责任校对：孙　玫
责任印制：赵星辰

出版发行：中国铁道出版社有限公司（100054，北京市西城区右安门西街8号）
网　　址：https://www.tdpress.com
印　　刷：三河市宏盛印务有限公司
版　　次：2021年6月第1版　2025年3月第8次印刷
开　　本：710 mm × 1 000 mm 1/16　印张：20　字数：232千
书　　号：ISBN 978-7-113-11638-5
定　　价：69.80元

前　言

成本管理贯穿企业生产经营全流程，从采购、生产到销售，会计人员关注的不仅仅是数据，还有分析、控制与方法。

编写依据

根据现代企业成本管理理念以及《企业产品成本核算制度》编写，从成本核算、成本控制、成本预测、成本分析等角度讲解企业成本费用在完工产品和在产品之间的分配，完成产品结转，成本报表分析以及根据生产流程控制成本等，进而实现成本控制与决策。

基础解读

秉承基础实用的原则，本书对会计业务从头到尾进行图解。

（1）设置成本账户，计算材料费、人工费、动力费、期间费用等在完工产品和在产品之间的分配。

（2）详解半成品分配方法的运用，如不计算在产品成本法、按年初数固定计算在产品成本法、在产品按完工产品成本计算法、在产品按定额成本计价法、约当产量比例法、定额比例法等。

（3）产成品成本计算基本方法，如品种法、分批法、分步法等具体运用。

（4）成本报表编制与分析。详细介绍几种成本报表的编制，以及分析方法。

（5）成本控制方法，如定额法、标准成本法、作业成本法、责任成本法具体运用。

（6）根据成本原理，选用餐饮业、物流业、建筑施工企业如何进行成本核算与结转。

（7）根据企业生产流程，进行成本控制。

全真实训

为了更真实地接近会计工作，本书列举140个案例，220张图表，130个公式，根据案例编写会计分录、登记会计凭证以及会计账簿。因本书涉及企业最基本的业务，案例也选取日常实例，会计人员可轻松应付岗位要求。

本书读者

本书适用于会计初学者、会计专业学生，想要开辟第二职业的好学者以及在职会计人员。本书用真实的例子为读者营造了一个真实的会计实战氛围，是职场小白的好帮手。

编　者

目　录

第1章 现代成本管理

第2章 成本费用构成与科目设置

第3章 费用在各种产品以及期间费用之间的归集和分配

第4章 生产费用在完工产品和在产品之间的归集与分配

第5章 产品成本计算的方法

第7章 成本报表编制与分析

第 8 章 本量利分析与应用

第11章 物流企业成本核算

第 12 章 建筑施工企业成本核算

第 1 章 现代成本管理

现代成本管理是指企业生产经营过程中各项业务成本计划、控制、预测、决策和分析等管理行为。

1.1 成本计划

成本计划是以货币形式编制在计划期内的项目生产费用、成本水平、成本降低率以及为降低成本所采取的主要措施和规划的书面方案。它是建立项目成本管理责任制、开展成本控制和核算的基础，是降低成本的指导文件，设立目标成本的依据。

1.1.1 成本计划的构成

成本计划的构成，在不同时期、不同行业、不同部门和不同的管理要求下是有差别的。一般情况下，广义的成本计划是对本期产品的生产费用提出的成本目标；期间费用预算是对由本期损益直接负担的期间费用提出的成本目标。狭义的成本计划通常包括六个部分：

（1）产品单位成本计划；

（2）产品总成本计划；

（3）制造费用计划；

（4）期间费用计划；

（5）降低成本的主要措施方案；

（6）对成本计划必要的文字说明。

1.1.2 成本计划的编制方法

由于生产特点、管理要求和成本基础的不同，编制成本计划的方法可以采用直接计算法和因素测算法，见表 1-1。

表 1-1　编制成本计划的方法

直接计算法	又称成本细算法，它是根据各项消耗定额及费用预算等资料，按照产品品种、成本项目，采用一定的成本计算方法，详细计算各种产品的计划成本，然后汇总编制全部产品成本计划的方法。通常各项消耗定额和计划资料齐全的企业可采用直接计算法编制成本计划

续上表

因素测算法	又称概算法，它是通过对各项技术经济指标等因素进行分析，测算各主要因素对成本降低额和降低率的影响，并以上年计划或上年实际成本为基础进行调整，从而编制成本计划的方法

企业成本计划的编制可在厂长、总经理的直接领导下，由企业的财务部门负责制定。

1.2 成本控制

成本控制的主体，是企业的成本管理机构和各级管理人员。成本控制对象是生产经营过程中的劳动耗费。成本控制的过程是运用系统工程的原理对企业在生产经营过程中发生的各种耗费进行计算、调节和监督的过程，同时也是一个发现薄弱环节，挖掘内部潜力，寻找一切可能降低成本途径的过程。

1.2.1 成本控制的内容

成本控制的内容非常广泛，各行各业不同企业有不同的控制重点。控制内容一般可以从以下几个角度进行考虑，见表 1–2。

表 1–2　成本控制的内容

产品投产前的控制	包括产品设计成本、加工工艺成本、物资采购成本、生产组织方式、材料定额与劳动定额水平等，产品总成本的 60% 取决于这个阶段的成本控制工作的质量
制作过程中的控制	包括原材料、人工、能源动力、各种辅料的消耗、工序间物料运输费用、车间以及其他管理部门的费用支出
流通过程中的控制	包括产品包装、厂外运输、广告促销、销售机构开支和售后服务等费用

1.2.2 成本控制的方法

依据成本控制的标准，成本控制的基本方法包括：目标成本法、标准成本法、定额成本法、作业成本法、价值工程法等。

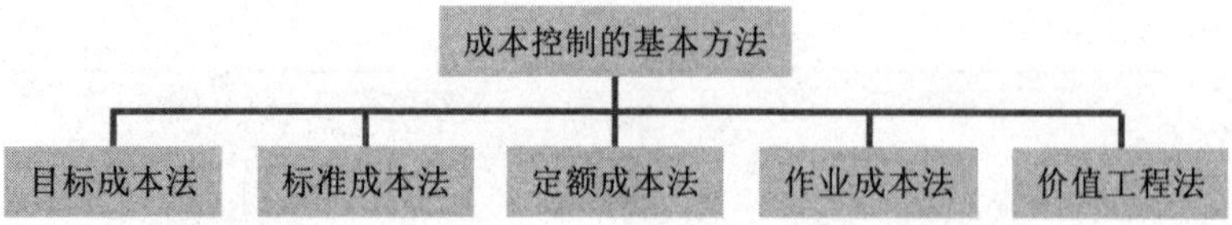

1. 目标成本法

目标成本法是一种以市场为主、以顾客需求为导向，在产品规划、设计阶段就着手努力，运用价值工程，进行功能成本分析，达到不断降低成本，增强竞争能力的一种成本管理方法。

目标成本法的执行，具体包括下面几步：①产品规划阶段；②产品设计阶段；③试生产阶段；④生产阶段。

2. 标准成本法

标准成本法是一种以标准成本为控制对象的成本管理方法，标准成本控制法主要涉及标准成本的计算。标准成本计算也称标准成本控制制度，是指为产品成本规定各项标准，并适用于企业管理工作中对产品成本进行有效控制的一种成本计算方法。

一个完整的标准成本系统，主要有标准成本的制定、成本差异的计算、分析和成本差异的处理三部分组成。

3. 定额成本法

定额成本法的基本原理是，在实际费用发生时，将其划分为定额成本与各种差异两部分来汇集，并分析差异发生的原因，及时反馈到成本管理部门予以纠正。月终以产品定额成本为基础加减所汇集和分配的各种成本差异（包括定额变动差异、脱离定额差异、材料成本差异），就能得到产品实际成本，用公式表示如下：

实际成本 = 定额成本 ± 各种成本差异

（1）根据企业实际情况，结合生产特点制定成本中心；

（2）正确制定单位产品标准成本 (成本标准)；

（3）揭示实际消耗与成本标准的差异；

（4）根据实际产量和成本标准计算产品的标准成本；

（5）积累实际成本资料并认真汇总计算实际成本；

（6）通过标准成本和实际成本的比较，算出标准成本的差异，分析成本差异的原因；

（7）进行标准成本及成本差异的账务处理；

（8）向成本负责人提供成本控制报告，评价考核各责任部门、人员的业绩。

4. 作业成本法

作业成本法又叫作业成本计算法或作业量基准成本计算方法，是以作业为核心，确认和计量耗用企业资源的所有作业，将耗用的资源成本准确地计入作业，然后选择成本动因，将所有作业成本分配给成本计算对象（产品或服务）的一种成本计算方法。

作业成本控制将重点集中在作业上，以作业为核心，依据作业对资源的消耗情况，将所消耗的资源的成本分配到作业，再由作业依据成本动因追加到产品成本的形成和积累过程，由此得出最终产品成本。

5. 价值工程法

价值工程，指的都是通过集体智慧和有组织的活动对产品或服务进行功能分析，使目标以最低的总成本（寿命周期成本），可靠地实现产品或服务的必要功能，从而提高产品或服务的价值。

1.3 成本预测

成本预测，是指根据历史成本资料和成本信息数据，结合目前的经济技术条件、外界环境变化、企业发展目标等内外因素，利用一定的科学方法，对未来成本水平及其变化趋势所进行的推测和估算。

1.3.1 成本预测的分类

1. 成本预测程序

（1）根据企业总体目标提出初步成本目标。

（2）初步预测在目前情况下成本可能达到的水平，找出达到成本目标的差距。其中初步预测，就是不考虑任何特殊的降低成本措施，按目前主客观条件的变化情况，预计未来时期成本可能达到的水平。

（3）考虑各种降低成本方案，预计实施各种方案后成本可能达到的水平。

（4）选取最优成本方案，预计实施后的成本水平，正式确定成本目标。

以上成本预测程序表示的只是单个成本预测过程，而要达到最终确定的正式成本目标，这种过程必须反复多次。也就是说，只有经过多次的预测、比较以及对初步成本目标的不断修改、完善，才能最终确定正式成本目标，并依据本目标组织实施成本管理。

2. 成本预测分类

成本预测分类如下：

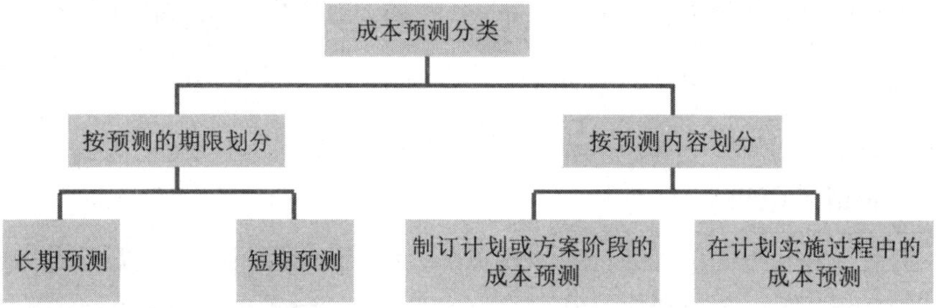

1.3.2 成本预测的方法

假若产品过去的成本资料比较健全，常用的成本预测方法有高低点法、定量预测法、趋势预测法、因果预测法、定性预测法。

1. 高低点法

成本预测的高低点法是指根据企业一定期间产品成本的历史资料，按照成本习性原理和 $y=a+bx$ 直线方程式，选用最高业务量和最低业务量的总成本之差（Δy），同两种业务量之差（Δx）进行对比，先求 b 的值，然后再代入原直线方程，求出 a 的值，从而估计推测成本发展趋势。

2. 定量预测法

定量预测法是指根据历史资料以及成本与影响因素之间的数量关系，通过建立数学模型来预计推断未来成本的各种预测方法的统称。

3. 趋势预测法

趋势预测法是按时间顺序排列有关的历史成本资料，运用一定的数学模型和方法进行加工计算并预测的各类方法。趋势预测法包括简单平均法、平均法和指数平滑法等。

4. 因果预测法

因果预测法是根据成本与其相关之间的内在联系，建立数学模型并进行分析预测的各种方法。

因果预测法包括本量利分析法、投入产出分析法、回归分析法等。

5. 定性预测法

定性预测法是预测者根据掌握的专业知识和丰富的实际经验，运用逻辑思维方法对未来成本进行预计推断的方法的统称。

1.4 成本决策

成本决策是指依据掌握的各种决策成本及相关的数据，对各种备选方案进行分析比较，从中选出最佳方案的过程。成本决策与成本预测紧密相连，它以成本预测为基础，是成本管理不可缺少的一项重要职能。

成本决策所采用的专门方法，因决策的具体内容和掌握资料的不同而各有不同。但其最常用的专门方法有差量损益分析法、总额分析法、相关成本分析法、成本无差别点法四种。

1.4.1 差量损益分析法

在决策分析中，差量是指不同备选方案之间的差异，差量又分差量收入、差量成本和差量利润。差量损益分析是指在充分分析不同备选方案差量收入、差量成本和差量利润的基础上，从中选择最优方案的方法。

差量损益分析的一般步骤为四步：

（1）计算备选方案的差异收入；

（2）计算备选方案的差量成本；

（3）计算备选方案的差量利润；

（4）比较最优方案。

差量损益分析法的两类因素是差量收入和差量成本。差量收入是一个备选方案的预期收入与另一个备选方案的预期收入的差额。差量成本是一个备选方案的预期成本与另一个备选方案的预期成本的差额。如果差量收入大于差量成本，即差量损益为正数，则前一个方案是较优的；反之，如差量收入小于差量成本，即差量损益为负数，则后一个方案是较优的。

1.4.2 总额分析法

总额分析法以利润作为最终的评价指标，按照销售收入 – 变动成本 – 固定成本的模式计算利润，由此决定方案取舍的一种决策方法。之所以称为总额分析法，是因为决策中涉及收入和成本是指各方案的总收入和总成本，这里的总成本通常不考虑它们与决策的关系，不需要区分相关成本与无关成本。这种方法一般通过编制总额分析表进行决策。

1.4.3 相关成本分析法

相关成本分析法是在各个备选方案收入相同的前提下只分析每个备选方案相关成本指标，也就是计算每个方案的增量成本、专属成本和机会成本等之和即为相关成本的方法。在收入相同的前提下，相关成本最低的方案必然是利润最高的方案，所以，应选择相关成本最低的方案。采用相关成本分析法必须是在各备选方案业务量确定的条件下。如果各备选方案的业务量不确定，则不能采用相关成本分析法。

1.4.4 成本无差别点法

成本无差别点法是以成本无差别点业务量作为最终的评价指标，根据成本无差别点所确定的业务量范围来决定方案取舍的一种决策方法。这种方法适用于只涉及成本，而且业务量未知的方案决策。

成本无差别业务量又称为成本分界点，是指两个不同备选方案总成本相等时的业务量。

如果业务量 x 的取值范围在 $0<x<x_0$ 时，则应选择固定成本较小的 y_2 方

案；如果业务量在 $x>x_0$ 的区域变动时，则应选择固定成本较大的 y_1 方案；如果 $x=x_0$，说明两方案的成本相同，决策中选用其中之一即可。

应用此法值得注意的是，如果备选方案超过两个以上方案进行决策时，应首先两两方案确定成本无差别点业务量，然后通过比较进行评价。比较时最好根据已知资料先做图，这样可以直观地进行判断，不容易失误，因为图中至少有一个成本无差别点业务量没有意义，通过做图，可以剔除不需用的点，在此基础上再进行综合判断分析。

1.5 成本分析

成本分析是将企业的实际成本与计划成本（或标准成本）相比较，揭示实际成本与计划成本（或标准成本）的差异，并对差异进行分析，查明原因，提出改进措施，达到降低成本目的的一种成本管理工作。

成本分析是成本管理的重要组成部分。由于成本是反映企业生产经营管理活动水平的综合性指标，因此，对成本的组成进行剖析，并找出其组成部分的本质属性和彼此之间的关系，从而认识成本的本质特性及其变化的规律，对正确认识和评价企业生产经营管理水平，采取有效措施降低成本，具有十分重要的作用。

1.5.1 成本分析的项目

成本分析的项主要包括以下几种：产品总成本分析、主要产品单位成本分析、技术经济指标对产品成本影响以及其他成本费用分析。

从产品总成本分析来看，主要包括产品总成本计划完成情况分析、影响产品总成本升降的客观因素分析、可比产品成本分析。

从产品单位成本分析来看，主要包括产品单位成本计划完成情况分析、产品单位成本项目分析等内容。

技术经济指标对产品成本影响分析包括生产工艺、产品设计、工时利用、设备性能、原材料、能源动力消耗等各项技术经济指标对成本的影响分析。其他成本费用分析包括期间费用分析、责任成本分析、质量成本分析等。

1.5.2 成本分析的方法

在实际工作中，通常采用的技术分析方法有对比分析法、因素分析法（连环替代法）和相关分析法等三种。

1. 对比分析法

对比分析法通常是把两个相互联系的指标数据进行比较，从数量上展示和说明研究对象规模的大小、水平的高低、速度的快慢，以及各种关系是否协调。在对比分析中，选择合适的对比标准是十分关键的步骤。选择的合适，才能做出客观的评价；选择不合适，评价可能得出错误的结论。对比分析法的标准存在以下几种选择：

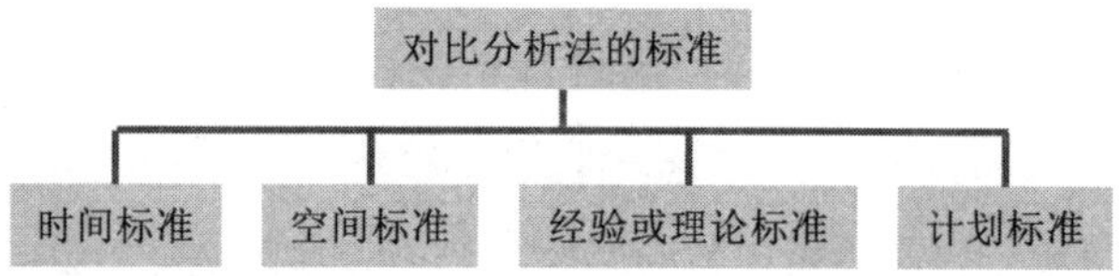

2. 因素分析法

因素分析法是财务分析方法中非常重要的一种分析方法。运用因素分析法，准确计算各个影响因素对分析指标的影响方向和影响程度，有利于企业进行事前计划、事中控制和事后监督，促进企业进行目标管理，提高企业经营管理水平。

3. 相关分析法

相关分析法就是对总体中确实具有联系的标志进行分析，其主体是对总体中具有因果关系标志的分析。它是描述客观事物相互间关系的密切程度并用适当的统计指标表示出来的过程。在一段时期内生产率随经济水平的上升而上升，这说明两指标间是正相关关系；而在另一时期，随着经济水平进一步发展，出现生产率下降的现象，两指标间就是负相关关系。

1.6 成本考核

成本考核就是定期通过成本指标的对比，对目标成本的实现情况和成本预算指标的完成结果进行全面的审核和评价，是成本会计职能的重要组成部分。

1.6.1 成本考核的要求

成本考核主要要求有以下几方面：

（1）编制和修订责任成本预算，并根据预定的生产量、生产消耗定额和成本标准，运用弹性预算方法编制各责任中心的预定责任成本，作为控制和考核的重要依据；

（2）确定成本考核指标，如目标成本节约额（即预算成本 − 实际成本），目标成本节约率（即目标成本节约额 ÷ 目标成本）；

（3）根据各责任中心成本考核指标的计算结果，综合各个方面因素的影响，对各责任中心的成本管理工作作出公正合理的评价。

成本考核的指标主要有以下几方面：

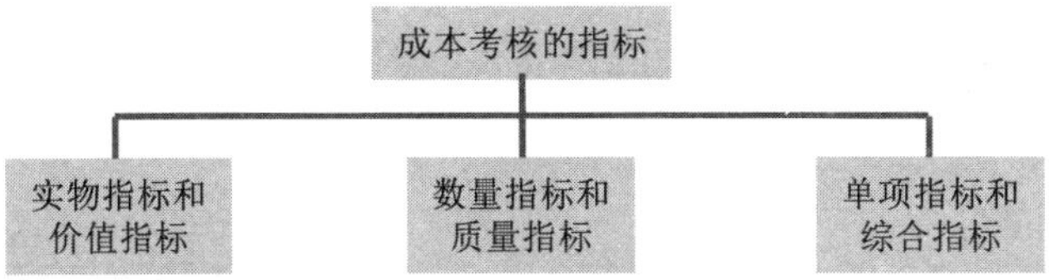

1.6.2 成本考核的方法

成本考核的方法有两方面：

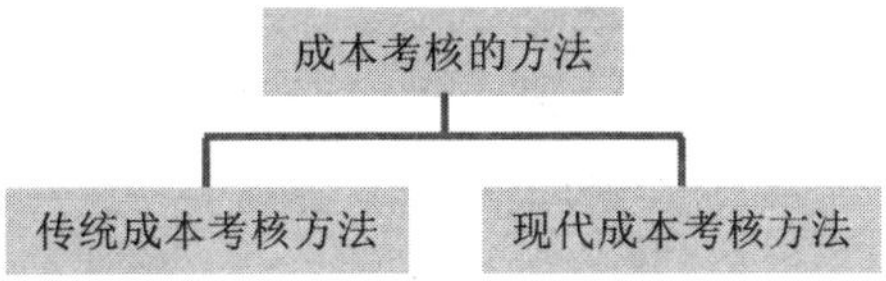

1. 传统成本考核方法

传统成本考核指标主要是可比产品成本计划完成情况指标，该项指标在计划经济体制下，对于加强企业的成本管理、提高企业降低成本的积极性等方面发挥了积极的作用。但在市场经济条件下，国家对企业的管理模式发生了较大的变化，企业所处的内外部环境也发生巨大的变化。因此，传统的成本考核方法已不适用，需要研究和改进，采用新的成本考核方法和模式。

2. 现代成本考核方法

在现代成本管理的理论和方法中，对传统的成本考核内容进行了较大的改革，主要是围绕责任成本管理设立成本考核指标。

责任成本管理，是指将企业内部划分成不同的责任中心，明确责任成本，并根据各责任中心的权、责、利关系，来考核其工作业绩的一种成本管理模式。其中，责任中心也叫责任单位，是指企业内部具有一定权力并承担相应工作责任的部门或管理层次。

责任成本管理的流程如下：

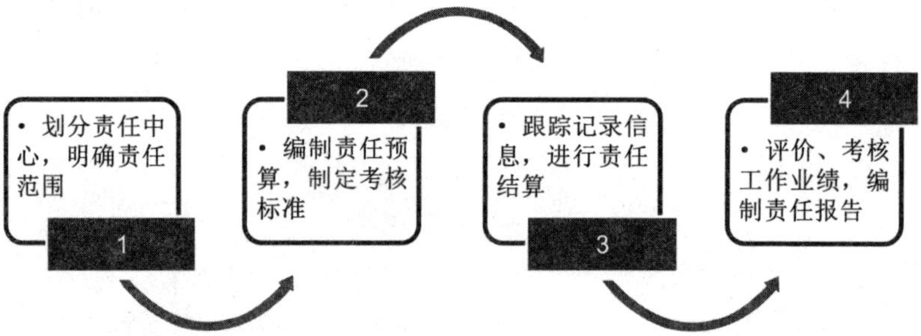

按照企业内部责任中心的权责范围以及业务活动的不同特点，责任中心一般可以划分为成本中心、利润中心和投资中心三类。

第 2 章 成本费用构成与科目设置

成本会计是成本会计与管理的直接结合，它根据成本核算和其他资料，采用数学统计的原理和方法，按成本最优化的要求，对企业生产经营活动进行预测、决策、控制、分析和考核。

2.1 企业成本费用构成

一般来说，企业成本费用包括采购成本、生产成本、质量成本、人力成本、物流成本、期间费用等。

2.1.1 采购成本

采购成本并非仅体现在材料的价格上，如购买价款、相关税费、运输费、装卸费、保险费以及其他可归属于存货采购成本的费用。采购成本通常是指与采购原材料相关的费用，从管理的角度，将采购成本细分为订货成本、储存成本与缺货成本。

1. 订货成本

订货成本指取得订单的成本，如办公费、咨询费、差旅费、邮寄费、验收费、电报、电话费等。

（1）采购前的请购、议价费用。

采购材料或商品，一般由采购人员查看商家邮寄的样品或去实地查看样品，并进行询价、比价、议价等，而发生的人工费、办公费、电话费、差旅费等。

（2）验收费用。

材料入库前，采购人员需要进行检查、计量等，而产生的人工费、检验费等。

（3）入库费用。

入库费用是指入库前的整理、挑选等所发生的费用。

（4）其他费用。

其他费用是指发生在订购阶段的费用，如货款结算所发生的人工费。

2. 储存成本

储存成本是指与存货入库之后的储存过程中发生的成本，包括存货占用资金的应计利息、仓库保管费用、装卸搬运费用、保险费用、存货破损和变质损失等。

（1）占用资金的应计利息。若企业用现金购买存货，便失去现金存放银行或投资有价证券应取得的利息，视为“放弃利息”，若企业借款购买存货，便要支付利息费用，视为“支出利息”。

（2）仓储保管费是指存货存放仓库所支付的各项费用，包括日常管理，如检验、倒库、晾晒、冷藏、保暖、消防、照明、盘点等。

（3）装卸搬运费是存货在入库、出库时需要装卸搬运过程中所付出的费用。

（4）存货破损和变质损失。存货在储存过程中发生的质量下降、变质、破损、报废等产生的费用。

（5）仓储保险费用指企业财产保险中适用于储存大宗物资于仓库、露堆、敞棚、油槽、储气柜、地窑、趸船等费用。

3. 缺货成本

缺货成本是指由于无法满足客户需求而产生的损失。缺货成本一般由以下两部分组成：生产系统为处理延迟任务而付出的额外费用，如员工加班费、紧急额外购入材料而增加货款与运费等；延迟交货或缺货对企业收入的影响，如延迟交货面临罚款、未能实现的销售收入等。

缺货成本包括停工损失、拖欠发货损失、丧失销售机会的损失、商誉损失等。

（1）库存管理中的缺货成本。

库存管理中的缺货成本是指由于存货供应中断而造成的损失，包括材料供应中断造成停工损失、库存商品中断造成拖欠发货损失和丧失销售机会的损失；如果企业紧急采购材料，此时产生的费用显然大于正常采购所支付的费用。另外延迟送货和预估之外的订单都会增加缺货风险，因此安全库存成为规避此类风险的最佳选择。

安全库存是为防止未来发生大量临时订货，交货意外中断或突然延期而准备的缓冲库存。库存量取决于供应和需求的不确定性、订货满足率，以及缺货成本和库存持有成本。

（2）采购中的缺货成本。

采购成本中的缺货成本是由于采购不及时造成缺货损失，影响生产进度所引起的成本损失，如停工待料、信誉损失、延迟交货、失去销售机会、失去客户以及为了不至于短缺而带来的安全库存等成本。由于缺货没有及时供货，会导致客户转而向其他企业购买，从而造成销售收入的损失。

2.1.2 生产成本

企业为生产产品而发生的成本，称为产品成本，又称生产成本。按该成本是否可以被完全分摊到某一个产品上的分类标准，可以分为直接成本和间接成本。

直接成本，包括与产品生产工艺直接有关的成本，如原材料、外购半成品、生产工人工资等。间接成本又称生产管理成本，非产品直接成本的一部分，如间接材料（机物料消耗）、间接人工（车间管理人员、维修工人、存货保管员、叉车工、搬运工等）、其他生产成本（厂房折旧、设备维修保养、车间资产税费及维持车间运转的其他费用）。总体来讲，企业生产的产品成本包括：材料成本、制造费用、期间费用、模具成本。

1. 材料成本

材料成本包括原材料、辅助材料、外购半成品等。

（1）原材料。原材料是指企业在生产产品和提供劳务的过程中所消耗的、直接用于产品生产、构成产品实体的各种材料和主要材料、外购半成品与有助于产品形成的辅助材料等。这类材料耗费通常能够根据原始凭证直接计入某种(某类、某批)产品的成本之中，它是该种(该类、该批)产品直接成本的重要组成部分，如建筑房屋中砖石、水泥、钢筋等。

（2）辅助材料。辅助材料可分为以下几类：

①加入产品实体与主要材料相结合，或使主要材料发生变化，或给予产品某种性能，如砌墙所用的水、石粉、水泥；或者用于生产制造，并且构成产品主体的各种材料的总称，如产品焊接用的焊接材料、黏结所用的黏结剂等。

③为设备正常运转而消耗的，如设备润滑油、切削液、液氮、氮气等。

（3）外购半成品。

企业为生产产品而从外部购入的各种半成品。

半成品，是指经过一定生产过程并已检验合格交付半成品仓库保管，但尚未制造完工成为产成品，仍需进一步加工的中间产品。不包括从一个生产车间转给另一个生产车间继续加工的自制半成品，以及不能单独计算成本的自制半成品，这类自制半成品属于在产品。

2. 制造费用

制造费用是指企业为生产产品和提供劳务而发生的各项间接费用，包括车间管理人员的工资和福利费、折旧费、修理费、办公费、水电费、机物料消耗、劳动保护费、季节性和修理期间的停工损失等，应计入产品或劳务成本但没有专设成本项目的各项生产费用。

（1）生产车间管理人员（车间主任及以下人员）薪酬，是指生产车间管理人员、辅助后勤人员的工资、奖金、津贴、福利费等。

（2）折旧费，是指车间根据应计提折旧的固定资产原值和规定折旧率计提的资产折旧费，包括厂房、设备等折旧费。

（3）修理费，是指为修理房屋、固定资产和低值易耗品等资产所支付的费用。

（4）租赁费，是指生产车间租用办公用房、生产用房、机械设备等支付的租赁费用和土地租赁费用。

（5）保险费，是指支付房屋、设备等财产的保险费。

（6）取暖费，是指生产车间支付的取暖费，包括取暖用燃料、蒸汽、热水、炉具等支出。

（7）运输费，是指生产车间在生产或销售产品过程中进行运输活动所支付的，不能计入原材料成本的运杂费。 交通费是指企业为车间职工上下班而发生的交通车辆费用，主要指汽油费、养路费等。

（8）劳动保护费，是指生产车间按照规定标准为员工配备的工作服、手套、安全保护用品、防暑降温用品等所发生的支出和高温、高空、有害工作的保健津贴、洗理费、劳动保护宣传费用等。

（9）季节性修理期间的停工损失，是指因生产的季节性需要而必须停工，生产车间停工期间所发生的各项费用。

（10）技术组织措施费，是指生产工艺布局调整等原因发生的费用。

（11）试验检验费，是指生产车间所发生的试验、检验费。（不是百分之百检测的检验费和试验费不属于制造费用，而属于研发费用）

（12）物料消耗，指生产车间管理部门耗用的一般消耗性材料，不包括固定资产修理和劳动保护用材料。

（13）燃料及动力。燃料动力费是指机械在运转或施工作业中所耗用的企业自制或外购的固体燃料（如煤炭、木材）、液体燃料（汽油、柴油）、电力、水和风力等且是生产产品必须使用的费用。

（14）直接人工费。直接人工费是指直接参与产品制造工序的工人工资。

（15）环保费。环保费是指企业为处理生产产品而产生的污水、废弃等设备的费用。

3. 期间费用

企业期间费用指的是管理费用、销售费用和财务费用。

（1）管理费用是指企业为组织和管理企业生产经营所发生的费用，包括企业在筹建期间内发生的开办费、董事会和行政管理部门在企业的经营管理中发生的或者应由企业统一负担的公司经费(包括行政管理部门职工薪酬、物料消耗、低值易耗品摊销、办公费和差旅费、经营租赁费、折旧费等)、工会经费、董事会费(包括董事会成员津贴、会议费和差旅费等)、聘请中介机构费、咨询费(含顾问费)、诉讼费、业务招待费、技术转让费、无形资产摊销、矿产资源补偿费、研发费用、排污费、存货盘亏或盘盈、融资租赁发生的履约成本、经营租赁发生的初始直接费用、长期待摊费用的摊销等。

① 董事会费，是指董事会及其成员日常开支，包括会议费、差旅费、住宿费、交通费、伙食费、邮电费和有关保险费。

② 工会经费，公司按应付工资 2% 计提的工会活动经费；职工教育经费按应付工资的 8% 计提。

③ 管理部门人员工资及福利费、养老保险费、失业保险费用、医疗保险费等。

④ 折旧费，是指各类固定资产(含房屋、围墙、道路、设备)，办公设施，运输工具计提的折旧费用。

⑤ 办公费，公司管理各部门因办公需要发生的费用开支及材料消耗，主要指办公用品、办公耗材、标牌、印章、设计用图纸费等。

⑥ 差旅费，管理部门发生的出差费用，含车船飞机费、住宿费、过路过桥费、会务费等。

⑦ 交通费，公司管理部门发生的市内交通费用，含加班，晨会交通费和班车费等。

⑧ 修理费，公司管理部门各类固定资产（含房屋、围墙、道路、设备），办公设施、运输工具（不含各部门工作用车）等发生备件、工具、辅助材料，外包维修费等各项修理费用支出。

⑨ 运输费，公司管理部门（不含销售部门）发生的运输费用。

⑩ 业务招待费，公司用于非销售业务招待方面的费用开支，如茶叶、招待餐费等。

⑪ 试验检验费，企业在生产、质检、质量改进过程中发生的破坏性试验、化验、道路试验以及其他试验发生的材料消耗。

⑫ 劳动保护费，企业管理部门发生用于劳动保护方面的费用，如劳保手套、安全帽、防暑降温用品。

⑬ 图书资料费，公司发生的用于购买图书资料、杂志、报刊等方面的费用。

⑭ 技术开发费，企业发生的用于新产品、新材料、新零件技术研究开发方面发生的费用支出，包括服务于技术开发项目的人员发生的工资、差旅、办公等费用开支。

⑮ 财产保险费，企业公对各类资产投保发生的保险费用。

⑯ 咨询费，企业在审计及技术咨询，项目评审等方面发生的费用。

⑰ 印刷费，企业在生产经营中发生的各种内部单据印刷发生的费用，如生产单、产品入库单、财务单据、名片等。

⑱ 环境保护费，企业缴纳的排污费、评审费等。

⑲ 无形资产及长期待摊费用摊销，企业摊销的无形资产及递延资产的费用。

⑳ 招聘费，企业招聘员工发生的费用，如场地使用费、应聘人员来公司

路费、体检费、报纸杂志上的招聘广告等。

㉑ 邮政费，企业生产经营发生的邮寄包裹、快递费用等。

㉒ 诉讼费，企业因起诉或应诉而发生的费用。

㉓ 存货跌价准备，依存货成本与可变现值，已提数计算的应提准备数。

㉔ 租赁费，企业营管理支付的设备，房屋租赁费用。

㉕ 会务费，企业管理职部门人员参加各类会议的费用支出。

㉖ 业务宣传费，企业管理部门用于企业形象和产品宣传的费用支出。

（2）销售费用是指企业在销售商品和材料、提供劳务的过程中发生的各种费用，包括保险费、包装费、展览费和广告费、商品维修费、长期待摊费用的摊销、预计产品质量保证损失、运输费、装卸费等以及为销售本企业商品而专设的销售机构（含销售网点、售后服务网点等）的职工薪酬、业务费、折旧费等经营费用。

销售费用主要包括：

① 应由企业负担的因销售产品而发生的各项费用等。

② 广告费，指企业为推销产品所支付的宣传费、广告费等。

③ 展览费，指企业的产品参加展览和展销活动而支付的费用。

④ 租赁费，指企业为销售产品租用外单位的固定资产和用具而支付的租金。

⑤ 销售机构经费，指企业专设销售机构发生的人员工资及福利费。

⑥ 折旧费，指企业销售机构机器设备折旧费。

⑦ 商品维修费，指商品销售后出现故障需要维修而产生的费用。

（3）财务费用是指企业为筹集生产经营所需资金等而发生的筹资费用，包括利息支出（减利息收入）、汇兑差额以及相关的手续费，企业发生的现金折扣或收到的现金折扣，未确认融资费用摊销，因让渡资产使用权而按收入准则规定计算确认的利息收入，分期收款销售方式下“未实现融资收益”的摊销等。具体包括以下内容：

① 利息支出，指企业短期借款利息、长期借款利息、应付票据利息、票据贴现利息、应付债券利息、长期应付引进国外设备款利息等利息支出（除资

本化的利息外）减去银行存款等的利息收入后的净额。

② 汇兑损失，指企业因向银行结售或购入外汇而产生的银行买入、卖出价与记账所采用的汇率之间的差额，以及月度（季度、年度）终了，各种外币账户的外币期末余额按照期末规定汇率折合的记账人民币金额与原账面人民币金额之间的差额等。

③ 相关的手续费，指发行债券所需支付的手续费（需资本化的手续费除外）、开出汇票的银行手续费、调剂外汇手续费等，但不包括发行股票所支付的手续费等。

④ 其他财务费用，如融资租入固定资产发生的融资租赁费用等。

4. 模具成本

模具成本是指企业为了应付生产购置必要工装、模具及其他价值较大的非一次性消耗品。这些生产工具在企业生产的产品上平均分摊其价值，也可以一次性支付。

2.1.3 质量成本

20 世纪 50 年代，美国质量专家 A.V. 菲根堡姆提出质量成本的理论。质量成本是指企业为了保证和提高产品或服务质量而支付的费用，以及因未达到产品质量标准，不能满足用户和消费者需要而产生的损失。具体而言，质量成本一般由预防成本、鉴定成本、内部失败成本和外部失败成本构成。

1. 预防成本

预防成本是为减少质量损失和检验费用而发生的各种费用，它包括质量管理活动费和行政费、质量改进措施费、质量教育培训费、新产品评审费、质量情报费及工序控制费等。

2. 鉴定成本

鉴定成本是按照质量标准对产品质量进行测试、评定和检验所发生的各项费用，主要包括以下内容。

（1）进料测试与检验。

（2）实验室验收测试。

（3）检验与测试费用。

（4）产品质量稽核费用。

（5）试验和测试的人工费用。

（6）测试和检验仪器的维护和校正费用等。

3. 故障成本

故障成本是产品通过质量测试后达不到质量要求，为了使其满足质量要求又发生的成本，分为两部分：内部损失和外部损失。

（1）内部损失是指产品、组件、物料在出厂前未达成质量要求所造成的成本，具体包括出厂前的报废、返修费用、追查故障（失败分析）、停工损失、降等损失和复检费等。

（2）外部损失是在产品出售后由于质量问题而造成的各种损失。

①服务材料支出成本，保固期内所更换而无法向客户收取的物料成本。

②抱怨处理损失，如工时、差旅费、邮电费等。

③折让损失。

④延长保固损失，如公司规定的保固期是一年，但因质量问题导致客户要求延长保固期限。

⑤产品拒收退货。

⑥交换新品。

⑦逾期交货赔偿。

2.1.4 人力资源成本

企业人力资源成本是企业为了维持正常经营管理与生产所需要的人力资源，具体包括招聘成本、开发成本、使用成本 、保障成本和离职成本五大类。

1. 招聘成本

招聘成本是指企业在招聘录用过程中发生的成本，主要包括招募、选拔、录用、分配成本，以及岗前培训成本等。

（1）招募成本是企业为了吸引和选定人力资源而发生的费用，主要包括人力资源部门的直接劳务费用（工资与福利等）、直接业务费用（如参加招聘会的费用、差旅费、宣传材料费、办公费等）、间接管理费用（如行政管理费、临时场地及设备租赁费）等。

（2）选拔成本是因对应聘者进行人员测评与选拔，决定录用与否时所支付的费用，主要包括：初试、复试时进行笔试与面试，提出评价意见；根据应聘者的资料、测试成绩等，召集相关人员讨论录用人选；对录用人员进行背景调查，获取有关证明材料。

（3）录用成本是指在经过测评考核后，将符合要求的合格人选录用到企业时所发生的费用。录用成本包括录取手续费、调动补偿费、搬迁费和旅途补助费等由录用引起的有关费用。一般来讲，被录用者职位越高，录用成本也就越高。企业内部录用员工仅是工作调动，一般不会再发生录用成本。

（4）分配成本是将新员工安置到具体的工作岗位时所发生的费用。分配成本具体包括行政管理费用，为新员工提供工位、办公用品以及住宿等相关费用。

（5）岗前培训成本。新员工入职后，企业对新员工上岗前进行企业文化、规章制度、基本技能等培训时所花费的费用，主要包括培训者的工资，新员工培训期间的工资，培训教育管理、资料、培训设备折旧等费用。

2. 开发成本

为了使员工提高自身技能，企业有必要对员工进行职工培训，主要包括岗位培训成本、脱产培训成本等。

（1）岗位培训成本。

岗位培训成本，是企业为提高员工业务能力与技能而进行的岗位培训而付出的费用。

（2）脱产培训成本。

企业根据工作需要，为员工提供脱产学习的机会，接受短期或长期培训而发生的费用。

3. 使用成本

使用成本是企业在使用员工的过程中发生的成本，主要包括维持成本、奖励成本、调剂成本等。

（1）维持成本。

维持成本是指企业维持员工生产能力所发生的费用，主要包括工资、津贴、奖金等。

（2）奖励成本。

奖励成本是指企业为激励员工，对其超额劳动或其他特别贡献所支付的资金。

（3）调剂成本。

调剂成本是指企业为了稳定员工队伍、调剂员工生活与工作所支出的费用，包括员工疗养费用、定期休假费用、节假日开支费用、改善办公环境所支付的费用。

4. 保障成本

保障成本，是保障员工在暂时或长期丧失使用价值时必须支付的费用，包括劳动事故保障、健康保障、退休养老保障、失业保障等费用。

（1）劳动事故保障成本。

劳动事故保障成本是指员工因工受伤或罹患职业病时，企业给予员工的经济补偿费用，包括工资、医药费、残疾补贴、丧葬费等。

（2）健康保障成本。

健康保障成本是指员工因工作以外的原因不能坚持工作，企业给予的经济补偿费用，包括医药费、缺勤工资、产假工资和补贴等。

5. 离职成本

离职成本是由于员工辞职或因企业辞退而产生的成本，包括离职补偿成本、离职前低效成本、空职成本等。

（1）离职管理成本。

离职管理成本是指企业为处理员工离职所产生的全部费用，包括人力资源部相关员工的劳动费用，离职手续相关的资料费用，办理员工离职手续需要承担的交通费用等。

（2）离职补偿成本。

离职补偿成本指企业辞退员工或员工自动辞职时，企业所应补偿给员工的费用，包括至离职时间止应付给员工的工资，一次性付给员工的离职金，必要的离职人员安置费用等支出。

（3）离职前低效成本。

离职前低效成本指员工即将离开企业时造成的工作或生产低效率损失的费用。

（4）空职成本。

空职成本指员工离职后职位空缺的损失费用。某职位出现空缺后可能会使某项工作或任务的完成受到不良影响，从而造成企业的损失。

2.1.5 物流成本

物流成本是指与物流相关的开支、花费，或物流活动的最基本的费用，具体包括包装、装卸、运输、储存、流通加工等各个活动中所支出的人力、财力和物力的总和。

物流成本分类如下：

（1）运输成本，主要包括人工费用，如运输人员工资、福利等；营运费用，如营运车辆燃料费、折旧、公路运输管理费，等等；其他费用，如差旅费等。

（2）仓储成本，主要包括建造、购买或租赁等仓库设施设备的成本和各类仓储作业带来的成本。

（3）流通加工成本，主要有流通加工设备费用、流通加工材料费用、流通加工劳务费用及其他。

（4）包装成本，主要包括包装材料费用、包装机械费用、包装技术费用、包装人工费用等。

（5）装卸与搬运成本，主要包括人工费用、资产折旧费、维修费、能源消耗费以及其他相关费用。

（6）物流信息和管理费用，包括企业为物流管理所发生的差旅费、会议费、交际费、管理信息系统费以及其他杂费。

2.2 成本核算的主要会计科目

为了进行成本核算，企业一般应设置“生产成本”“制造费用”“销售费用”“管理费用”“财务费用”“长期待摊费用”等科目。如果需要单独核算废品损失，还应设置“废品损失”科目。下面分别加以介绍。

2.2.1 “生产成本”科目

“生产成本”科目核算企业各种产品、自制材料、自制工具及自制设备等所发生的各项费用。

借方 “生产成本”账户	贷方
本期生产成本增加额	本期生产成本转销额
期末在产品成本	

“生产成本”账户下设“基本生产成本”和“辅助生产成本”两个二级账户。在这两个二级账户下还应按成本计算对象设置明细账。

1.“基本生产成本”科目

基本生产是指为完成企业主要生产目的而进行的商品产品生产。为了归集基本生产所发生的各种生产费用，计算基本生产产品成本，应设置“基本生产成本”科目。该科目借方登记企业为进行基本生产而发生的各种费用；贷方登记转出的完工入库的产品成本；余额在借方，表示基本生产的在产品成本，即基本生产在产品占用的资金。

“基本生产成本”科目应按产品品种或产品批别、生产步骤等成本计算对象设置产品成本明细分类账（或称基本生产明细账、产品成本计算单），账内按产品成本项目分设专栏或专行。其格式详见表 2-1、表 2-2。

表 2-1 产品成本明细账

车间：第一车间　　　　产品：甲成品　　　　单位：元

月	日	摘　要	产　量	成本项目			成本合计
				原材料	人工费用	制造费用	

1	31	本月生产费用	500	80 000	24 000	36 000	140 000
1	31	本月完工产品成本		80 000	24 000	36 000	140 000
1	31	完工产品单位成本		160	48	72	280

表 2-2　产品成本明细账

车间：第一车间　　　　　　　　　　产品：乙成品　　　　　　　　　　单位：元

月	日	摘　要	产量	成本项目			成本合计
				原材料	人工费用	制造费用	
2	1	在产品费用	1 000	24 000	14 000	22 000	60 000
2	28	本月生产费用		78 000	21 000	34 000	133 000
2	28	本月生产费用合计	1 000	102 000	35 000	56 000	193 000
2	28	本月完工产品成本		84 000	28 000	42 000	154 000
2	28	完工产品单位成本		84	28	42	154
2	28	在产品费用		18 000	7 000	14 000	39 000

如果企业生产的产品品种较多，为了按照产品成本项目（或者既按车间又按成本项目）汇总反映全部产品总成本，还可以设置“基本生产成本二级账”。“基本生产二级账”的格式详见表 2-3。

表 2-3　产品成本明细账

车间：第一车间　　　　　　　　　　产品：甲成品　　　　　　　　　　单位：元

月	日	摘　要	产量	成本项目			成本合计
				原材料	人工费用	制造费用	
2	1	在产品费用	1 000	24 000	14 000	22 000	60 000
2	28	本月生产费用		78 000	21 000	34 000	133 000
2	28	本月生产费用合计		102 000	35 000	56 000	193 000
2	28	本月完工产品成本		84 000	28 000	42 000	154 000
2	28	在产品费用		18 000	7 000	14 000	39 000

2.“辅助生产成本”科目

辅助生产是指为基本生产服务而进行的产品生产和劳务供应。辅助生产所提供的产品和劳务，有时也对外销售，但这不是它的主要目的。为了归集辅助生产所发生的各种生产费用，计算辅助生产所提供的产品和劳务的成本，应设置“辅助生产成本”科目。该科目的借方登记为进行辅助生产而发生的各种费用；贷方登记完工入库产品的成本或分配转出的劳务成本；余额在借方，表示辅助生产在产品的成本，即辅助生产在产品占用的资金。

“辅助生产成本”科目应按辅助生产车间和生产的产品、劳务分设明细分类账，账中按辅助生产的成本项目或费用项目分设专栏或专行进行明细登记。

2.2.2 “制造费用”科目

为了核算企业为生产产品和提供劳务而发生的各项制造费用，应设置“制造费用”科目。该科目的借方登记实际发生的制造费用；贷方登记分配转出的制造费用；除季节性生产企业外，该科目月末应无余额。

“制造费用”科目，应按车间、部门设置明细分类账，账内按费用项目设立专栏进行明细登记。

借方　　　　“制造费用”账户　　　　贷方

本期制造费用增加额	本期结转计入生产成本
因季节性停工尚未结转的制造费用	

2.2.3 “废品损失”科目

需要单独核算废品损失的企业，应设置“废品损失”科目。该科目的借方登记不可修复废品的生产成本和可修复废品的修复费用；贷方登记废品残料回收的价值、应收的赔款以及转出的废品净损失；该科目月末应无余额。

“废品损失”科目应按车间设置明细分类账，账内按产品品种分设专户，并按成本项目设置专栏或专行进行明细登记。

借方　　　　“废品损失”账户　　　　贷方

本期增加不可修复废品的生产成本和可修复废品的修复费用	本期废品残料回收的价值、应收的赔款以及转出的废品净损失

2.2.4 “销售费用”科目

为了核算企业在产品销售过程中所发生的各项费用以及为销售本企业产品而专设的销售机构的各项经费，应设置“销售费用”科目。该科目的借方登记实际发生的各项产品销售费用；贷方登记期末转入“本年利润”科目的产品销售费用；期末结转后该科目应无余额。

“销售费用”账户

借方	贷方
销售费用增加额	销售费用减少额或结转额
本期发生额（费用增加额合计）	本期发生额（费用减少额合计）

“销售费用”科目的明细分类账，应按费用项目设置专栏，进行明细登记。

2.2.5 “管理费用”科目

为了核算企业行政管理部门为组织和管理生产经营活动而发生的各项管理费用，应设置“管理费用”科目。该科目的借方登记发生的各项管理费用；贷方登记期末转入“本年利润”科目的管理费用；期末结转后该科目应无余额。

“管理费用”账户

借方	贷方
管理费用增加额	管理费用减少额或结转额
本期发生额（费用增加额合计）	本期发生额（费用减少额合计）

“管理费用”科目的明细分类账，应按费用项目设置专栏，进行明细登记。

2.2.6 “财务费用”科目

为了核算企业为筹集生产经营所需资金而发生的各项费用，应设置“财务费用”科目。该科目的借方登记发生的各项财务费用；贷方登记应冲减财务费用的利息收入、汇兑收益以及期末转入“本年利润”科目的财务费用；期末结转后该科目应无余额。

“财务费用”账户

借方	贷方
财务费用增加额	财务费用减少额或结转额

本期发生额（费用增加额合计）	本期发生额（费用减少额合计）

“财务费用”科目的明细分类账，应按费用项目设置专栏，进行明细登记。

2.2.7 “长期待摊费用”科目

为了核算企业已经支出，但摊销期限在一年以上（不含一年）的各项费用，应设置“长期待摊费用”科目。该科目的借方登记实际支付的各项长期待摊费用；贷方登记分期摊销的长期待摊费用；该科目的余额在借方，表示企业尚未摊销的各项长期待摊费用的摊余价值。

借方　　　　“长期待摊费用”账户　　　　贷方

本期长期待摊费用增加额	本期长期待摊费用分期摊销额
本期借方发生额合计	本期贷方发生额合计
本期余额	

“长期待摊费用”科目应按费用种类，设置明细账，进行明细核算。

结合本节所讲述的成本核算的一般程序和成本核算的主要会计科目，下面以图 2-1 列示成本核算账务处理的基本程序。通过这一图示，可以对成本核算的账务处理有一个概括的了解，也可以从账务处理的角度进一步理解成本核算的一般程序。

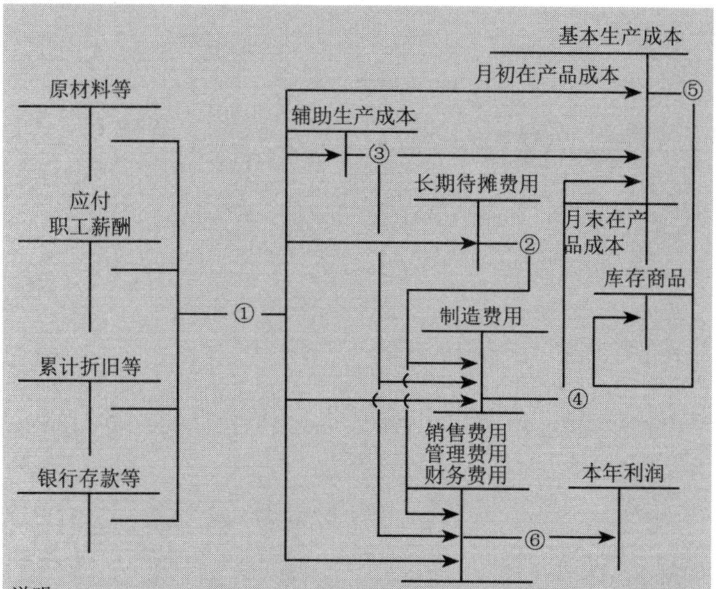

说明：
①各项要素费用的分配。②摊销待摊费用。③分配辅助生产费用。④分配制造费用。⑤结转完工产品成本。⑥结转各项期间费用。

图 2-1　费用分配流程

第 3 章

费用在各种产品以及期间费用之间的归集和分配

产品在生产过程中所发生的各项费用，不外乎是两类：一类是直接计入费用，这种费用的发生只与一种受益对象发生关系，故可以根据这种费用发生的原始凭证，将其费用直接计入某种产品的相关成本项目；另一类是间接计入费用，这种费用的发生与两个或两个以上受益对象发生关系，故应将其采用合理的方法分配计入有关成本核算对象（受益对象）相应的成本项目。

企业的生产要素费用一般有外购材料、外购燃料、外购动力、人工费用、折旧费以及其他支出。这些在产品生产过程中发生的各项生产费用，应采用一定的方法进行归集并分配计入产品成本中。

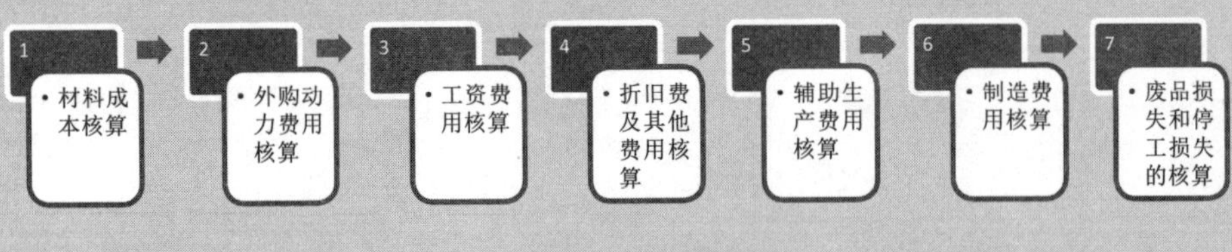

3.1 材料费用的分配

企业在生产经营过程中领用的各种材料，包括原材料及主要材料、半成品、辅助材料、包装物、修理用备件、低值易耗品等，无论是外购还是自制，都应根据审核后的领、退料凭证，按照材料的具体用途进行归集和分配。材料费用的分配如图 3-1 所示。

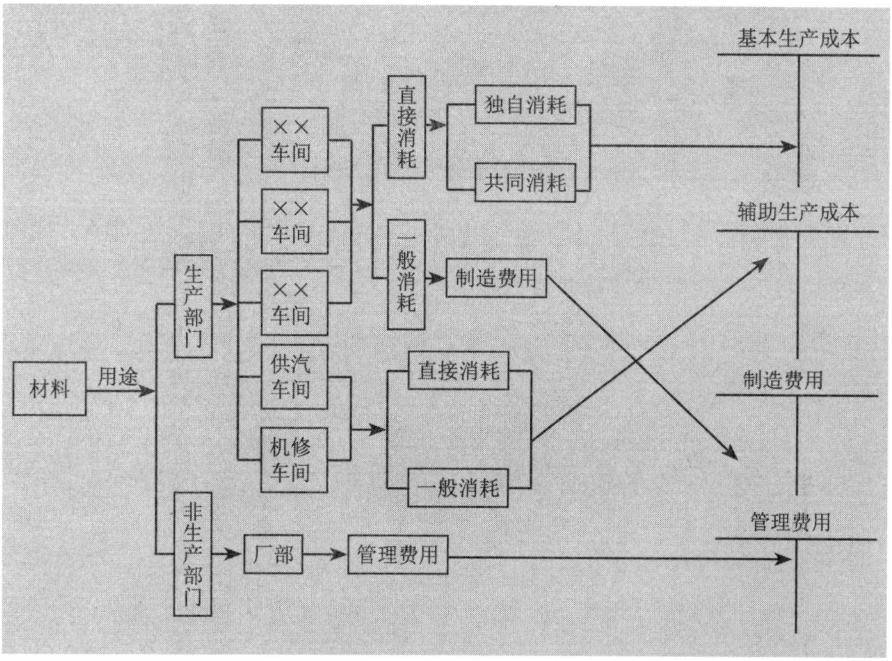

图 3-1　材料分配流程图

3.1.1 原材料费用的核算

原材料的分配标准有很多，可以按照产品的重量、体积分配，在材料消耗定额比较准确的情况下，原材料费用可以按照产品的原材料定额消耗量的比例或原材料定额费用的比例分配，如图 3-2 所示。

1. 按产品重量（或体积、产量）分配原材料费用

产品重量（体积、产量）分配法是以产品的自身重量（或体积、产量）作

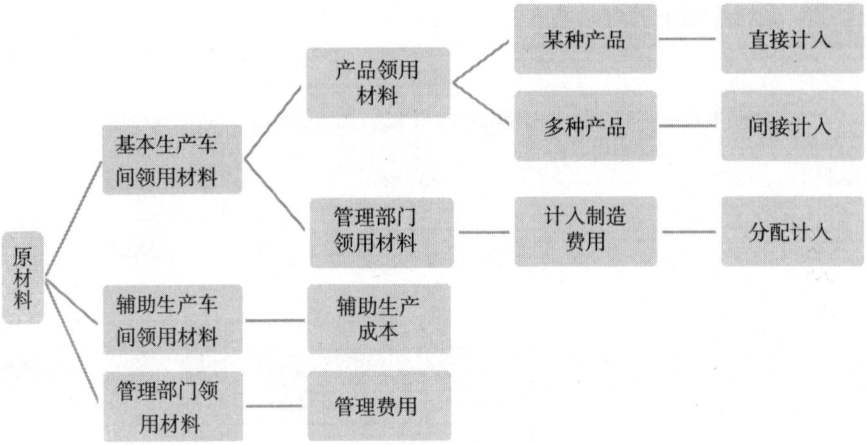

图 3-2　原材料分配流程

为分配标准分配材料费用的方法。它主要适用于不同产品的自身重量（或体积、产量）比较接近的情况，其计算公式为：

> 材料费用分配率 = 材料费用总额 ÷ ∑ 各种产品的重量（或体积、产量）
>
> 各种产品负担的材料费用 = 该种产品的重量（或体积、产量）× 材料费用分配率

【例 3-1】 绿岛公司生产甲、乙、丙三种产品，共同耗用 B 材料 11 960 元，甲、乙、丙三种产品的重量分别为 800 千克、600 千克和 900 千克。

该公司按产品重量分配 B 材料的计算，见表 3-1。

表 3-1　按产品重量分配 B 材料的计算

品　种	重量（千克）	分配率	负担 B 材料的费用（元）
甲	800	5.2	4 160
乙	600		3 120
丙	900		4 680
合计	2 300		11 960

B 材料费用分配率 =11 960 ÷（800+600+900）=5.2（元 / 千克）

甲产品负担材料费用 =800 × 5.2=4 160（元）

乙产品负担材料费用 =600 × 5.2=3 120（元）

丙产品负担材料费用 =900 × 5.2=4 680（元）

2. 按原材料定额消耗比例分配原材料费用

按原材料定额消耗比例分配原材料费用，计算公式如下：

某种产品材料定额耗用量 = 该种产品实际产量 × 单位产品材料消耗定额

$$材料耗用量分配率 = \frac{材料实际消耗总量}{各种产品材料定额耗用量之和}$$

$$某种产品应分配的材料数量 = \frac{该种产品定额消耗}{的材料总量} \times 材料耗用量分配率$$

某种产品应分配的材料费用 = 该种产品应分配的材料数量 × 材料单价

【例 3–2】绿岛公司生产甲、乙两种产品，共耗用 A 材料 90 000 千克，每千克 20 元，共计 1 800 000 元（为简化计算，假定该 A 材料的实际价格与计划价格一致）。生产甲产品 1 000 件，单位甲产品 A 材料消耗定额为 40 千克；生产乙产品 800 件，单件乙产品 A 材料消耗定额为 25 千克。领料单见表 3–2。

表 3–2 领 料 单

领料部门：一车间　　2×21 年 1 月 3 日　　发料仓库：石化仓库

材料编号	材料名称	规　格	单　位	数量（千克）	单价（元）	金额（元）
3 525	A 材料	千克		90 000	20	1 800 000

主管：张杰　　审批：温凯　　领料：顾铭　　发料：娄明

原材料费用分配计算如下：

（1）甲产品 A 材料定额消耗量 =1 000 × 40=40 000（千克）

乙产品 A 材料定额消耗量 =800 × 25=20 000（千克）

（2）A 材料消耗量分配率 =90 000 ÷（40 000+20 000）=1.5

（3）甲产品应分配 A 材料数量 =40 000 × 1.5=60 000（千克）

乙产品应分配 A 材料数量 =20 000 × 1.5=30 000（千克）

（4）甲产品应分配 A 材料费用 =60 000×20=1 200 000（元）

乙产品应分配 A 材料费用 =30 000×20=600 000（元）

此种方法可以用于考核原材料消耗定额的执行情况，有利于加强原材料消耗的实物管理，但分配计算的工作量较大。

另一种方法为按原材料定额消耗量比例直接分配原材料费用。

【例 3-3】 延用上例，计算分配如下。相关数据见表 3-3。

其计算分配程序如下：

（1）甲产品 A 材料定额消耗量 =1 000×40=40 000（千克）

乙产品 A 材料定额消耗量 =800×25=20 000（千克）

（2）A 材料费用分配率 =1 800 000÷（40 000+20 000）=30

甲产品应分配 A 材料费用 =40 000×30=1 200 000（元）

乙产品应分配 A 材料费用 =20 000×30=600 000（元）

表 3-3 原材料费用分配表

2×21 年 1 月　　单位：元

应借科目		直接计入金额（元）	分配计入		材料费用合计（元）
			定额消耗量（千克）	分配金额（元）（分配率 30）	
生产成本	甲产品	14 500	40 000	1 200 000	1 214 500
	乙产品	24 800	20 000	600 000	624 800
	小计	39 300	60 000	1 800 000	1 839 300

借：生产成本——基本生产成本——甲产品　　1 214 500

——乙产品　　624 800

贷：原材料——A 材料　　1 839 300

根据上述业务，登记会计凭证，见表 3-4。

表 3-4 转账凭证

附件：2 张

2×21 年 1 月 31 日　　　　转字第 002 号

摘要	一级科目	二级或明细科目	账页	借方金额										贷方金额									
				千	百	十	万	千	百	十	元	角	分	千	百	十	万	千	百	十	元	角	分
结转A材料成本	生产成本	基本生产成本（甲产品）			1	2	1	4	5	0	0	0	0										
	生产成本	基本生产成本（乙产品）				6	2	4	8	0	0	0	0										
	原材料	A材料													1	8	3	9	3	0	0	0	0
合计				¥	1	8	3	9	3	0	0	0	0	¥	1	8	3	9	3	0	0	0	0

会计主管：×× 记账：×× 出纳：×× 审核：×× 填制：××

3. 按原材料定额费用比例分配原材料费用

在生产多种产品或多种产品共同耗用多种原材料费用的情况下，为了简化核算，也可以采用按原材料定额费用比例分配原材料费用。

①计算各种产品原材料定额消耗量；

②计算单位原材料定额消耗量应分配的原材料费用；

③计算各种产品应分配的原材料实际费用。

其计算公式如下：

某种产品材料定额费用 = 该种产品实际产量 × 单位产品该种材料费用定额

= 该种产品实际产量 × 单位产品该种材料消耗定额 × 该种材料计划单价

材料费用分配率 = 各种材料实际费用总额 ÷ 各种产品耗用各种材料定额费用之和某种产品应分配的材料费用 = 该种产品材料定额费用之和 × 材料费用分配率

【例 3-4】 某企业生产 A、B 两种产品，共同耗用甲、乙两种主要材料，其实际成本为 153 860 元。本月投产 A 产品 500 件，B 产品 700 件。A 产品的原材料费用定额为：甲材料 7 千克，乙材料 10 千克；B 产品材料消耗定额：甲材料 6 千克，乙材料 9 千克。甲材料单价 4 元，乙材料单价 7 元。

A、B 产品应分配的材料费用计算如下：

（1）A、B 产品材料定额费用。

A 产品：甲材料定额费用 =500 × 7 × 4=14 000（元）

乙材料定额费用 =500 × 10 × 7=35 000（元）

A 产品材料定额费用合计 =14 000+35 000=49 000（元）

B 产品：甲材料定额费用 =700 × 6 × 4=16 800（元）

乙材料定额费用 =700 × 9 × 7=44 100（元）

B 产品材料定额费用合计 =16 800+44 100=60 900（元）

（2）材料费用分配率 =153 860 ÷（49 000+60 900）=1.4

（3）A、B 产品应分配材料实际费用。

A 产品应分配材料费用 =49 000 × 1.4=68 600（元）

B 产品应分配材料费用 =60 900 × 1.4=85 260（元）

3.1.2 燃料费用的核算

燃料是指在生产过程中用来燃烧、发热，或为创造正常劳动条件耗用的各种燃料。包括固体燃料（如煤炭）、气体燃料（煤气、天然气）和液体燃料（各种油料）。

燃料实际上也是材料，因此其分配方法和账务处理与原材料费用相同。在工业企业里如果燃料费用在产品成本中比重较大时，可以与动力费用一起专设“燃料”成本项目，还应增设“燃料”账户，以便单独核算和分配。

在燃料费用占产品成本比重较小的情况下，可将“燃料”作为“原材料”账户的二级账户进行核算，燃料费用直接计入“直接材料”成本项目，燃料费用分配根据燃料的领料单和退料单等原始凭证编制材料费用分配表进行。

燃料费用按用途进行分配。直接用于产品生产的燃料费用计入各种产品成本明细账的“燃料及动力”成本项目。车间管理消耗的燃料费用、辅助生产消耗的燃料费用、厂部进行生产经营管理消耗的燃料费用、进行产品销售消耗的燃料费用等，应分别记入“制造费用（基本生产车间）”“辅助生产成本”“管理费用”“销售费用”等账户的费用（或成本）项目。已领用的燃料费用总额，应记入“燃料”账户的贷方。

如果是生产一种产品发生的燃料费，可直接计入该产品成本明细账的“燃料及动力”成本项目；如果是生产几种产品共同发生的燃料费用，可分配计入各种产品成本明细账的“燃料及动力”成本项目，其分配方式可以采用燃料定额耗用量分配法、燃料定额费用分配法、重量比例分配法、实际产量分配法或产品体积分配法等。

【例 3-5】 2×21 年 1 月，绿岛公司生产的甲、乙两种产品本月共发生燃料费用 85 000 元，生产甲产品 2 000 件、乙产品 4 000 件，甲产品燃料费用定额为 5 元，乙产品燃料费用定额为 6 元，按照燃料定额费用分配。甲、乙产品应负担的燃料费用计算，见表 3-5。

表 3-5 领用燃料汇总表

2×21 年 1 月　　　　单位：元

材料名称	单 位	单 价	吨 数	合 计
原煤	吨	850	100	85 000
合计				85 000

燃料费用分配率 =85 000 ÷（2 000 × 5+4 000 × 6）=2.5

甲产品应分摊的燃料费用 =2 000 × 5 × 2.5=25 000（元）

乙产品应分摊的燃料费用 =4 000 × 6 × 2.5=60 000（元）

会计分录如下：

借：生产成本——基本生产成本——甲产品　　25 000

　　　　　　　　　　　　——乙产品　　60 000

　贷：原材料——燃料　　85 000

根据上述业务，登记会计凭证，见表 3-6。

表 3-6 转账凭证

附件：2 张

2×21 年 1 月 31 日 转字第 003 号

摘要	一级科目	二级或明细科目	账页	借方金额										贷方金额									
				千	百	十	万	千	百	十	元	角	分	千	百	十	万	千	百	十	元	角	分
结转燃料成本85 000元	生产成本	基本生产成本（甲产品）					2	5	0	0	0	0	0										
	生产成本	基本生产成本（乙产品）					6	0	0	0	0	0	0										
	原材料	燃料															8	5	0	0	0	0	0
合计						¥	8	5	0	0	0	0	0			¥	8	5	0	0	0	0	0

会计主管：×× 记账：×× 出纳：×× 审核：×× 填制：××

3.1.3 低值易耗品的核算

低值易耗品是指不作为固定资产核算的各种工具、管理用具、玻璃器皿以及在经营过程中周转使用的包装容器等各种用具物品。

1. 低值易耗品的归集

低值易耗品在采购、入库方面与材料的核算相同，但是，由于低值易耗品从仓库发交使用单位，至报废以前的整个使用过程中，一直保持原有的实物形态，因此其价值应采用一定的摊销方法计入产品成本中，从当期的收入中得到补偿。

低值易耗品在领用以后，其价值应该摊销计入成本、费用。用于生产的低值易耗品摊销应计入制造费用科目；用于组织和管理生产经营活动的低值易耗品摊销，则应计入管理费用科目。

为了进行低值易耗品收入、发出、摊销、结存的总分类核算，应设置“低值易耗品”总账科目，并按低值易耗品的类别、品种、规格等设置明细科目，进行明细核算。

2. 低值易耗品摊销的核算

低值易耗品的摊销跟原材料的摊销一样，可以采用实际成本法，也可以采用计划成本法。低值易耗品领用后的分摊方法可以采用多种，主要有：一次摊销法、分次摊销法和五五摊销法等。不过，在实际操作中，为了简化核算手续，一般企业均采用一次摊销法核算。

一次摊销法是指在领用低值易耗品时，按用途将其全部价值一次全部转移给受益对象。一次摊销法适用于单位价值较低、使用期限较短的低值易耗品。

- 领用时将全部价值一次记入领用当月的成本费用：

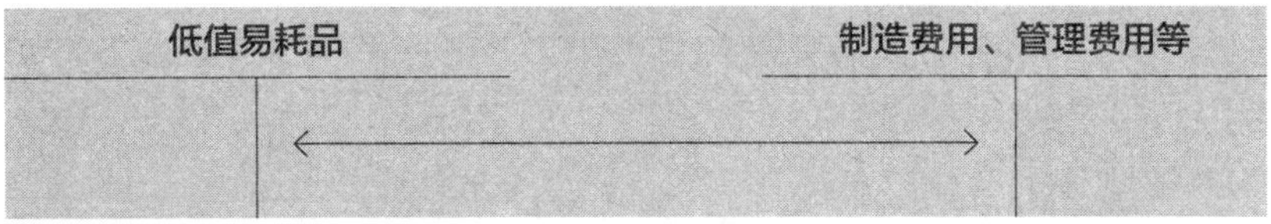

- 报废的残料价值冲减有关的成本、费用：

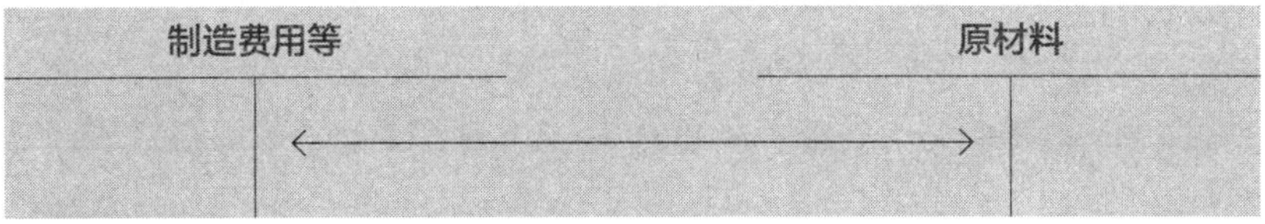

- 月末调整领用低值易耗品的成本差异：

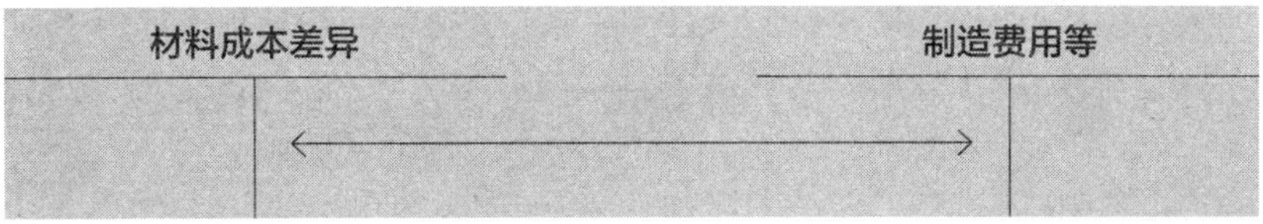

【例 3-6】 绿岛公司车间领用夹纸板、铁丝、编织袋、塑料袋，具体数量见表 3-7。该公司采用一次摊销法核算。

表 3-7　绿岛公司车间领用低值易耗品汇总表

2×21 年 1 月　　　　单位：元

材料名称	单　位	单　价	数　量	金　额
夹纸板	个	5	1 000	5 000
铁丝	千克	11	500	5 500
编织袋	个	9	1 200	10 800
塑料袋	个	1	1 500	1 500
铁皮桶	个	30	800	24 000
合计				46 800

编制会计分录如下：

借：制造费用　　46 800

　　贷：周转材料——低值易耗品　　46 800

根据上述业务，登记会计凭证，见表3-8。

表3-8　转账凭证

附件：4张

2×21年1月31日　　转字第016号

摘要	一级科目	二级或明细科目	账页	借方金额										贷方金额									
				千	百	十	万	千	百	十	元	角	分	千	百	十	万	千	百	十	元	角	分
摊销低值易耗品	制造费用						4	6	8	0	0	0	0										
	周转材料	低值易耗品															4	6	8	0	0	0	0
合计						¥	4	6	8	0	0	0	0			¥	4	6	8	0	0	0	0

会计主管：××　　记账：××　　出纳：××　　审核：××　　填制：××

> 采用这种方法，当低值易耗品发出后，就从账面上将其价值转移，使得低值易耗品的实物变成了账外财产，因此应加强其实物管理，防止丢失和浪费。

企业不论采用哪种方法进行摊销，在购进低值易耗品时，都应全额记入“周转材料——低值易耗品”账户，领用时再按选定的方法进行摊销，全面反映企业购置低值易耗品的总额。在用低值易耗品以及使用部门退回仓库的低值易耗品应加强实物管理，并在备查簿上进行登记。

3. 低值易耗品的清查盘点与明细核算

（1）低值易耗品的清查盘点。

低值易耗品在清查盘点中的盘盈和盘亏要及时调整账面数字，转入“待处理财产损溢——待处理流动资产损溢”账户，查明原因，经批准后，分别情况，予以转账。属于溢余的，作为企业收益，冲减“管理费用”账户；属于短缺责任事故，由责任人赔偿，以“其他应收款”处理；属于原因不明的，作为企业损失，以增加“管理费用”处理。

（2）低值易耗品的明细核算。

低值易耗品除总分类核算外，还要进行明细核算。财会部门应按低值易耗品的类别、品种分别设置明细分类账，进行数量金额双重核算。物资保管部门也要按类别、品名设置保管账。使用部门或个人设置保管卡，进行数量核算。各部门之间的账账、账卡要定期进行核对，以保证账账、账物相符。

3.2 外购动力费用的分配

外购动力费用是指企业从外单位购入的电力、热力等动力所支付的费用。外购动力费用在实际工作中是先用后付的，也就是本月发生的动力费用要到下个月才支付，而企业进行成本计算的会计期间是以月份为基础的，因此，根据权责发生制和配比原则的要求，企业必须在每月月末自行抄录计量仪表上反映耗用动力的数量，以确认各期发生的动力费用。

3.2.1 外购动力费用的归集

外购动力费用应按耗用部门和用途进行归集。

企业为了便于归集各部门不同用途的外购动力费用，可以根据需要在各部门安装计量仪表，届时根据各部门耗用动力的数量，将其乘以外购动力费用的单价，即可确定各账户应归集的金额。

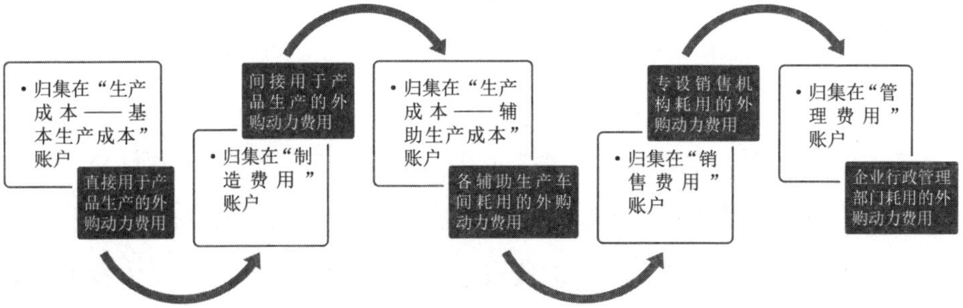

在实际工作中，外购动力费用支出的核算一般分为两种情况：

不通过“应付账款”账户核算	通过“应付账款”账户核算
· 当企业每月支付动力费用的日期基本固定，而且每月付款日到月末的应付动力费用相差不多，可采用此方法。此方法下，每月支付的动力费用等于应付动力费用，在付款时直接借记成本、费用账户，贷记“银行存款”账户	· 核算主要分以下两个步骤： ①付款时，会计分录为： 借：应付账款（实际支付的动力费） 贷：银行存款 ②月末分配时，会计分录为： 借：成本费用等科目 贷：应付账款（应付动力费）

3.2.2 外购动力费用的核算

1. 外购动力费用分配的概述

外购动力有的直接用于产品生产，有的用于照明、取暖等，企业应根据不同用途、发生地点等分配计入产品成本或有关费用。

由于外购动力费用一般不是在每月月末支付，而是在每月下旬的某日支付，这样每月支付的动力费用并不是本月应负担的动力费用。因此，将实际付款先作为暂付款处理，借记“应付账款”科目，贷记“银行存款”科目；在月末按照本月外购动力的金额和用途归集与分配费用时，再借记有关成本、费用科目，贷记“应付账款”科目。

2. 外购动力费用分配的方法

（1）基本生产车间一般耗用外购动力费用的分配。

基本生产车间照明、取暖耗用的动力，应根据其耗用的数量和动力费用分配率，计算出应分配的动力费用数额，记入“制造费用”明细账中有关的成本项目。

（2）辅助生产车间耗用外购动力费用的分配。

辅助生产车间耗用的动力费用，应根据其耗用的数量和动力费用分配率，计算出应分配的动力费用数额，记入“辅助生产成本”明细账中有关的项目中。

（3）管理部门耗用的外购动力费用，应根据其耗用的数量和动力费用分配率，计算出应分配的动力费用数额，记入“管理费用”明细账中有关项目。

有仪表的情况下

外购动力费的分配应根据仪表所示耗用数量及单价计算

无仪表的情况下

外购动力费的分配，可按生产工时比例、定额消耗量比例、机器功率时数比例分配

生产车间的外购动力费用在各产品之间的分配方法主要有以下几种：

机器工时分配法

- 一般情况下，机器工作时间与动力消耗密切相关，但是在各种机器的功率相差较大时，分配动力费仅考虑机器工作时间一个因素，分配结果就不够准确

机器功率时数分配法

- 是以机器功率时数为标准分配功力费用的一种方法。这种分配方法，不仅考虑机器工时，而且考虑机器功率，所以分配结果较为准确

定额耗用量分配法

- 采用定额耗用量作为分配标准进行分配，方法简便，但企业必须具备比较准确的动力消耗定额，否则影响分配结果的准确性

3. 外购动力费分配的步骤

外购动力费分配可分为两个步骤进行：

（1）外购动力费在各车间、部门之间进行分配。各车间、部门的动力一般都分别装有仪表，外购动力费用在各车间、部门可按照实际耗用量进行分配，计算公式如下。

分配率＝待分配的动力费 ÷∑ 各车间、部门实际耗用量

某车间应分配动力费＝该车间实际耗用量 × 分配率

（2）基本生产车间分配的动力费在各产品之间分配。车间中的动力一般不按产品分别安装仪表，因而车间动力费用在各种产品之间一般按产品的生产工时比例、机器工时比例来分配，计算公式如下。

该车间内部动力分配率＝基本生产车间分配的动力费 ÷∑ 该车间内各产品工时

某产品应分配动力费用＝某产品工时 × 该车间内部动力分配率

【例 3–7】 绿岛公司 2×21 年 1 月共耗电度数为 15 200 度，每度电 1.2 元，共产生电费 18 240 元。月末查明各车间、部门耗电度数为：基本生产车间直接用于产品生产耗电 14 400 度，没有分产品安装电表，规定按生产工时分配电费。甲产品生产工时为 4 000 小时，乙产品生产工时为 2 000 小时，企业行政管理部门耗

电 800 度。该公司设有“燃料及动力”成本项目，甲、乙产品动力费用如何分配？

根据上述资料编制“外购动力费用分配表”，见表 3-9。

表 3-9　外购动力费用（电费）分配表

2×21 年 1 月

部　门	产品名称	用电（度）	实际工时（小时）	分配率	分配量 / 度	分配金额
基本生产车间	甲产品	14 400	4 000	2.4	9 600	11 520
	乙产品		2 000		4 800	5 760
管理部门		800				960
合　计		15 200				18 240

甲、乙产品动力费分配率 = 14 400 ÷（4 000+2 000）=2.4

甲产品应分配动力费 =4 000 × 2.4 × 1.2=11 520（元）

乙产品应分配动力费 =2 000 × 2.4 × 1.2=5 760（元）

管理部门应分配动力费 =800 × 1.2=960（元）

会计处理为：

借：生产成本——基本生产成本——甲产品　　11 520

——乙产品　　5 760

管理费用　　960

贷：应付账款　　18 240

根据上述业务，编制转账凭证，见表 3-10。

表 3-10　转账凭证

附件：4 张

2×21 年 1 月 31 日　　转字第 018 号

摘　要	一级科目	二级或明细科目	账页	借方金额										贷方金额									
				千	百	十	万	千	百	十	元	角	分	千	百	十	万	千	百	十	元	角	分
结转电费 18 240 元	生产成本	基本生产成本（甲产品）					1	1	5	2	0	0	0										
	生产成本	基本生产成本（乙产品）						5	7	6	0	0	0										
	管理费用								9	6	0	0	0										

续上表

摘要	一级科目	二级或明细科目	账页	借方金额										贷方金额									
				千	百	十	万	千	百	十	元	角	分	千	百	十	万	千	百	十	元	角	分
	应付账款																1	8	2	4	0	0	0
合计						¥	1	8	2	4	0	0	0			¥	1	8	2	4	0	0	0

会计主管：×× 记账：×× 出纳：×× 审核：×× 填制：××

3.3 折旧费用的分配

折旧费用的归集通常是采用“固定资产折旧计算表”形式进行的，而折旧费用的分配则是通过编制“固定资产折旧费用分配表”进行的。

设备折旧的高低，与机器设备所用时间长短密切相关，一般用机器工时比例法进行分配。计算公式如下：

$$某产品机器功能时数=\sum\left(该产品所用设备能量\times\begin{matrix}该设备上该产品\\所用的机器工时\end{matrix}\right)$$

折旧的计算方法不仅影响到企业成本、费用的数额，而且影响到企业的收入和纳税。可选择的折旧方法包括年限平均法、工作量法、双倍余额递减法、年数总和法。折旧方法一经选定，不得随意变更。如需变更，应当在会计报表附注中予以说明。

3.3.1 年限平均法

年限平均法又称为直线法，是将固定资产的折旧均衡地分摊到各期的一种方法。采用这种方法计算的每期折旧额均是等额的，计算公式如下：

年折旧率＝（1－预计净残值率）÷预计使用年限×100%

月折旧率＝年折旧率÷12

月折旧额＝固定资产原价×月折旧率

【例3-8】 绿岛公司一项设备的原值为245 000元，预计使用年限为10年，预计净残值率为3%。该设备的折旧额计算如下：

年折旧率 =（1−5%）÷10×100% =9.5%

月折旧率 =9.5% ÷12=0.79%

月折旧额 =245 000×0.79% =1 935.50（元）

采用年限平均法计算固定资产折旧虽然简单，但也存在一些局限性。例如，固定资产在不同使用年限提供的经济效益不同，年限平均法没有考虑这一事实。只有当固定资产各期的负荷程度相同，各期应分摊相同的折旧费时，采用年限平均法计算折旧才是合理的。

3.3.2 工作量法

工作量法是根据实际工作量计提折旧额的一种方法。这种方法可以弥补年限平均法只重使用时间，不考虑使用强度的缺点，计算公式为：

每一工作量折旧额 =[固定资产原价 ×（1− 残值率）]÷ 预计总工作量

某项固定资产月折旧额 = 该项固定资产当月工作量 × 每一工作量折旧额

【例 3–9】 绿岛公司一台机器设备原价为 900 000 元，预计生产产品产量为 20 000 件，预计净残值率为 2%，本月生产产品 5 000 件。计算该台机器设备的月折旧额。

单件折旧额 =900 000×（1−2%）÷20 000=44.10（元 / 件）

月折旧额 =5 000×44.10=220 500（元）

3.3.3 双倍余额递减法

双倍余额递减法是在不考虑固定资产残值的情况下，根据每一期期初固定资产账面净值和双倍直线法折旧额计算固定资产折旧的一种方法。计算公式如下：

年折旧率 =2÷ 预计的折旧年限 ×100%

月折旧率 = 年折旧率 ÷12

月折旧额 = 固定资产账面净值 × 月折旧率

这种方法没有考虑固定资产的残值收入，因此不能使固定资产的账面折余价值降低到它的预计残值收入以下，即实行双倍余额递减法计提折旧的固定资产，应当在其固定资产折旧年限到期的最后两年（当采用直线法的折旧额大于等于双倍余额递减法的折旧额时），将固定资产账面净值扣除预计净残值后的余额平均摊销。

在使用双倍余额递减法时要注意：最后两年计提的折旧额，是将固定资产账面净值扣除预计净残值后的净值平均摊销。

扣除最后两年的年折旧额 = 每期期初固定资产净值 ×2÷ 折旧年限

最后两年折旧额 =（期初账面净值 − 净残值）÷2

【例 3-10】 甲企业一项固定资产的原价为 400 000 元，预计使用年限为 4 年，预计净残值 1 500 元，按双倍余额递减法计算折旧，每年的折旧额为：

双倍余额年折旧率 =2÷4×100%=50%

第一年应提的折旧额 =400 000×50%=200 000（元）

第二年应提的折旧额 =（400 000−200 000）×50%=100 000（元）

从第三年起改按平均年限法（直线法）计提折旧。

第三、第四年的年折旧额 =（400 000−200 000−100 000−1 500）÷2=49 250（元）

3.3.4 年数总和法

年数总和法也称为合计年限法，是将固定资产的原值减去净残值后的净额和以一个逐年递减的分数计算每年的折旧额，这个分数的分子代表固定资产尚可使用的年数，分母代表使用年数的逐年数字总和。计算公式为：

年折旧率 = 尚可使用年限 ÷ 预计使用年限总和 ×100%

=（预计使用年限 − 已使用年限）÷[预计使用年限 ×（预计使用年限 + 1）÷2]×100%

月折旧率 = 年折旧率 ÷12

月折旧额 =（固定资产原值 − 预计净残值）× 月折旧率

【例 3-11】 秦旭公司购置一台设备，原值为 24 000 000 元，预计净残值率为 1%，预计使用年限为 5 年，采用年数总和法计提折旧。

预计净残值 =24 000 000 × 1% =240 000（元）

年折旧率 =（5− 已使用年限）÷ [（5 × 6）÷ 2] × 100%

第 1 年折旧额 =[（24 000 000−240 000）× 5 ÷ 15]=7 920 000（元）

第 2 年折旧额 =[（24 000 000−240 000）× 4 ÷ 15]=6 336 000（元）

第 3 年折旧额 =[（24 000 000−240 000）× 3 ÷ 15]=4 752 000（元）

第 4 年折旧额 =[（24 000 000−240 000）× 2 ÷ 15]=3 168 000（元）

第 5 年折旧额 =[（24 000 000−240 000）× 1 ÷ 15]=1 584 000（元）

年数总和法所计算的折旧额随着年数的增加而逐渐递减，这样可以保持固定资产使用成本的均衡性和防止固定资产因无损耗而遭受的损失。

【例 3-12】 2 × 21 年，绿岛公司各生产管理部门固定资产折旧计算表，见表 3-11。

表 3-11　固定资产折旧费用计算表

2 × 21 年 1 月　　单位：元

车间、部门	固定资产类别	月初应提 固定资产原值	月分类折旧率	月折旧额
生产车间	房屋	56 000 000	0.4%	224 000
	设备	10 000 000	0.25%	25 000
辅助车间	房屋	12 000 000	0.4%	48 000
	设备	8 000 000	0.25%	20 000
管理部门	房屋	7 000 000	0.4%	28 000
管理部门	设备	4 000 000	0.25%	10 000
销售部门	房屋	13 000 000	0.4%	52 000
合计				407 000

根据当月“固定资产折旧费用计算表”，编制会计分录如下。

借：制造费用——基本生产车间　　249 000

　　　　　——辅助生产车间　　68 000

　　管理费用　　38 000

销售费用　　　　　　　　　　　　　　　　　　52 000

贷：累计折旧　　　　　　　　　　　　　　　　　　407 000

3.3.5 固定资产加速折旧税收优惠政策

1. 固定资产加速折旧行业范围

对生物药品制造业，专用设备制造业，铁路、船舶、航空航天和其他运输设备制造业，计算机、通信和其他电子设备制造业，仪器仪表制造业，信息传输、软件和信息技术服务业等六大行业的企业 2014 年 1 月 1 日后购进的固定资产（包括自行建造）；对轻工、纺织、机械、汽车等四个领域重点行业的企业 2015 年 1 月 1 日后新购进的固定资产（包括自行建造），可由企业选择缩短折旧年限或采取加速折旧的方法。

2. 固定资产加速折旧税收优惠规定

（1）对上述十个行业的小型微利企业新购进的研发和生产经营共用的仪器、设备，单位价值不超过 100 万元（含）的，允许一次性计入当期成本费用，在计算应纳税所得额时扣除，不再分年度计算折旧；单位价值超过 100 万元的，允许缩短折旧年限或采取加速折旧方法。

（2）对所有行业企业在 2014 年 1 月 1 日后购进并专门用于研发活动的仪器、设备，单位价值不超过 100 万元的，可以一次性在计算应纳税所得额时扣除；单位价值超过 100 万元的，允许缩短折旧年限或采取加速折旧方法。

（3）对所有行业企业持有的固定资产，单位价值不超过 5 000 元的，可以一次性在计算应纳税所得额时扣除。企业在 2013 年 12 月 31 日前持有的单位价值不超过 5 000 元的固定资产，其折余价值部分，2014 年 1 月 1 日以后可以一次性在计算应纳税所得额时扣除。

（4）企业采取缩短折旧年限方法的，对其购置的新固定资产，最低折旧年限不得低于《企业所得税法实施条例》第六十条规定的折旧年限的 60%；企业购置已使用过的固定资产，其最低折旧年限不得低于实施条例规定的最低折旧年限减去已使用年限后剩余年限的 60%。最低折旧年限一经确定，一般不得变更。

（5）企业采取加速折旧方法的，可以采用双倍余额递减法或者年数总和法。加速折旧方法一经确定，一般不得变更。

3.4 应付职工薪酬的分配

职工薪酬，是指职工在职期间和离职后提供给职工全部货币性薪酬和非货币性薪酬，既包括提供给职工本人的薪酬，也包括提供给职工配偶、子女或其他被赡养人福利等。应付职工薪酬的结转与分配，如图 3–3 所示。

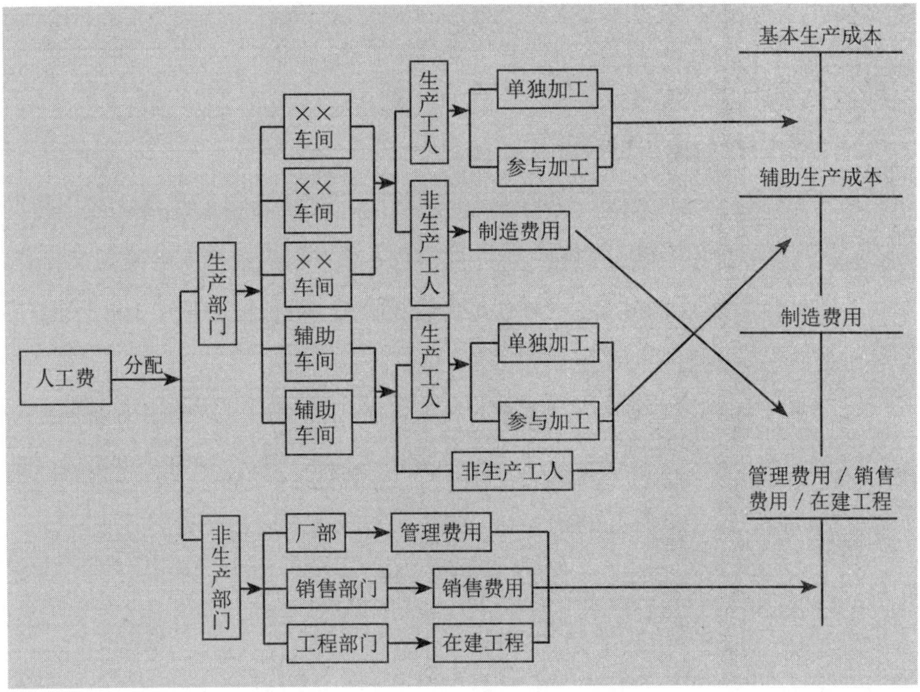

图 3–3　应付职工薪酬结转与分配

3.4.1 职工薪酬的范围

产品成本中的直接人工费用，是指直接从事产品生产的生产工人工资。

按生产工人工资总额的一定比例提取的职工福利费，可以包括在直接人工费用这一成本项目中。

工资总额包括：计时工资、计件工资、奖金、津贴和补贴、加班工资和特殊情况下支付的工资等。

职工薪酬主要包括以下几方面的内容：

职工薪酬的内容

- 职工工资、奖金、津贴和补贴
- 职工福利费
- 医疗、养老、失业、工伤和生育等保险费
- 住房公积金
- 工会经费和职工教育经费
- 非货币性福利
- 因解除与职工的劳动关系给予的补偿
- 其他与获得职工提供的服务相关的支出

3.4.2 货币性职工薪酬的核算

企业应当在职工为其提供服务的会计期间，根据职工提供服务的受益对象，将应确认的职工薪酬计入相关资产成本或当期损益，同时确认为应付职工薪酬。职工薪酬的计提方法，见表 3-12。

表 3-12　职工薪酬的计提方法

国家规定了计提基础和计提比例的	应当按照国家规定的标准计提。
没有规定计提基础和计提比例的	企业应当根据历史经验数据和实际情况，合理预计当期应付职工薪酬。当期实际发生金额大于预计金额的，应当补提应付职工薪酬；当期实际发生金额小于预计金额的，应当冲回多提的应付职工薪酬
对于在职职工提供服务的会计期末以后 1 年以上到期的应付职工薪酬	企业应当选择恰当的折现率，以应付职工薪酬折现后的金额计入相关资产成本或当期损益；应付职工薪酬金额与其折现后金额相差不大的，也可按照未折现金额计入相关资产成本或当期损益

1. 工资费用的分配对象——谁受益，谁负担的原则

为产品生产而发生的人员工资 → 基本生产部门的产品负担

为基本生产所发生的人员工资 → 辅助生产部门生产的产品或劳务

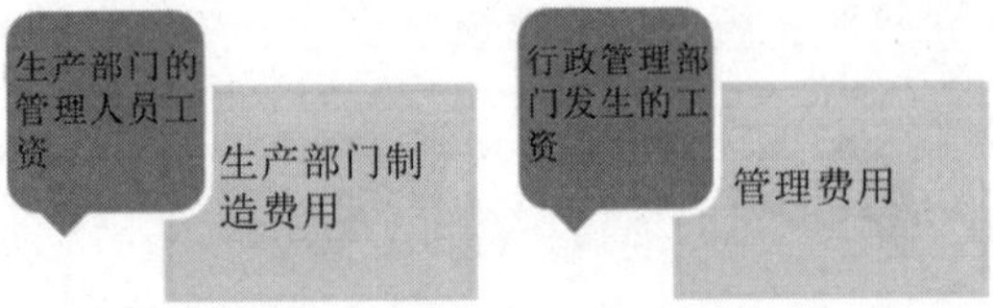

2. 工资费用的计算方法

计算工资，必须以考勤记录、产量记录（工作量记录）等原始记录为依据，按照工资总额的组成内容分别计算。

企业应按每个职工设置“工资卡”，内含职工姓名、职务、工资等级、工资标准等资料。计算职工工资的原始记录，有“考勤记录”和“产量记录”。

（1）计时工资的计算。

计时工资是根据考勤记录登记的每一名职工出勤和缺勤的天数，按照企业规定的工资标准计算。工资标准按其计算时间的不同，有月工资、日工资和小时工资标准三种。

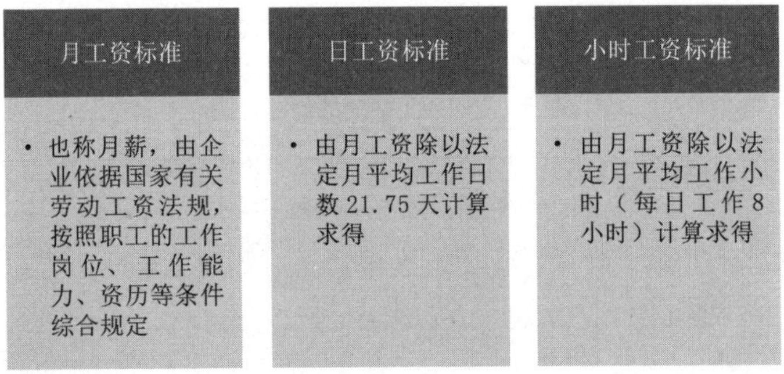

【例3-13】 绿岛公司职员贾艳的月工资标准为4 350元。2×21年1月该员工病假4天，事假2天，统计出勤16天，周末休假8天。根据该员工工龄，其病假工资按工资标准80%计算。

①按21.75天计算日工资率，按缺勤天数扣月工资。

日工资率 =4 350÷21.75=200（元）

应扣缺勤病假工资 = 4×200×（100%−80%）=160（元）

应扣缺勤事假工资 =2×200=400（元）

应付工资 =4 350−160−400=3 790（元）

②按 30 天计算日工资率，按出勤天数计算月工资。

日工资率 = 4350 ÷ 30 =145（元 / 天）

应付出勤工资 = 145 ×（16+8）=3 480（元）

应付病假工资 = 145 × 4 × 80% = 464（元）

应付工资 =3 480 + 464 = 3 944（元）

（2）计件工资的计算。

▲方法一：

$$应付计件工资=\sum\left(\frac{某工人本月生产}{每种产品产量}\times 该种产品计件单价\right)$$

提示：产品产量 = 合格品数量 + 料废品数量

料废品：非工人本人过失造成的不合格产品，应计算并支付工资。

工废品：由于本人过失造成的不合格产品，不计算、不支付工资。

$$某种产品计件单价=\frac{生产单位产品所}{需的工时定额}\times 该级工人小时工资率。$$

▲方法二：

应付计件工资 = 某工人本月生产各种产品定额工时之和 × 该工人小时工资率

【例 3–14】 假定甲、乙两种产品由二级工加工，甲产品工时定额为 30 分钟，乙产品工时定额为 45 分钟。二级工小时工资率为 40 元。

甲、乙两种产品计件工资单价计算如下：

甲产品计件单价 =40 × 30 ÷ 60=20（元）

乙产品计件单价 =40 × 45 ÷ 60=30（元）

【例 3–15】 按上例，假定某二级工加工甲产品 500 件，乙产品 800 件。

按上述公式计算的计件工资为：

应付工资 =500 × 20+800 × 30=34 000（元）

该工人完成的产品定额工时为：

甲产品定额工时 =500 × 30 ÷ 60=250（小时）

乙产品定额工时 =800 × 45 ÷ 60=600（小时）

该工人完成产品定额工时总数 =250+600=850（小时）

应付工资 =850×40=34 000（元）

【例 3–16】 假定第一车间按照一般计件工资的计算方法并取得集体工资 20 472 元。第一车间由 5 人组成，相关数据见表 3–13。

表 3–13　第一车间考勤统计表

2×21 年 1 月　　单位：元

岗　位	姓　名	工资标准	出　勤	按日工资率和出勤日数计算的工资额
主任	林强	300	22	6 600
操作工	肖明	120	22	2 640
操作工	陈达	150	22	3 300
操作工	张海	120	21	2 520
记录工	白洛水	100	20	2 000
合计	–	–	107	17 060

第一车间内部工资分配计算如下：

生产小组内部工资分配率 =20 472÷17 060=1.2

林强应分配工资 =6 600×1.2=7 920（元）

肖明应分配工资 =2 640×1.2=3 168（元）

陈达应分配工资 =3 300×1.2=3 960（元）

张海应分配工资 =2 520×1.2=3 024（元）

白洛水应分配工资 =2 000×1.2=2 400（元）

3. 工资的分配

能直接从事产品生产的生产工人的职工薪酬，计入“直接人工”成本项目；不能直接计入产品成本的职工薪酬，按工时、产品产量、产值比例等方式进行合理分配，计入各有关产品成本的“直接人工”项目。

$$\text{生产工资费用分配率}=\frac{\text{各种产品}}{\text{生产工资总额}}\div\text{各种产品生产工时总额}$$

$$\text{某种产品应分配的生产工资}=\frac{\text{该种产品}}{\text{生产工时}}\times\text{生产工资费用分配率}$$

如果取得各种产品的实际生产工时数据比较困难，而各种产品的单件工时定额比较准确，也可按产品的定额工时比例分配职工薪酬。计算公式如下：

某种产品耗用的定额工时 = 该种产品投产量 × 单位产品工时定额

生产工资费用分配率 = 各种产品生产工资总额 ÷ 各种产品定额工时总额

某种产品应分配的生产工资 = 该种产品定额工时 × 生产工资费用分配率

"应付职工薪酬——工资"科目月末有余额，贷方余额为累计应付未付工资，借方余额为累计多付工资。在企业各月工资总额相差不多的情况下，按照重要性要求，也可以按照当月实际支付的工资额进行分配，采用这种方法，"应付职工薪酬——工资"科目月末没有余额。账务处理如图 3-4 所示。

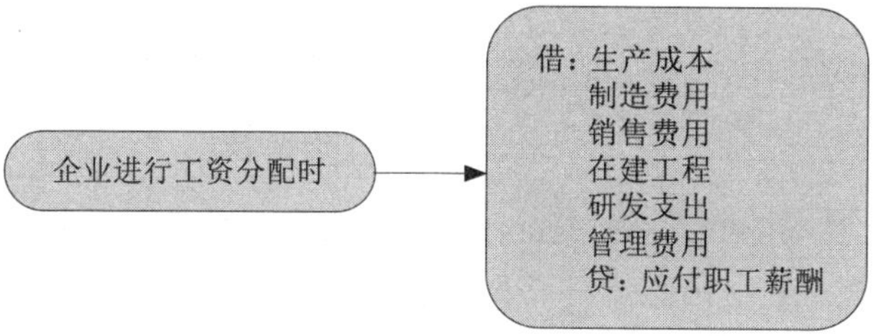

图 3-4　分配工资时的账务处理

【例 3-17】 2×21 年 1 月，绿岛公司生产甲、乙两种产品，采用计时工资制度。甲、乙产品计时工资共计 334 000 元，甲、乙产品生产工时分别为 8 900 小时和 7 800 小时。

生产工资费用分配率 =334 000 ÷（8 900+7 800）=20

甲产品分配工资费用 =8 900 × 20=178 000（元）

乙产品分配工资费用 =7 800 × 20=156 000（元）

借：生产成本——基本生产成本——甲产品　　178 000

　　　　　　——基本生产成本——乙产品　　156 000

　贷：应付职工薪酬——工资　　334 000

根据上述业务，登记会计凭证，见表 3-14。

表 3-14 转账凭证

附件：4 张

2×21 年 1 月 31 日　　　　转字第 012 号

摘要	一级科目	二级或明细科目	账页	借方金额										贷方金额									
				千	百	十	万	千	百	十	元	角	分	千	百	十	万	千	百	十	元	角	分
结转车间工资成本	生产成本	基本生产成本（甲产品）				1	7	8	0	0	0	0	0										
	生产成本	基本生产成本（乙产品）				1	5	6	0	0	0	0	0										
	应付职工薪酬	工资														3	3	4	0	0	0	0	0
合计					¥	3	3	4	0	0	0	0	0	¥	3	3	4	0	0	0	0	0	0

会计主管：××　　记账：××　　出纳：××　　审核：××　　填制：××

4. 发放工资

在工资结算表中，要根据工资卡、考勤记录、产量记录及代扣款项等资料，按人名填列“应付工资”“代扣款项”“实发金额”三大部分。一般情况下，工资结算表一般应编制一式三份：一份由人力资源部门存查；一份裁成“工资条”，连同工资一起发给职工；一份在发放工资时由职工签章后交财务部门作为工资核算的凭证，并用以代替工资的明细核算。由于工资结算表是按各个车间、部门分别编制的，因此，只能反映各个车间、部门工资结算和支付的情况。

企业工资的账务处理，如图 3-5 所示。

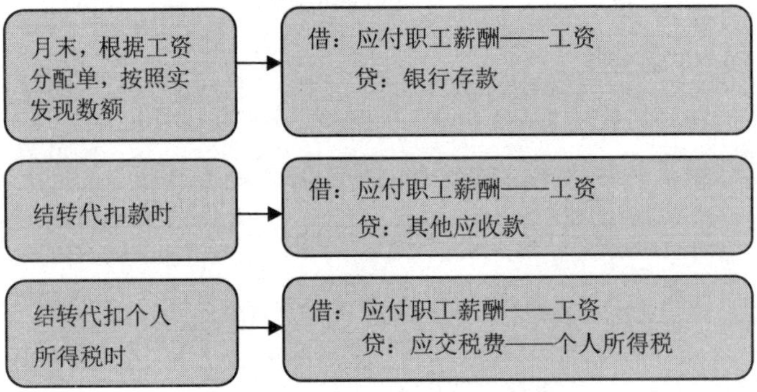

图 3-5 发放工资的账务处理

5. 工资费用分配表的编制

为了按工资的用途和发生地点归集并分配工资，月末，应根据工资结算单和有关的生产工时记录编制“工资费用分配表”，然后汇编“工资及福利费用分配汇总表”。

【例 3–18】 绿岛公司 2×21 年 1 月工资结算表，见表 3–15。

表 3–15　工资及福利费用分配汇总表

应借科目		工　资				
总账及二级科目	明细科目	分配标准（工时）	直接生产人员（分配率 100）	工资合计	代扣款项	代扣个人所得税
生产成本——基本生产成本	甲产品	2 000	100	200 000	5 000	3 400
	乙产品	1 340		134 000	3 900	2 200
	小计	3 340	100	334 000	8 900	5 600
	锅炉车间		47 800	47 800	7 700	2 290
	供电车间		59 200	59 200	6 200	1 700
	小计		107 000	107 000	13 900	3 990
制造费用	基本车间		0	3 300	120	0
	锅炉车间		0	1 160	140	0
	供电车间		0	5 935	30	0
	小计		0	10 395	290	0
管理费用			0	191 800	2 650	1 231
合计				643 195	25 740	10 821

【例 3–19】 根据表 3–15，即可登记总账和有关的明细账，其会计分录如下：

借：生产成本——基本生产成本——甲产品　　200 000
　　　　　——基本生产成本——乙产品　　134 000
　　　　　——辅助生产成本——甲产品　　47 800
　　　　　——辅助生产成本——乙产品　　59 200
　　制造费用——基本车间　　3 300

——锅炉车间　　　　　　　　　　　　1 160

——供电车间　　　　　　　　　　　　5 935

管理费用　　　　　　　　　　　　191 800

贷：应付职工薪酬　　　　　　　　　　　　643 195

根据上述业务，登记会计凭证，见表 3-16。

表 3-16　转账凭证

附件：3 张

2×21 年 1 月 31 日　　　　　　　　　　转字第 013 号

摘　要	一级科目	二级或明细科目	账页	借方金额										贷方金额									
				千	百	十	万	千	百	十	元	角	分	千	百	十	万	千	百	十	元	角	分
结转原材料成本643 195元	生产成本	基本生产成本（甲产品）				2	0	0	0	0	0	0	0										
	生产成本	基本生产成本（乙产品）				1	3	4	0	0	0	0	0										
	生产成本	辅助生产成本（甲产品）					4	7	8	0	0	0	0										
	生产成本	辅助生产成本（乙产品）					5	9	2	0	0	0	0										
	制造费用	基本车间						3	3	0	0	0	0										
	制造费用	锅炉车间						1	1	6	0	0	0										
	制造费用	供电车间						5	9	3	5	0	0										
	管理费用					1	9	1	8	0	0	0	0										
	应付职工薪酬															6	4	3	1	9	5	0	0
合计					¥	6	4	3	1	9	5	0	0		¥	6	4	3	1	9	5	0	0

会计主管：××　　记账：××　　出纳：××　　审核：××　　填制：××

（2）结转代扣款 25 740 元。

借：应付职工薪酬——工资　　　　　　　　25 740

贷：其他应收款　　　　　　　　　　　　25 740

根据上述业务，登记会计凭证，见表 3-17。

表 3-17　转账凭证

附件：2 张

2×21 年 1 月 31 日　　　　转字第 009 号

摘　要	一级科目	二级或明细科目	账页	借方金额									贷方金额								
				百	十	万	千	百	十	元	角	分	百	十	万	千	百	十	元	角	分
结转工资	应付职工薪酬	工资				2	5	7	4	0	0	0									
代扣款	其他应收款														2	5	7	4	0	0	0
25 740 元																					
合计					￥	2	5	7	4	0	0	0		￥	2	5	7	4	0	0	0

会计主管：××　　记账：××　　出纳：××　　审核：××　　填制：××

（3）结转代扣个人所得税 10 821 元。

借：应付职工薪酬——工资　　　　10 821

　　贷：应交税费——应交个人所得税　　　　10 821

根据上述业务，登记会计凭证，见表 3-18。

表 3-18　转账凭证

附件：2 张

2×21 年 1 月 31 日　　　　转字第 008 号

摘　要	一级科目	二级或明细科目	账页	借方金额									贷方金额									
				百	十	万	千	百	十	元	角	分	千	百	十	万	千	百	十	元	角	分
计提个人所得税	应付职工薪酬	工资				1	0	8	2	1	0	0										
10 821 元	应交税费	应交个人所得税														1	0	8	2	1	0	0
合计					￥	1	0	8	2	1	0	0			￥	1	0	8	2	1	0	0

会计主管：××　　记账：××　　出纳：××　　审核：××　　填制：××

根据工资结算业务，作会计分录如下。

（4）通过银行转账方式，实际发放工资 606 634 元。

借：应付职工薪酬——工资　　　　606 634

　　贷：银行存款　　　　606 634

根据上述业务，登记会计凭证，见表3-19。

表3-19 付款凭证

附件：2张

贷方科目：银行存款　　2×21年1月31日　　银付字第011号

摘要	借方科目		账页	金额									
	一级科目	二级或明细科目		千	百	十	万	千	百	十	元	角	分
实际发放1月工资606 634元	应付职工薪酬	工资				6	0	6	6	3	4	0	0
合计					¥	6	0	6	6	3	4	0	0

会计主管：××　　记账：××　　出纳：××　　审核：××　　填制：××

3.4.3 非货币性职工薪酬的核算

非货币性职工薪酬是指企业以其生产或外购的产品作为非货币性福利提供给职工。企业以其自产产品作为非货币性福利发放给职工的，应当根据受益对象，按照该产品的公允价值，计入相关资产成本或当期损益，同时确认应付职工薪酬。以外购商品作为非货币性福利提供给职工的，应当按照该商品的公允价值和相关税费，计入成本费用。

【例3-20】 绿岛公司在职职工320名，其中一线生产工人250名，总部管理人员70名。2×21年1月，该公司决定以其生产的空气净化器作为福利发放给职工。该空气净化器单位生产成本为2 100元，单位计税价格（公允价值）为3 800元，适用的增值税率为13%。该公司的核算如下：

（1）计算非货币性福利金额。

计入生产成本的金额=250×3 800×（1+13%）=1 073 500（元）

计入管理费用的金额=70×3 800×（1+13%）=300 580（元）

借：生产成本　　1 073 500

　　管理费用　　300 580

　　贷：应付职工薪酬——非货币性福利　　1 374 080

（2）实际发放非货币性福利。

售价总额=320×3 800=1 216 000（元）

应交的增值税销项税额 =1 216 000×13% =158 080（元）

借：应付职工薪酬——非货币性福利　　1 374 080

　　贷：主营业务收入　　1 216 000

　　　　应交税费——应交增值税（销项税额）　　158 080

借：主营业务成本　　672 000

　　贷：库存商品　　672 000

> 在以自产产品或外购商品发放给职工作为福利的情况下，企业在进行核算时，应当先通过“应付职工薪酬”科目归集当期应计入成本费用的非货币性薪酬金额，以确定完整准确的企业人工成本。

企业将拥有的房屋等资产无偿提供给职工使用的，应当根据受益对象，将该住房每期应计提的折旧计入相关资产成本或当期损益，同时确认应付职工薪酬。租赁住房等资产供职工无偿使用的，应当根据受益对象，将每期应付的租金计入相关资产成本或当期损益，并确认应付职工薪酬。难以认定受益对象的非货币性福利，直接计入当期损益和应付职工薪酬。

3.4.4 辞退福利的核算

辞退福利是指在职工劳动合同尚未到期前，企业决定解除与职工的劳动关系而给予的补偿，此时职工没有选择继续在职的权利；或在职工劳动合同尚未到期前，为鼓励职工自愿接受裁减而给予的补偿，此时职工有权选择继续在职或接受补偿离职。

辞退福利通常是在解除劳动关系时一次性支付补偿，也可以采用其他方式支付。满足相应条件的辞退福利，应当确认为因解除与职工的劳动关系给予补偿而产生的预计负债，同时计入当期管理费用。

【例 3-21】 绿岛公司于年末预计辞退福利 110 000 元，当期实际支付了 60 000 元。编制相关会计分录如下：

（1）预计辞退福利数额时。

借：管理费用　　110 000

贷：应付职工薪酬——辞退福利　　　　110 000

（2）实际支付辞退福利时。

借：应付职工薪酬——辞退福利　　　　60 000

贷：库存现金 / 银行存款　　　　60 000

3.5 其他费用

3.5.1 利息支出的核算

利息费用不是产品成本的组成部分，而是财务费用的组成部分。

如果短期借款利息按月支付，或利息是在借款到期，本息一起支付，可以在实际支付或收到银行的通知时，直接计入财务费用。

【例 3-22】 白顺制造厂取得短期借款 2 000 000 元，年利率 7%，借款期限 6 个月。利息数额较少，不进行计提，到期还本付息。

6 个月的利息 =2 000 000 × 7% ÷ 12 × 6=70 000（元）

（1）2 × 21 年 1 月 1 日，取得借款时，见表 3-20。

借：银行存款　　　　2 000 000

贷：短期借款　　　　2 000 000

表 3-20

中国工商银行流动资金借款收据（回单）

进账日期：2×21 年 1 月 1 日

<table>
<tr><td>借款单位全称</td><td colspan="3">白顺制造厂</td><td colspan="2">存款账号</td><td colspan="10">456786543</td></tr>
<tr><td>贷款种类</td><td>短期借款</td><td>年利率</td><td>7%</td><td colspan="2">贷款户账号</td><td colspan="10">45334256</td></tr>
<tr><td rowspan="2">贷款金额</td><td colspan="5" rowspan="2">人民币（大写）⊗贰佰万元整</td><td>千</td><td>百</td><td>十</td><td>万</td><td>千</td><td>百</td><td>十</td><td>元</td><td>角</td><td>分</td></tr>
<tr><td>¥</td><td>2</td><td>0</td><td>0</td><td>0</td><td>0</td><td>0</td><td>0</td><td>0</td><td>0</td></tr>
<tr><td colspan="4">借款原因或用途：流动资金</td><td colspan="2">约定还款期限</td><td colspan="10">2×21 年 6 月 30 日</td></tr>
<tr><td colspan="4">备注：</td><td colspan="12">上列贷款已转入你单位存款户</td></tr>
</table>

工行深圳龙岗支行 2×21.1.1 转讫

根据上述业务，登记会计凭证，见表 3-21。

表 3-21　收款凭证

附件：2 张

借方科目：银行存款　　　　2×21 年 1 月 1 日　　　　银付字第 011 号

<table>
<tr><th rowspan="2">摘　要</th><th colspan="2">贷方科目</th><th rowspan="2">账页</th><th colspan="10">金　额</th></tr>
<tr><th>一级科目</th><th>二级或明细科目</th><th>千</th><th>百</th><th>十</th><th>万</th><th>千</th><th>百</th><th>十</th><th>元</th><th>角</th><th>分</th></tr>
<tr><td>从工行深圳龙岗支行取得短期借款 2 000 000 元</td><td>短期借款</td><td>工行深圳龙岗支行</td><td></td><td></td><td>2</td><td>0</td><td>0</td><td>0</td><td>0</td><td>0</td><td>0</td><td>0</td><td>0</td></tr>
<tr><td></td><td></td><td></td><td></td><td></td><td></td><td></td><td></td><td></td><td></td><td></td><td></td><td></td><td></td></tr>
<tr><td></td><td></td><td></td><td></td><td></td><td></td><td></td><td></td><td></td><td></td><td></td><td></td><td></td><td></td></tr>
<tr><td colspan="4">合计</td><td>¥</td><td>2</td><td>0</td><td>0</td><td>0</td><td>0</td><td>0</td><td>0</td><td>0</td><td>0</td></tr>
</table>

会计主管：××　　记账：××　　出纳：××　　审核：××　　填制：××

（2）2×21 年 6 月 30 日，还本付息时，见表 3-22。

借：短期借款　　　　2 000 000

　　财务费用　　　　70 000

　　贷：银行存款　　　　2 070 000

表 3-22　存（贷）款利息传票

2×21 年 6 月

<table>
<tr><td rowspan="2">借方</td><td>户名</td><td colspan="2">白顺制造厂</td><td rowspan="2">贷方</td><td>户名</td><td>工商银行福田支行</td></tr>
<tr><td>账号</td><td colspan="2">45 334 256</td><td>账号</td><td>6222001909234215412</td></tr>
<tr><td rowspan="3">备注</td><td>起息日期</td><td>止息日期</td><td colspan="2">积数</td><td>利率</td><td>利息</td></tr>
<tr><td>2×21.01.01</td><td>2×21.06.30</td><td colspan="2"></td><td>7%</td><td>70 000</td></tr>
<tr><td colspan="2">调整利息：</td><td colspan="4">冲正利息：</td></tr>
<tr><td colspan="7">应收（付）利息合计：柒万元整</td></tr>
</table>

根据上述业务，登记会计凭证，见表 3-23。

表 3-23 付款凭证

附件：2 张

贷方科目：银行存款　　2×21 年 6 月 30 日　　银付字第 08 号

摘 要	借方科目		账页	金 额									
	一级科目	二级或明细科目		千	百	十	万	千	百	十	元	角	分
偿还借款本金及利息 2 070 000 元	短期借款	工行路福田支行			2	0	0	0	0	0	0	0	0
	财务费用						7	0	0	0	0	0	0
合计				¥	2	0	7	0	0	0	0	0	0

会计主管：× ×　　记账：× ×　　出纳：× ×　　审核：× ×　　填制：× ×

3.5.2 其他费用的核算

其他费用具体包括邮电费、租赁费、印刷费、图书报刊资料费、办公用品费、排污费、差旅费、保险费、职工技术补助费、利息以及有关费用性税金等。

【例 3-23】 2×21 年 1 月 14 日，白顺制造厂铸造车间订阅报刊，用转账支票 1 600 元，支付报刊费。

借：制造费用——招待费　　1 600

　　贷：银行存款　　1 600

根据上述业务，登记会计凭证，见表 3-24。

表 3-24　付款凭证

附件：2 张

贷方科目：库存现金　　　　2×21 年 1 月 14 日　　　　现付字第 009 号

摘　要	借方科目		账页	金　额								
	一级科目	二级或明细科目		百	十	万	千	百	十	元	角	分
支付铸造车间 2019 年报刊费 1600 元	管理费用						1	6	0	0	0	0
合计						￥	1	6	0	0	0	0

会计主管：××　　记账：××　　出纳：××　　审核：××　　填制：××

3.6 辅助生产费用的归集和分配

辅助生产费用是企业辅助生产车间为基本生产和其他部门提供服务所发生的费用。辅助生产为基本生产服务产生的费用，要间接计入产品制造成本之中，只有辅助生产费用确定并分配之后，基本生产产品的成本才能随之确定。

3.6.1 辅助生产费用的含义与分类

1. 含义

辅助生产车间为生产产品或提供劳务而发生的原材料费用、动力费用、工资和福利费以及辅助生产车间的制造费用，被称之为辅助生产费用。

为生产和提供一定种类和一定数量的产品或劳务所耗费的辅助生产费用之和，构成该种产品或劳务的辅助生产成本。

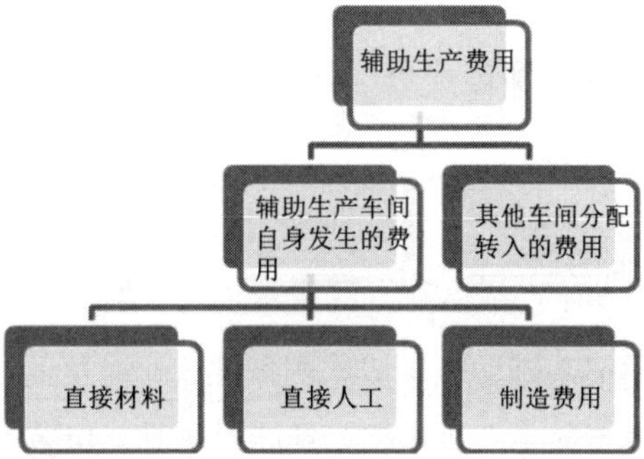

2. 分类

辅助生产是指为基本生产车间、企业行政管理部门等单位服务而进行的产品生产和劳务供应。辅助生产有两种情况：

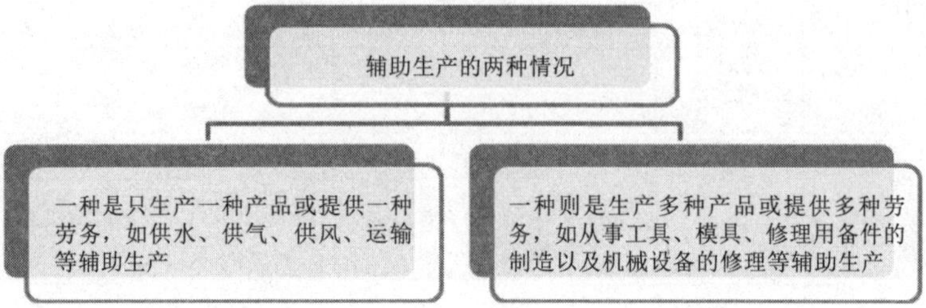

辅助生产产品和劳务成本的高低，会影响企业产品成本的水平，因此，正确合理地归集和分配辅助生产费用，对于节约费用、降低成本有着重要的意义。

3. 辅助生产费用核算特点

（1）辅助生产费用核算包括辅助生产费用的归集和分配的核算；

（2）辅助生产费用按车间以及产品和劳务类别归集的过程，也是辅助生产产品和劳务成本计算的过程；

（3）辅助生产费用的分配，是指按照一定的标准和方法，将辅助生产费用分配到各受益单位或产品上的过程；

（4）先归集，后分配。归集是为分配作准备。

3.6.2 辅助生产费用的归集

辅助生产车间发生的费用的归集主要是通过“辅助生产成本”账户进行的。在实际工作中，考虑辅助车间的制造费用情况不同，又具体有两种归集方法，两种方法的根本区别表现在对辅助车间的制造费用处理的不同。

1. 第一种：先通过“制造费用”科目归集，再转入“生产成本——辅助生产成本”科目借方

在这种方法下，企业需开设“辅助生产成本”和“制造费用——辅助车间”明细账，并要确定辅助生产成本账户的成本项目，对企业发生的专设成本项目的费用，直接或分配记入辅助生产成本明细账；车间发生的未专设成本项目的费用先记入制造费用明细账，月末分配辅助费用时，以这两个明细账归集的费用之和作为待分配费用进行分配，并在分配过程结束时，将制造费用明细账归集的全部费用（含分配时转入的费用）结转到辅助生产成本明细账。结转后，制造费用明细账应无余额，如图 3-6 所示。

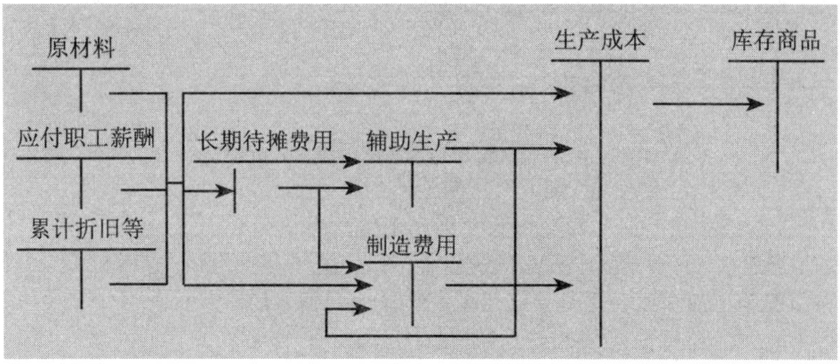

图 3-6　产品制造成本结转分配

设置“制造费用”账户的情况，账务处理如下：

借：生产成本——辅助生产成本

　　贷：原材料（燃料及动力、应付职工薪酬）

借：制造费用

　　贷：累计折旧（原材料、银行存款）

借：生产成本——辅助生产成本

　　贷：制造费用

2. 第二种：不通过“制造费用”科目，直接记入“生产成本——辅助生产成本”科目

这种方法下，企业只设置“生产成本——辅助生产成本”明细账，不再开设“制造费用——辅助车间”明细账。此时，辅助生产成本明细账是按费用项目开设专栏，凡是辅助车间的费用都直接或间接记入辅助生产成本明细账。月底时，该明细账归集的费用总额即为待分配的费用，即可进行分配。

不设置“制造费用”账户的情况，账务处理如下：

借：生产成本——辅助生产成本

　　贷：原材料

　　　　应付职工薪酬

燃料及动力

累计折旧

银行存款

3.6.3 辅助生产费用的分配方法

辅助生产费用的分配方法如下：

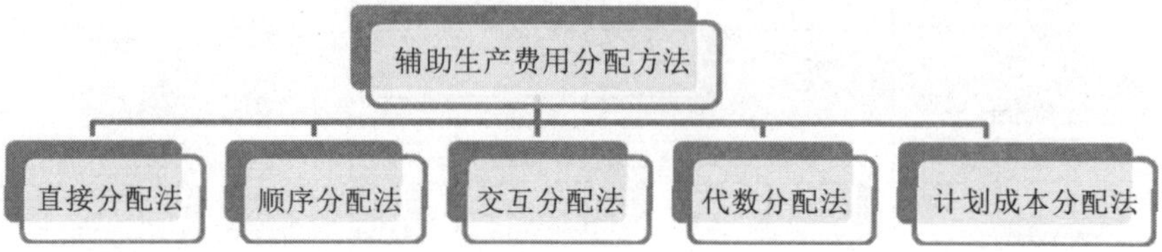

辅助生产费用的分配方法及公式，如图 3-7 所示。

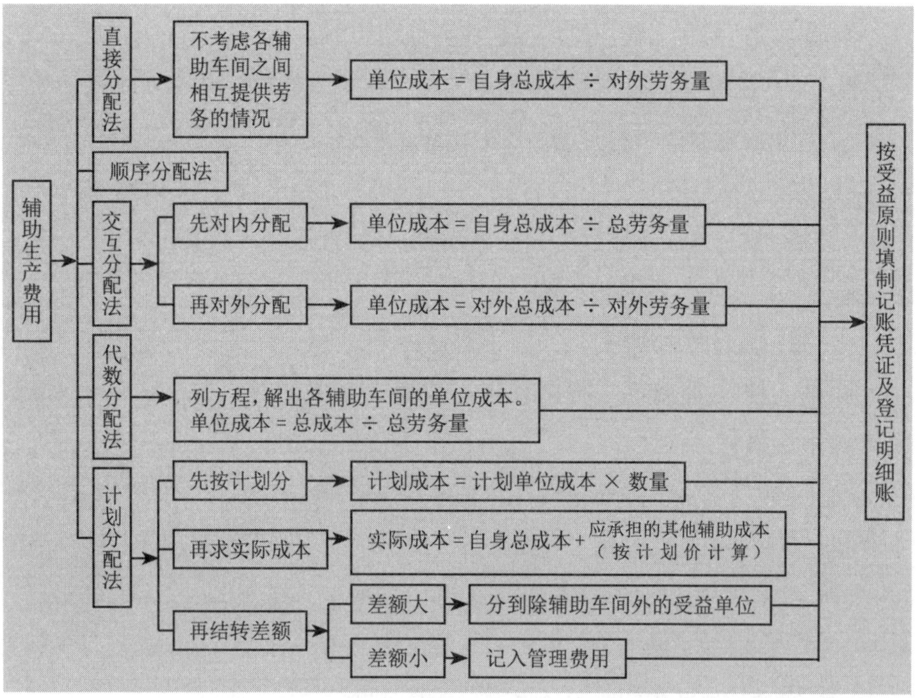

图 3-7 辅助生产费用分配方法流程图

1. 直接分配法

直接分配法是指在各辅助生产车间发生的费用，直接分配给辅助生产以外的各受益单位，辅助生产车间之间相互提供的产品和劳务，不互相分配费用。

其分配的计算公式为：

$$\frac{\text{某辅助生产车}}{\text{间费用分配率}}=\frac{\text{某辅助生产车间}}{\text{的待分配费用}}\div\frac{\text{各受益对象提供}}{\text{的劳务量之和}}$$

$$\text{或：}=\frac{\text{某辅助生产车间}}{\text{待分配费用总和}}\div\left(\frac{\text{某辅助生产车间}}{\text{提供的劳务总量}}-\frac{\text{其他辅助生产车间耗用某}}{\text{辅助生产车间的劳务数量}}\right)$$

$$\frac{\text{某受益对象应负担}}{\text{的辅助生产费用}}=\frac{\text{某受益对象耗用某辅助}}{\text{生产车间的劳务数量}}\times\frac{\text{某辅助生产车间}}{\text{的费用分配率}}$$

优点：从分配计算的工作看，比较简便。

缺点：分配结果往往与实际不符。

适用范围：在辅助生产内部相互提供产品或劳务不多，不进行费用的交互分配，对辅助生产成本和产品制造成本影响不大的情况下采用。

直接分配法最为简便，但只宜在辅助生产内部相互提供劳务不多，不进行交互分配对辅助生产成本和企业产品成本影响不大的情况下采用。

【例 3-24】 绿岛公司有供水和供电两个辅助生产车间，主要为本公司基本生产车间和行政管理部门等服务。根据“辅助生产成本”明细账汇总的资料，供水车间本月发生费用为 33 600 元，供电车间本月发生费用为 38 400 元。各辅助生产车间供应产品或劳务数量，详见表 3-25。

表 3-25　辅助生产车间劳务数量分配表

受益单位	耗水（立方米）	耗电（度）
基本生产——甲产品		11 000
基本生产车间	20 000	6 000
辅助生产车间（供电）	10 000	—
辅助生产车间（供水）	—	4 000
行政管理部门	6 000	1 700
专设销售机构	2 000	500
合计	38 000	23 200

按下列公式计算：

单位成本（分配率）=待分配辅助生产费用÷[辅助生产劳务（产品）总量－其他辅助生产劳务（产品）总量]

供水单位成本（分配率）=33 600÷（38 000−10 000）=1.2（元/立方米）

供电单位成本（分配率）=38 400÷（23 200−4 000）=2（元/度）

（1）供水车间费用分配情况：

基本生产车间负担的水费=20 000×1.2=24 000（元）

行政管理部门负担的水费=6 000×1.2=7 200（元）

专设销售机构负担的水费=2 000×1.2=2 400（元）

（2）供电车间费用分配情况：

基本生产甲产品负担电费=11 000×2=22 000（元）

基本生产车间负担电费=6 000×2=12 000（元）

行政管理部门负担电费=1 700×2=3 400（元）

专设销售机构负担电费=500×2=1 000（元）

（3）根据上述计算结果，分配费用见表3-26。

表3-26　辅助生产费用分配表（直接分配法）

单位：元

项　目		供水车间	供电车间	合　计
待分配辅助生产费用（元）		33 600	38 400	72 000
供应辅助生产以外的劳务数量		28 000立方米	19 200度	—
单位成本（分配率）		1.2	2	—
基本生产——甲产品	耗用数量	—	11 000度	—
	分配金额	—	22 000	22 000
基本生产车间	耗用数量	20 000立方米	6 000度	—
	分配金额	24 000	12 000	36 000
行政管理部门	耗用数量	6 000立方米	1 700度	—
	分配金额	7 200	3 400	10 600
专设销售机构	耗用数量	2 000立方米	500度	—
	分配金额	2 400	1 000	3 400
合计		33 600	38 400	72 000

根据辅助生产费用分配表，编制会计分录如下。

借：生产成本——基本生产成本——甲产品　　22 000

　　制造费用　　36 000

　　管理费用　　10 600

　　销售费用　　3 400

　　贷：生产成本——辅助生产成本——供水　　33 600

　　　　　　　——辅助生产成本——供电　　38 400

根据上述业务，登记会计凭证，见表 3-27。

表 3-27　转账凭证

附件：3 张

2×21 年 1 月 31 日　　转字第 019 号

摘要	一级科目	二级或明细科目	账页	借方金额									贷方金额								
				百	十	万	千	百	十	元	角	分	百	十	万	千	百	十	元	角	分
分配辅助生产费用72 000元	生产成本	基本生产成本（甲产品）				2	2	0	0	0	0	0									
	制造费用					3	6	0	0	0	0	0									
	管理费用					1	0	6	0	0	0	0									
	销售费用						3	4	0	0	0	0									
	生产成本	辅助生产成本（供水）													3	3	6	0	0	0	0
	生产成本	辅助生产成本（供电）													3	8	4	0	0	0	0
合计					¥	7	2	0	0	0	0	0		¥	7	2	0	0	0	0	0

会计主管：××　　记账：××　　出纳：××　　审核：××　　填制：××

2. 顺序分配法

各辅助生产车间之间的费用分配是按照受益多少的顺序依次排列，受益少的排在前，先将费用分配出去；收益多的排在后面，后将费用分配出去。

适用范围：在各辅助生产车间或部门之间相互受益程度有明显顺序的情况下采用。

【例 3-25】 根据表 3-25 的资料，计算辅助生产费用，见表 3-28。

表 3-28　辅助生产费用分配表（直接分配法）

单位：元

项　目		供水车间	供电车间	合　计
待分配辅助生产费用（元）		33 600	38 400	72 000
供应辅助生产以外的劳务数量		28 000 立方米	19 200 度	—
单位成本（分配率）		1.2	2	—
基本生产——甲产品	耗用数量		11 000 度	—
	分配金额		22 000	22 000
基本生产车间	耗用数量	20 000 立方米	6 000 度	—
	分配金额	24 000	12 000	36 000
行政管理部门	耗用数量	6 000 立方米	1 700 度	—
	分配金额	7 200	3 400	10 600
专设销售机构	耗用数量	2 000 立方米	500 度	—
	分配金额	2 400	1 000	3 400
合计		33 600	38 400	72 000

根据上述资料，按顺序分配法编制辅助生产费用分配表。

$$电费分配率=\frac{38\ 400}{11\ 000+6\ 000+1\ 700+4\ 000+500}=1.66$$

$$水费分配率=\frac{33\ 600+6\ 528}{20\ 000+6\ 000+2\ 000}=1.43$$

（1）分配电费。

借：生产成本——辅助生产成本——供水　6 528*（倒挤，因小数点保留两位）

　　生产成本——基本生产成本——甲产品　（11 000 × 1.66）18 260

　　制造费用　（6 000 × 1.66）9 960

　　管理费用　（1 700 × 1.66）2 822

　　销售费用　830

　　贷：生产成本——辅助生产成本——供电　38 400

（2）分配水费。

借：制造费用　（20 000 × 1.43）28 600

　　管理费用　（6 000 × 1.43）8 580

销售费用　　　　　　　　　　　　　　（2 000×1.43）2 860

贷：生产成本——辅助生产成本——供水　　　　　　　　40 040

根据上述计算结果，编制辅助费用分配表，见表 3-29。

表 3-29　辅助费用分配表

单位：元

项目	辅助生产车间						基本生产				行政管理部门		专设销售机构	
	供电车间			供水车间			丙产品		基本生产车间					
车间部门	劳务（产品）量	待分配费用	分配率	劳务（产品）量	待分配费用	分配率	耗用数量	分配金额	耗用数量	分配金额	耗用数量	分配金额	耗用数量	分配金额
	23 200	38 400		38 000	33 600									
分配电费	−23 200	−38 400	1.66	4 000	6 528		11 000	18 260	6 000 度	9 960	1 700 度	2 822	500 度	830
分配水费（元）				−28 000	−40 040	1.43			20 000 立方米	28 600	6 000 立方米	8 580	2 000 立方米	2 860
分配金额合计								18 260		38 560		11 402		3 690

3. 交互分配法

交互分配法，是对各辅助生产车间的成本费用进行交互分配和直接分配两次分配。如图 3-8 所示。

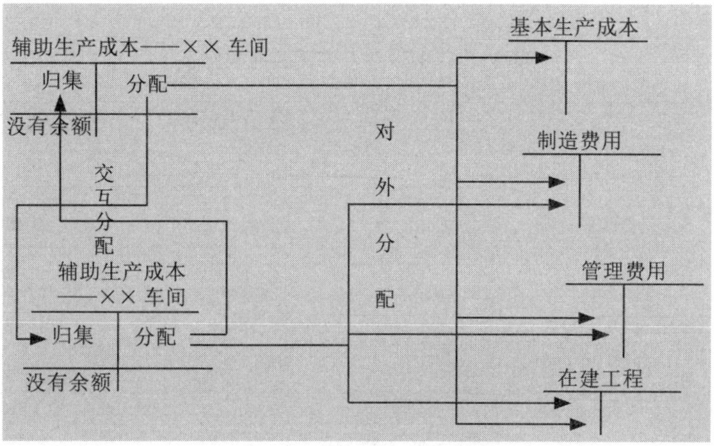

图 3-8　交互分配法流程图

交互分配法有关费用分配的计算公式如下：

（1）第一次：交互分配。

以各辅助生产车间分配前的费用及其相互提供劳务的数量为依据进行内部分配。

$$\text{交互分配费用分配率}=\frac{\text{交互分配前辅助生产单位的待分配费用总额}}{\text{该辅助生产单位的劳务供应总量}}$$

$$\text{某辅助生产单位应负担的费用}=\text{该辅助生产单位接受的劳务总量}\times\text{交互分配费用分配率}$$

（2）第二次：对外分配。

以各辅助生产车间交互分配后的实际费用和外部门耗费的劳务量为依据进行对外分配。

$$\text{对外分配费用分配率}=\frac{\text{交互分配前待分配费用总额}+\text{交互分配转入费用}-\text{交互分配转出费用}}{\text{该生产单位供应给辅助生产以外部门的劳务总量}}$$

$$\text{辅助生产以外部门应负担费用}=\text{该生产单位或部门接受的劳务总量}+\text{对外分配费用分配率}$$

【例 3-26】 根据【例 3-24】的资料，采用交互分配法计算。见表 3-30。

表 3-30　辅助生产车间劳务数量表

项目		供水车间耗水（立方米）	供电车间耗电（度）
待分配辅助生产费用	“辅助生产成本”科目	28 600	32 400
	“制造费用”科目	5 000	6 000
	小计	33 600	38 400
劳务供应数量		38 000	23 200
耗用劳务数量	基本生产——甲产品		11 000
	基本生产车间	20 000	6 000
	辅助生产车间（供电）	10 000	

续上表

项目		供水车间耗水（立方米）	供电车间耗电（度）
耗用劳务数量	辅助生产车间（供水）		4 000
	行政管理部门	6 000	1 700
	专设销售机构	2 000	500

①第一次交互分配：

供水车间交互分配率 = 33 600 ÷ 38 000 = 0.88（元）

供电车间交互分配率 = 38 400 ÷ 23 200 = 1.66（元）

交互分配结果：

供水车间应该负担的电费 = 4 000 × 1.66 = 6 640（元）

供电车间应该负担的水费 = 10 000 × 0.88 = 8 800（元）

②计算对外应分配的费用（交互分配后的实际费用）：

供水车间实际费用 = 33 600 + 6 640–8 800=31 440（元）

供水车间对外提供的劳务数量 =38 000–10 000 = 28 000（立方米）

供电车间实际费用 = 38 400+8 800–6 640= 40 560（元）

供电车间对外提供的劳务数量 = 23 200–4 000 = 19 200（度）

③计算对外分配率：

供水车间对外分配率 = 31 440 ÷ 28 000 = 1.2 229（元）

供电车间对外分配率 = 40 560 ÷ 19 200 = 2.1 125（元）

供水车间费用分配情况：

基本生产车间负担水费 =20 000 × 1.1 229=22 458（元）

行政管理部门负担水费 =6 000 × 1.1 229=6 737.4（元）

专设销售机构部门负担水费 =31 440−22 458−6 737.4=2 244.6（元）

④供电车间费用分配情况：

甲产品负担电费 =11 000 × 2.1 125=23 237.5（元）

基本生产车间负担电费 = 6 000 × 2.1 125=12 675（元）

行政管理负担电费 =1 700 × 2.1 125=3 591.25（元）

销售机构负担电费 =40 560 – 23 237.5 – 12 675 – 3 591.25=1 056.25（元）

（1）交互分配会计分录：

借：制造费用——供水车间　　6 640

　　　　　　——供电车间　　8 800

　贷：生产成本——辅助生产成本——供水　　8 800

　　　　　　　　　　　　　　——供电　　6 640

根据（1）会计分录，登记会计凭证，见表 3-31。

表 3–31　转账凭证

附件：4 张

2×21 年 1 月 31 日　　　　转字第 014 号

摘　要	一级科目	二级或明细科目	账页	借方金额										贷方金额									
				千	百	十	万	千	百	十	元	角	分	千	百	十	万	千	百	十	元	角	分
结转辅助生产成本15 440元	制造费用	供水车间						6	6	4	0	0	0										
	制造费用	供电车间						8	8	0	0	0	0										
	生产成本	辅助生产成本（供水）																6	6	4	0	0	0
	生产成本	辅助生产成本（供电）																8	8	0	0	0	0
合计						¥	1	5	4	4	0	0	0			¥	1	5	4	4	0	0	0

会计主管：××　　记账：××　　出纳：××　　审核：××　　填制：××

（2）结转辅助生产车间制造费用。

借：生产成本——辅助生产成本——供水（5 000+6 640）　11 640

　　　　　　　　　　　　　　——供电（6 000+8 800）　14 800

　贷：制造费用——供水车间　　11 640

　　　　　　——供电车间　　14 800

（3）对外分配会计分录：

借：生产成本——基本生产成本——甲产品　　23 237.5

　　制造费用　　（22 458+12 675）35 133

　　管理费用　　（6 737.4+3 591.25）10 328.65

　　销售费用　　（2 244.6+1 056.25）3 300.85

贷：生产成本——辅助生产成本——供水　　　　31 440

　　　　　　　　　　　　　　——供电　　　　40 560

根据（2）业务，登记会计凭证，见表3-32。

表3-32　转账凭证

附件：2张

2×21年1月31日　　　　转字第015号

摘　要	一级科目	二级或明细科目	账页	借方金额									贷方金额								
				百	十	万	千	百	十	元	角	分	百	十	万	千	百	十	元	角	分
结转辅助生产车间制造费用26 440元	辅助生产成本	供水				1	1	6	4	0	0	0									
	辅助生产成本	供电				1	4	8	0	0	0	0									
	制造费用	供水车间													1	1	6	4	0	0	0
	制造费用	供电车间													1	4	8	0	0	0	0
合计					¥	2	6	4	4	0	0	0		¥	2	6	4	4	0	0	0

会计主管：××　　记账：××　　出纳：××　　审核：××　　填制：××

根据（3）业务，登记会计凭证，见表3-33。

表3-33　转账凭证

附件：4张

2×21年1月31日　　　　转字第016号

摘　要	一级科目	二级或明细科目	账页	借方金额										贷方金额									
				千	百	十	万	千	百	十	元	角	分	千	百	十	万	千	百	十	元	角	分
结转原材料成本	生产成本	基本生产成本（甲产品）					2	3	2	3	7	5	0										
	制造费用						3	5	1	3	3	0	0										
	管理费用						1	0	3	2	8	6	5										
	销售费用							3	3	0	0	8	5										
	生产成本	辅助生产成本（供水）															3	1	4	4	0	0	0
	生产成本	辅助生产成本（供电）															4	0	5	6	0	0	0
合计						¥	7	2	0	0	0	0	0			¥	7	2	0	0	0	0	0

会计主管：××　　记账：××　　出纳：××　　审核：××　　填制：××

根据上述资料，采用交互分配法分配辅助生产费用，其分配结果见表 3-34。

表 3-34 辅助生产费用分配表（交互分配法）

单位：元

项 目			交互分配			对外分配		
辅助车间名称			供 水	供 电	合 计	供 水	供 电	合 计
待分配辅助生产费用	“辅助生产成本”科目		28 600	32 400				
	制造费用		5 000	6 000	11 000			
	小计		33 600	38 400	72 000			
劳务供应数量			38 000	23 200	612 00	28 000 立方米	19 200 度	
费用分配率（单位成本）			0.88	1.66		1.1 229	2.1 125	
辅助生产车间耗用	供水车间	耗用数量	10 000					
		分配金额	8 800					
	供电车间	耗用数量		4 000				
		分配金额		6 640				
基本生产——甲产品		耗用数量					11 000 度	
		分配金额					23 237.5	23 237.5
基本生产车间耗用		耗用数量				20 000 立方米	6 000 度	
		分配金额				22 458	12 675	35 133
企业管理部门耗用		耗用数量				6 000 立方米	1 700 度	
		分配金额				6 737.4	3 591.25	10 328.65
专设销售机构耗用		耗用数量				2 000 立方米	500 度	
		分配金额				2 244.6	1 056.25	3 300.85
合 计						31 440	40 560	72 000

优点：进行两次分配，提高了分配结果的正确性。

缺点：增加了计算工作量。

4. 代数分配法

代数分配法是先建立方程求解，计算出辅助生产单位产品和劳务的实际单位成本，再按照产品或劳务的实际供应量和实际单位成本，在各个受益对象之间分配辅助生产费用。

采用代数分配法，其费用成本分配结果最正确。但在辅助生产车间较多的情况下，未知数较多，计算复杂，因而这种分配方法适宜已经实现电算化的企业采用。

【例 3-27】 根据 [例 3-24] 的资料，采用直接分配法的辅助生产费用分配表。

设：供水车间每吨水的实际成本为 x；供电车间每度电的实际成本为 y。

供水车间本月发生费用为 2 065 元，供电车间本月发生费用为 4 740 元。

供水车间：$28\,000\,x = 2\,065 + 4\,000\,y - 10\,000x$

整理后得：$38\,000\,x = 33\,600 + 4\,000\,y$ （1）

供电车间：$23\,200\,y = 38\,400 + 10\,000\,x$ （2）

联立（1）（2）求解得：$x = 1.1\,315$

$y = 2.1\,330$

根据 x、y 的值以及各受益单位所供水和供电的数量，即可求得各受益单位应负担的费用金额。

◆ 供水车间费用分配情况：

供电车间负担水费 =10 000 × 1.1 315=11 315（元）

基本生产车间负担水费 =20 000 × 1.1 315=22 630（元）

行政管理部门负担水费 =6 000 × 1.1 315=6 789（元）

专设销售机构负担水费 =2 000 × 1.1 315=2 263（元）

合计：11 315+22 630+6 789+2 263=42 997（元）

◆ 供电车间费用分配情况：

甲产品应负担电费 =11 000 × 2.1 330=23 463（元）

基本生产车间负担电费 =6 000 × 2.1 330=12 798（元）

供水车间负担电费 =4 000 × 2.1 330=8 532（元）

行政管理部门负担电费 =1 700 × 2.1 330=3 626.1（元）

专设销售机构负担电费 =500 × 2.1 330=1 066.5（元）

合计：23 463+12 798+8 532+3 626.1+1 066.5=49 485.60（元）

账务处理：

借：生产成本——基本生产成本——甲产品　23 463
　　生产成本——辅助生产成本——供水车间　8 532
　　　　　　　　　　　　　——供电车间　11 315
　　制造费用（22 630+12 798）35 428
　　管理费用（6 789+3 626.1）10 415.10
　　销售费用　3 329.50
　贷：生产成本——辅助生产成本——供水　42 997
　　　　　　　　　　　　　　——供电　49 485.60

5. 计划成本分配法

计划成本分配法是指辅助生产车间生产的产品或劳务，按照计划单位成本计算、分配辅助生产费用的一种方法。

分配后，各辅助生产车间实际发生的费用与计划分配转出费用之间，通常情况下存在差异。

（1）将差异全部计入管理费用；

（2）将差异在辅助生产车间以外的其他受益对象之间再做一次分配。

具体分配计算处理：

第一步，先按计划单位成本对辅助生产费用分配。

某受益对象应负担某辅助生产车间的费用

= 该受益对象耗用某辅助生产车间的劳务数量 × 某辅助生产车间辅助生产费用的计划单位成本

第二步，对实际费用与计划分配转出费用之间的差异进行计算，并对差异进行处理。

实际费用 = 各辅助生产车间原来待分配费用 + 按计划成本分进来费用

【例 3-28】 昌德公司设有蒸汽和动力两个辅助生产部门，辅助生产部门的制造费用，通过“制造费用”科目进行明细核算。本月两个辅助生产部门提供产品或劳务数量，见表 3-35。

表 3-35　辅助生产费用及产品或劳务数量表

项　目		蒸汽车间	动力车间
待分配费用（元）	“辅助生产成本”科目	5 000	12 000
	“制造费用”科目	3 000	8 000
	小计	8 000	20 000
产品或劳务数量		10 000 立方米	20 000 千瓦时
计划单位成本		1.4	1.6
耗用产品或劳务数量	蒸汽		2 000
	动力	3 000	
	基本生产车间	6 000	15 000
	行政管理部门	1 000	3 000

（1）各受益单位应分配的费用。

动力车间应分配的动力费用 =3 000 × 1.4=4 200（元）

蒸汽车间应分配的蒸汽费用 =2 000 × 1.6=3 200（元）

基本生产车间应分配的蒸汽费用 =6 000 × 1.4=8 400（元）

基本生产车间应分配的动力费用 =15 000 × 1.6=24 000（元）

基本生产车间合计　　32 400（元）

（2）辅助生产实际成本。

蒸汽车间实际成本 =8 000+3 200=11 200（元）

动力车间实际成本 =20 000+4 200=24 200（元）

（3）辅助生产成本差异。

蒸汽车间成本差异 =11 200−14 000=−2 800（元）

动力车间成本差异 =24 200−32 000=−7 800（元）

根据辅助生产费用分配表编制会计分录如下：

①按计划成本分配辅助生产费用。

借：制造费用——蒸汽车间　　3 200

　　　　　　——动力车间　　4 200

　　　　　　——基本生产车间　　32 400

　　管理费用　　（1 000 × 1.4+3 000 × 1.6）6 200

贷：生产成本——辅助生产成本——蒸汽车间　　　　14 000

——动力车间　　　　32 000

②结转辅助车间的制造费用。

蒸汽车间：待分配辅助车间“制造费用”[3 000 + 3 200（蒸汽车间应负担动力车间的费用）]

借：生产成本——辅助生产成本——蒸汽　　　　6 200

——动力（8 000+4 200）12 200

贷：制造费用——蒸汽车间　　　　6 200

——动力车间　　　　12 200

③结转辅助生产成本差异。

借：生产成本——辅助生产成本——蒸汽　　　　2 800

——动力　　　　7 800

贷：管理费用　　　　10 600

根据上述资料，采用计划成本法分配辅助生产费用，其分配结果见表 3–36。

表 3–36　辅助生产费用分配表（计划成本分配法）

单位：元

项　目			蒸汽车间	动力车间	合　计
待分配辅助生产费用	“辅助生产成本”科目		5 000	12 000	17 000
	“制造费用”科目		3 000	8 000	11 000
	小计		8 000	20 000	28 000
供应劳务数量			10 000 立方米	5 000 千瓦时	
计划单位成本			1.4	1.6	
制造费用	蒸汽车间	耗用数量		2 000	
		分配金额		3 200	3 200
	动力车间	耗用数量	3 000		
		分配金额	4 200		4 200
	基本生产车间耗用	耗用数量	6 000	15 000	
		分配金额	8 400	24 000	32 400
管理费用	企业管理部门	耗用数量	1 000	3 000	
		分配金额	1 400	4 800	6 200

续上表

项　目	蒸汽车间	动力车间	合　计
按计划成本分配合计	14 000	32 000	46 000
辅助生产实际成本	11 200	24 200	35 400
辅助生产成本差异	−2 800	−7 800	−10 600

计划成本分配法简化并加速了分配的计算工作，便于考核和分析各受益单位的经济责任，还能够反映辅助生产车间产品或劳务的实际成本脱离计划成本的差异。但是采用该种分配方法，辅助生产产品或劳务的计划单位成本必须比较准确。

3.7 制造费用的归集和分配

制造费用是指企业为生产产品（或提供劳务）而发生的、应该计入产品成本、但没有专设成本项目的各项生产费用。

3.7.1 制造费用的归集分配

（1）制造费用的归集和分配，如图 3-9 所示。

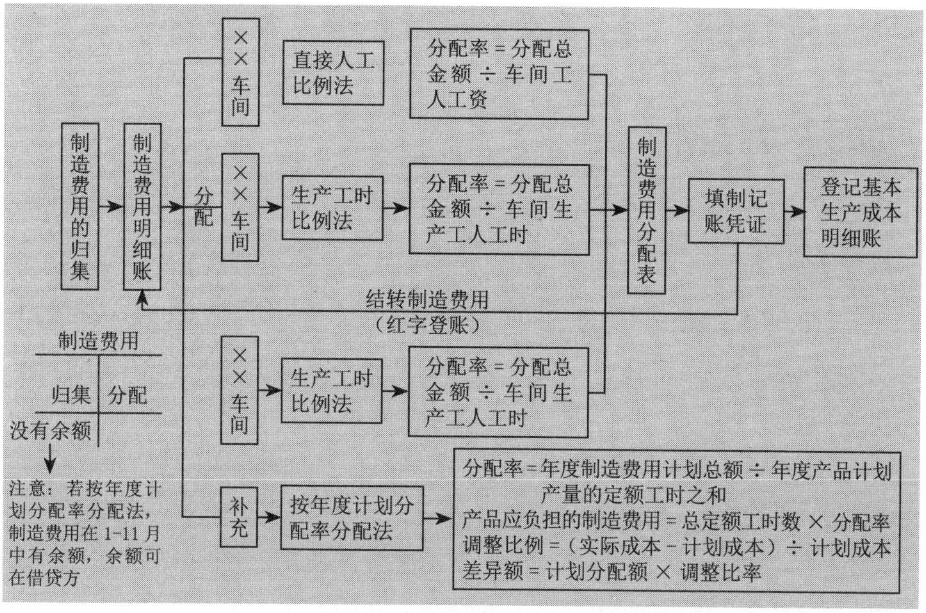

图 3-9　制造费用的归依和分配

制造费用发生时，按实际情况做账务处理。

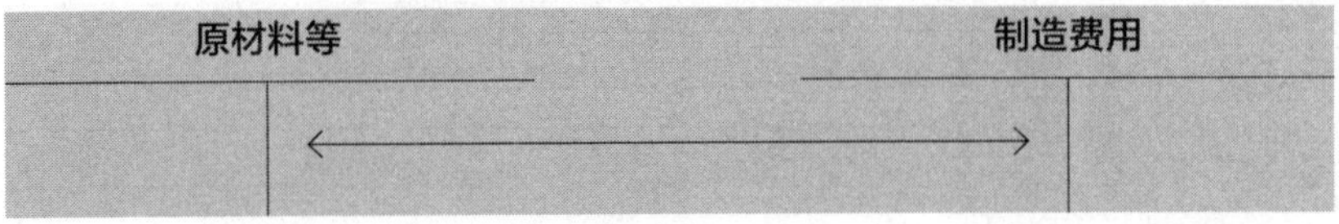

期末按照一定的标准进行分配时：

（2）制造费用的分配。

只生产一种产品的车间，制造费用可以直接计入该产品生产成本。

生产多种产品的车间，制造费用应采用既合理又简便的分配方法，分配计入各种产品的生产成本。常见的制造费用分配方法如下：

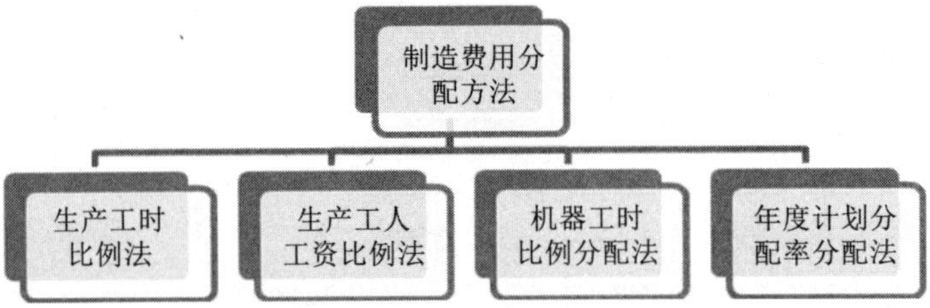

3.7.2 生产工时比例法

生产工时比例法是按照各种产品所用生产工人工时的比例分配制造费用的一种方法。

生产工时比例法是较为常用的一种分配方法，能将劳动生产率的高低与产品负担费用的多少联系起来，分配结果比较合理。必须正确组织好产品生产工时的记录和核算等基础工作，以保证生产工时的正确、可靠。

> 生产工时比例法计算公式如下：
>
> 制造费用分配率 = 制造费用总额 ÷ 车间产品生产工时之和
>
> 某种产品应分配的制造费用 = 该种产品生产工时 × 制造费用分配率

【例 3-29】天一企业生产车间发生的制造费用总共是 31 200 元，甲产品的生产工时 15 000 小时，乙产品生产工时 9 000 小时，制造费用分配计算的结果是：

制造费用分配率 =31 200 ÷（15 000+9 000）=1.3

甲产品应负担的制造费用 =15 000 × 1.3=19 500（元）

乙产品应负担的制造费用 =9 000 × 1.3=11 700（元）

借：生产成本——基本生产成本——甲产品　　19 500

　　　　　　　　　　　　　——乙产品　　11 700

　贷：制造费用　　31 200

根据生产工时比例法编制制造费用分配表，见表 3-37。

表 3-37　制造费用分配表

车间名称：基本生产车间单位

应借科目		生产工时（小时）	分配金额（元）(分配率：1.3)
基本生产成本	甲产品	15 000	19 500
	乙产品	9 000	11 700
合计		24 000	31 200

3.7.3 生产工人工资比例法

生产工人工资比例法又称生产工资比例法，是以各种产品的生产工人工资的比例分配制造费用的一种方法。

特点：核算工作简便，适用于各种产品生产机械化程度大致相同的情况。

生产工人工资比例法计算公式如下：

制造费用分配率 = 制造费用总额 ÷ 工人工资总额

某种产品应分配的制造费用 = 该种产品工人工资总额 × 制造费用分配率

3.7.4 机器工时比例法

机器工时比例法是按照各种产品所用机器设备运转时间的比例分配制造费

用的一种方法。这种方法适用于机械化程度较高的车间。

> 机器工时比例分配法计算公式如下：
> 制造费用分配率 = 制造费用总额 ÷ 车间产品机器工时之和
> 某种产品应分配的制造费用 = 该种产品机器工时 × 制造费用分配率

在计算时，要求对各种产品的机器工时的记录和计量要准确，如果不准确，就会造成各种产品负担的制造费用分配计算结果可能不太合理。

3.7.5 按年度计划分配率分配法

按年度计划分配率分配法是按照年度开始前确定的全年适用的计划分配率分配费用的方法。

按年度计划分配率分配法核算工作简便，特别适用于季节性生产的车间，便于进行成本分析。但是，采用这种分配方法要求计划工作水平较高。

注意：年度内如果发现全年制造费用的实际数和产品的实际产量与计划数发生较大的差额时，应及时调整计划分配率。

> 计算公式如下：
> 年度计划分配率 = 年度制造费用计划总额 ÷ 年度各种产品计划产量的定额工时总额
> 某月某产品制造费用 = 该月该种产品实际产量的定额工时数 × 年度计划分配率

【例 3–30】 某车间全年制造费用计划 121 240 元，全年各种产品计划产量为：甲产品 3 200 件，乙产品 2 950 件；单件产品的工时定额为甲产品 8 小时，乙产品 6 小时。1 月实际产量为：甲产品 310 件，乙产品 220 件；本月实际发生的制造费用 13 000 元。1 月初，制造费用科目贷方余额为 500 元（计算过程如下）。

（1）各种产品年度计划产量的定额工时。

甲产品年度计划产量的定额工时 =3 200 × 8=25 600（小时）

乙产品年度计划产量的定额工时 =2 950 × 6=17 700（小时）

（2）制造费用年度计划分配率。

$$制造费用年度计划分配率 = \frac{121\ 240}{25\ 600+17\ 700} = 2.8$$

（3）各种产品本月实际产量的定额工时。

甲产品本月实际产量的定额工时 =310 × 8=2 480（小时）

乙产品本月实际产量的定额工时 =220 × 6=1 320（小时）

（4）各种产品应分配的制造费用。

该月甲产品分配制造费用 =2 480 × 2.8=6 944（元）

该月乙产品分配制造费用 =1 320 × 2.8=3 696（元）

该车间本月按计划分配率分配转出的制造费用为：6 944+3 696=10 640（元）

借：生产成本——基本生产成本——甲产品　　6 944

　　　　　　　　　　　　　　——乙产品　　3 696

　贷：制造费用　　10 640

该月制造费用的实际发生额和分配转出额登记，如图 3-10 所示。

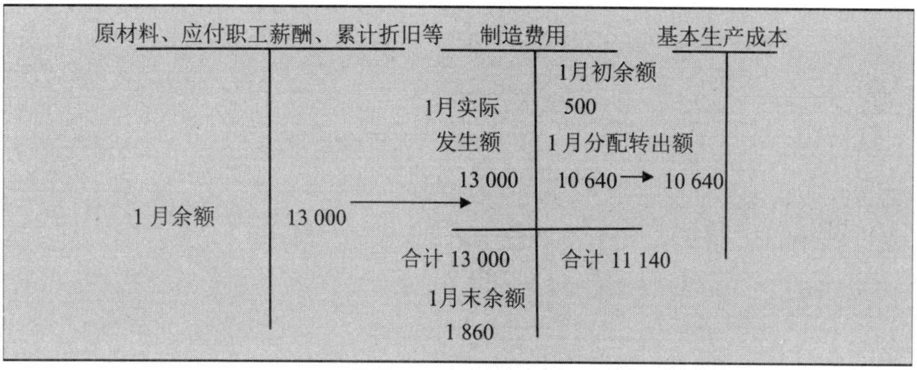

图 3-10　制造费用的实际发生额和分配转出额流程图

特别提示：

每月实际发生的制造费用与分配转出的制造费用金额不等，因此“制造费用”科目有月末余额。“制造费用”科目的年末余额一般应在年末调整计入 12 月份的产品成本。

3.8 废品损失和停工损失的核算

废品，是指不符合规定的技术标准，不能按照原定用途使用，或者需要加工修理后才能使用的在产品、半成品和产成品。主要包括：

（1）不可修复废品的生产成本；

（2）可修复废品的修复费用；

（3）回收废品的残料价值；

（4）有关责任人的赔偿。

不属于废品损失核算的内容包括：

（1）可以降价出售的不合格产品的降价损失；

（2）产品入库后，由于保管不善等原因而损坏变质的损失；

（3）实行包退、包修、包换的企业，在产品出售以后发现的废品所发生的损失。

3.8.1 废品损失归集与分配流程

废品损失归集与分配流程，如图 3-11 所示。

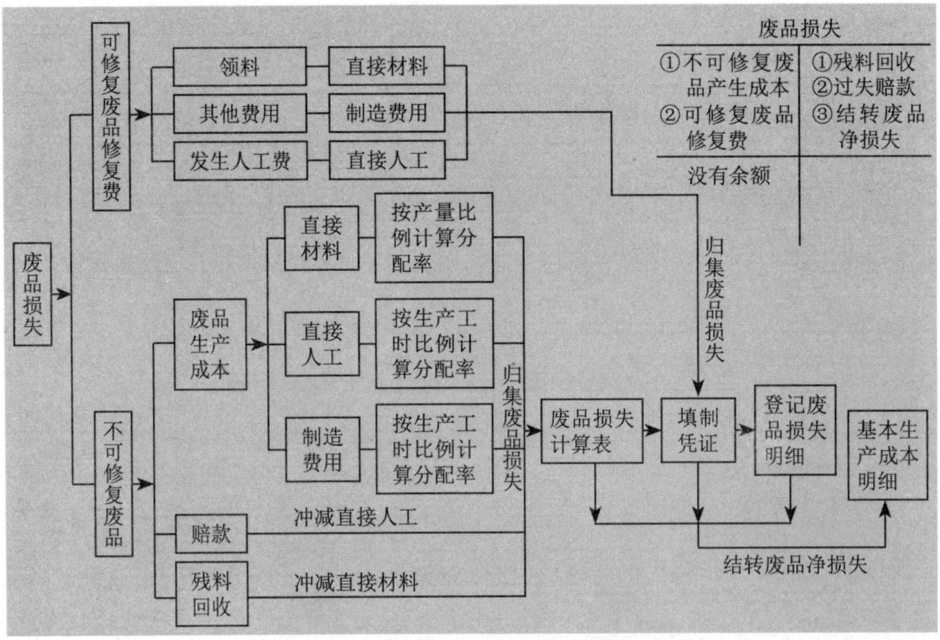

图 3-11 废品损失核算流程图

按照废品能否修复或在修复时是否合算，把废品分成两类：不可修复废品和可修复废品。

3.8.2 不可修复废品损失的归集和分配

不可修复废品是指技术上不能够修复或者虽然能够修复，但是从经济角度考虑不合算的废品。

不可修复废品损失的内容包括：不可修复废品的生产成本；回收的不可修复废品的残料价值；应收赔款。

废品成本，是指生产过程中截至报废时为止所耗费的一切费用，扣除废品的残值和应收赔款，算出废品损失。

1. 按废品所耗实际费用计算的方法

在废品报废时根据废品和合格品发生的全部实际费用，采用一定的分配方法，在合格品与废品之间进行分配，计算出废品的实际成本，从“基本生产成本”科目贷方转入“废品损失”科目的借方。

【例 3-31】 天诚公司第二车间本月生产甲产品 1 400 件，经验收入库发现不可修复废品 90 件；合格品生产工时为 28 000 小时，废品工时为 2 200 小时，全部生产工时为 30 200 小时；合格品机器工时为 5 800 小时，废品机器工时为 420 小时，全部机器工时为 6 050 小时。按所耗实际费用计算废品的生产成本。甲产品成本计算单（即基本生产成本明细账）所列合格品和废品的全部生产费用为：直接材料 740 000 元；直接燃料和动力 14 500 元；直接人工 358 000 元；制造费用 185 400 元，共计 1 297 900 元。废品残料回收入库价值 3 420 元，原材料于生产开工时一次投入。原材料费用按合格品数量和废品数量的比例分配；直接燃料和动力费用按机器工时比例分配；其他费用按生产工时比例分配。

根据上述资料编制废品损失计算表，见表 3-38。

直接材料费用分配率 =740 000 ÷ 1 400=528.57（元 / 件）

废品直接材料成本 =90 × 528.57=47 571.30（元）

直接燃料动力分配率 =14 500 ÷ 5 800=2.5（元 / 时）

废品直接燃料动力 =420 × 2.5=1 050（元）

直接人工分配率 =358 000 ÷ 30 200=11.85（元 / 时）

直接人工成本 =2 200 × 11.85=26 070（元）

制造费用分配率 =185 400 ÷ 30 200=6.14（元 / 时）

废品制造费用成本 =2 200 × 6.14=13 508（元）

表 3-38　不可修复废品损失计算表

（按实际成本计算）

产品名称：甲产品　　　　废品数量：80 件

2×21 年 1 月　　　　车间名称：第一车间　　　　单位：元

项目	数量（件）	生产工时（小时）	机器工时（小时）	直接材料	直接燃料动力	直接人工	制造费用	成本合计
费用总额	1 400	30 200	5 800	740 000	14 500	358 000	185 400	1 297 900
费用分配率				528.57	2.5	11.85	6.14	
废品成本	90	2 200	420	47 571.30	1 050	26 070	13 508	88 199.30
减：废品残料				3 420				3 420
废品损失				44 151.30	1 050	26 070	13 508	84 779.30

根据不可修复废品损失计算表，编制如下会计分录：

（1）结转废品成本（实际成本）。

借：废品损失——甲产品　　88 199.30

　贷：生产成本——基本生产成本——甲产品（直接材料）

　　　　47 571.30

　　——直接燃料和动力　　1 050

　　——直接人工　　26 070

　　——制造费用　　13 508

（2）回收废品残料入库。

借：原材料　　3 420

　贷：废品损失——甲产品　　3 420

（3）废品损失转入该种合格产品成本。

借：生产成本——基本生产成本——甲产品（废品损失）　84 779.30

　　贷：废品损失——甲产品　84 779.30

2. 按废品所耗定额费用计算的方法

按不可修复废品的数量和各项费用定额计算废品的定额成本，再将废品的定额成本扣除废品残料回收价值，算出废品损失，而不考虑废品实际发生的费用。

【例 3-32】 南迪公司 2×21 年 1 月基本生产车间生产的 A 产品，在验收入库时发现不可修复废品 50 件，按所耗定额费用计算废品的生产成本。直接材料费用定额为 400 元，单件生产工时定额为 12 小时，单件机器工时定额为 8 小时。每机器工时的直接燃料和动力费用 2.8 元，每生产工时的费用定额为：直接人工 20 元，制造费用 9 元。回收废品残值 2 500 元。

不可修复废品是在完成全部生产过程后发现的，所以可以根据单件 A 产品的费用定额和不可修复废品件数计算不可修复废品的生产成本。

单件 A 产品的各项费用定额为：直接材料 400 元，直接燃料和动力费用 22.4（=2.8×8）元，直接人工 240（=20×12）元，制造费用 72（=9×8）元。

编制不可修复废品损失计算表，见表 3-39。

表 3-39　不可修复废品损失计算表

（按定额成本计算）

2×21 年 1 月　　产品名称：A 产品

废品数量：50 件

车间名称：第一车间　　单位：元

项　目	直接材料	直接燃料和动力	直接人工	制造费用	成本合计
单位费用定额	400	22.4	240	72	734.40
废品定额成本	20 000	1 120	12 000	3 600	36 720
减：回收残值	2 500				2 500
废品损失	17 500	1 120	12 000	3 600	34 220

根据不可修复废品损失计算表，编制如下会计分录：

（1）结转废品成本（定额成本）。

借：废品损失——A 产品　36 720

贷：生产成本——基本生产成本——A 产品（直接材料） 20 000
——直接燃料和动力 1 120
——直接人工 12 000
——制造费用 3 600

（2）回收废品残料入库。

借：原材料 2 500
贷：废品损失——A 产品 2 500

（3）废品损失转入该种合格产品成本。

借：生产成本——基本生产成本——A 产品 34 220
贷：废品损失——A 产品 34 220

3.8.3 可修复废品损失的归集和分配

可修复废品是指在技术上能够修复，并且在修复时发生的修复费用，从经济角度考虑是合算的废品。

主要包括：可修复废品在修复过程中发生的费用；回收的废品残料价值；应收的赔款。

可修复废品损失核算的账务处理，见表 3-40。

表 3-40 可修复废品损失核算的账务处理

业务情形	账务处理
修复费用发生时	借：废品损失 贷：原材料（应付账款\应付职工薪酬\制造费用\辅助生产成本等）
修复期间收回残料时	借：原材料 贷：废品损失
过失人赔款	借：其他应收款 贷：废品损失
结转废品损失	借：生产成本——基本生产成本 贷：废品损失

3.8.4 停工损失的归集和分配

停工损失，是指生产车间或车间内某个班在停工期间发生的各项费用。

具体内容如下：

（1）停工期间企业向相关人员支付的工资及福利费；

（2）停工期间支付的燃料和动力费用；

（3）停工期间发生的制造费用。

1. 停工损失核算的原则

由于过失单位和过失人员造成的停工损失，应该由相关的责任人或保险公司赔偿；因自然灾害引起的停工损失在营业外支出列支；其他停工损失，如原材料不足或机器设备发生故障，以及计划减产等原因造成的停工损失，计入产品成本。

2. 账务处理

单独核算停工损失的企业，应增设“停工损失”会计科目和“停工损失”成本项目。

不单独核算停工损失的企业，不用设置上述科目，停工期间发生的属于停工损失的各项费用，分别记入“制造费用”“营业外支出”等科目。

3.9 期间费用的核算

期间费用是指企业在生产经营过程中发生的，与产品生产活动没有直接联系，属于某一时期发生的直接计入当期损益的费用。

期间费用的核算，是指销售费用、管理费用和财务费用的核算。

3.9.1 销售费用的归集与结转

销售费用是指企业在产品销售过程中发生的各项费用，以及销售机构的经常费用。

发生和支付的各项产品销售费用记入“销售费用”科目的借方；月末将其实际发生额全部转至“本年利润”科目；结转后无余额。

发生和支付各项产品销售费用时：

月末，根据“销售费用”科目和所属明细科目借方归集的各项费用，将其实际发生额全部结转“本年利润”科目。

【例 3-33】 根据绿岛公司的各种费用分配表和有关凭证，登记销售费用明细账，见表 3-41。

表 3-41　销售费用明细账

2×21 年 1 月　　　　单位：元

摘要	原材料	职工薪酬	折旧费	水费	电费	办公费	运输费	宣传费	包装物	其他	合计	转出	余额
付款凭证（货币支出）						8 000		3 000			11 000		
原材料费用分配表	3 400										3 400		
外购动力费用分配表					7 000						7 000		
工资费用分配表		112 000									112 000		
其他短期薪酬费用分配表		56 200									56 200		
折旧费分配表			9 700								9 700		
低值易耗品摊销分配表									11 900		11 900		
辅助生产费用分配表				19 800			8 540				28 340		
转账凭证转出												239 540	
本月合计	3 400	168 200	9 700	19 800	7 000	8 000	8 540	3 000	11 900		239 540	239 540	0

月末，将销售费用转入“本年利润”科目。编制会计分录如下：

借：本年利润　　　　239 540

　贷：销售费用　　　　239 540

根据上述业务，登记会计凭证，见表3-42。

表3-42　转账凭证

附件：2张

2×21年1月31日　　　　转字第002号

摘　要	一级科目	二级或明细科目	账页	借方金额									贷方金额								
				百	十	万	千	百	十	元	角	分	百	十	万	千	百	十	元	角	分
月末结转销售费用239 540元	本年利润				2	3	9	5	4	0	0	0									
	销售费用													2	3	9	5	4	0	0	0
合计				¥	2	3	9	5	4	0	0	0	¥	2	3	9	5	4	0	0	0

会计主管：××　　记账：××　　出纳：××　　审核：××　　填制：××

3.9.2 管理费用的归集与结转

管理费用是指企业行政管理部门为组织和管理生产经营活动而发生的各项费用。

发生或支付的各项管理费用记入“管理费用”科目的借方；发生存货盘盈时，抵减管理费用的金额，记入“管理费用”科目的贷方；月末将其实际发生额全部转至“本年利润”科目；结转后无余额。

发生或支付各项管理费用时，记入“管理费用”科目的借方和有关科目的贷方。

月末，结转管理费用：

【例3-34】 根据表3-43的资料，分配管理费用。

表 3-43　管理费用分配表

2×21 年 1 月　　　　单位：元

摘　要	原材料	职工薪酬	折旧费	水费	电费	办公费	运费	低值易耗品	其他	合计	转出	余额
付款凭证（货币支出）						8 400				8 400		
原材料费用分配表	17 800									17 800		
外购动力费用分配表					9 000					9 000		
工资费用分配表		240 000								240 000		
其他短期薪酬费用分配表		65 000								65 000		
折旧费分配表			42 900							42 900		
低值易耗品摊销分配表								2 340		2 340		
辅助生产费用分配表				21 000			7 530			28 530		
转账凭证转出											413 970	
本月合计	17 800	305 000	42 900	21 000	9 000	8 400	7 530	2 340		413 970	413 970	0

月末，管理费用转入“本年利润”科目，编制会计分录如下。

借：本年利润　　　　413 970

　　贷：管理费用　　　　413 970

根据上述业务，登记会计凭证，见表 3-44。

表 3-44　转账凭证

附件：2 张

2×21 年 1 月 31 日　　　　转字第 003 号

摘　要	一级科目	二级或明细科目	账页	借方金额									贷方金额								
				百	十	万	千	百	十	元	角	分	百	十	万	千	百	十	元	角	分
月末结转	本年利润				4	1	3	9	7	0	0	0									
销售费用	管理费用													4	1	3	9	7	0	0	0
413 970 元																					
合计				¥	4	1	3	9	7	0	0	0	¥	4	1	3	9	7	0	0	0

会计主管：××　　记账：××　　出纳：××　　审核：××　　填制：××

3.9.3 财务费用的归集与结转

财务费用是指企业为筹集生产经营活动所需的资金而发生的各项费用。企业为购建固定资产而筹集资金所发生的费用，在固定资产尚未完工交付使用前，应记入有关固定资产价值，不属于财务费用。

发生或预提利息支出、发生汇兑损失时，记入“财务费用”科目的借方；发生利息收入和汇兑收益时，记入“财务费用”科目的贷方；月末将其实际发生额全部转至“本年利润”科目；结转后无余额。

发生或预提利息支出时：

发生利息收入和汇兑收益时：

月末结转财务费用：

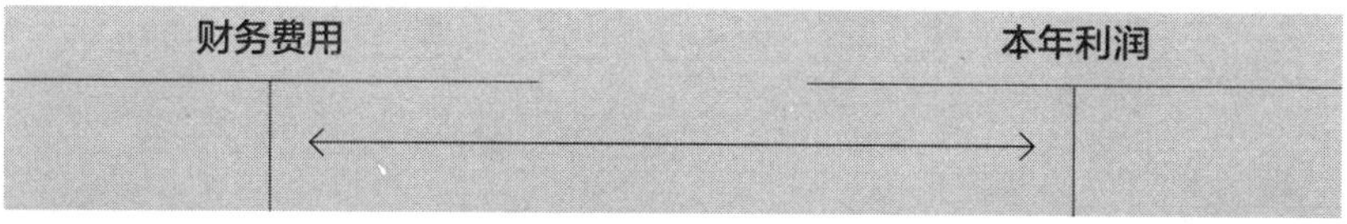

【例 3-35】 南迪公司根据各种费用分配表和有关凭证登记财务费用明细账，见表 3-45。

表 3-45　财务费用明细账

2×21 年 1 月　　　　单位：元

摘　要	利息支出	手续费	其　他	合　计	转　出	余　额
利息费用分配表	165 400			165 400		
付款凭证（金融机构手续费）		210		210		
转账凭证（转出）					165 610	
本月合计	165 400	210		165 610	165 610	0

月末，财务费用转入“本年利润”科目，编制会计分录如下：

借：本年利润　　165 610

　贷：财务费用　　165 610

根据上述业务，登记会计凭证，见表 3-46。

表 3-46　转账凭证

附件：2 张

2×21 年 1 月 31 日　　转字第 002 号

摘要	一级科目	二级或明细科目	账页	借方金额									贷方金额								
				百	十	万	千	百	十	元	角	分	百	十	万	千	百	十	元	角	分
月末结转	本年利润				1	6	5	6	1	0	0	0									
财务费用	财务费用													1	6	5	6	1	0	0	0
165 610 元																					
合计				￥	1	6	5	6	1	0	0	0	￥	1	6	5	6	1	0	0	0

会计主管：× ×　　记账：× ×　　出纳：× ×　　审核：× ×　　填制：× ×

第 4 章 生产费用在完工产品和在产品之间的归集与分配

为了正确进行完工产品和月末在产品的费用分配，必须正确组织在产品的数量核算。

广义的在产品是指没有完成全部生产过程、不能作为商品销售的产品。包括正在车间加工中的在产品、需要继续加工的半成品、等待验收入库的产品、正在返修和等待返修的废品等。不包括对外销售的自制半成品和不可修复废品。

狭义的在产品是针对某车间或某生产步骤来说的，只包括本车间或本生产步骤正在加工中的那部分产品，不包括已完工的半成品。

4.1 生产费用在完工产品和在产品之间分配费用方法

完工产品和在产品之间分配费用的方法如下：

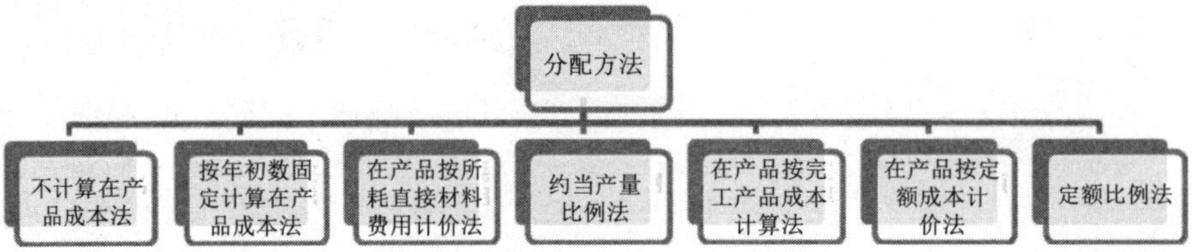

月初在产品费用、本月生产费用、本月完工产品费用和月末在产品费用之间的关系，可用下列公式表示：

月初在产品费用＋本月生产费用＝本月完工产品费用＋月末在产品费用

公式左边两项是已知数，右边两项是未知数，公式左边两项费用之和，需要采用一定的分配方法在本月完工产品与月末在产品之间分配，然后才能得出结果。

4.1.1 不计算在产品成本法

不计算月末在产品成本，全部生产费用都作为完工产品成本。

适用于月末在产品数量很小的情况，是否计算在产品成本影响很小。

4.1.2 按年初数固定计算在产品成本法

月末在产品成本按年初数固定计算，本月发生的生产费用就是本月完工产品成本。年终根据实际盘点的在产品数量，重新调整计算确定在产品成本。

适用于月末在产品数量较小，或者月末在产品数量虽大但各月末在产品数量变动不大的情况。

4.1.3 在产品按所耗直接材料费用计价法

月末在产品成本只计算耗用的直接材料费用，加工费用全部计入完工产品成本。

适用于月末在产品数量较大，各月末之间变化也较大，同时直接材料费用在成本中所占比重较大的产品。

【例 4-1】 泰恒企业生产甲产品，该产品直接材料费用在产品成本中所占比重较大，完工产品与在产品之间的费用分配采用在产品按所耗直接材料费用计价法。甲产品月初在产品直接材料费用（即月初在产品费用）为 120 000 元；本月发生直接材料费用 280 000 元，直接人工费用 75 000 元，制造费用 12 000 元；完工产品 1 120 件，月末在产品 880 件。该种产品的直接材料费用是生产开始时一次投入的，直接材料费用按完工产品和在产品的数量比例分配。

分配计算如下：

（1）直接材料费用分配率 $=\dfrac{120\ 000+280\ 000}{1\ 120+880}=200$

（2）完工产品直接材料费用 $=1\ 120\times200=224\ 000$（元）

（3）月末在产品直接材料费用（月末在产品费用）$=880\times200=176\ 000$（元）

（4）完工产品成本 $=224\ 000+75\ 000+12\ 000=311\ 000$（元）

或：$=120\ 000+(280\ 000+75\ 000+12\ 000)-176\ 000$

$=311\ 000$（元）

4.1.4 约当产量比例法

将月末在产品数量按照完工程度折算为相当于完工产品的产量，即约当产量，然后按照完工产品数量与在产品约当产量的比例分配计算完工产品费用和月末在产品费用。

适用于月末在产品数量较大，各月末之间变化也较大，同时产品成本中直接材料费用和加工费用比重相差不多的产品。

在产品完工程度的测定，对于费用分配的正确性有着决定性的影响。通常针对直接材料费用和加工费用分别确定完工程度（投料率和完工率），并在此基础上分配各项费用。

计算公式如下：

在产品约当产量＝在产品数量 × 完工程度

1. 直接材料费用的分配

直接材料在生产开始时一次投入：投料率为100%。

直接材料随着加工进度分工序投入：按工序分别确定各工序在产品的投料率。

（1）直接材料随着加工进度陆续投入，且投料程度与加工进度完全一致或基本一致：各工序投料率可以采用分配加工费用的完工率。

（2）直接材料随着加工进度陆续投入，且投料程度与加工进度不一致：一般以各工序直接材料消耗定额为依据，各工序投料率按完成本工序投料的50%折算。

$$\text{某工序在产品投料率}=\frac{\text{前面各工序直接材料消耗定额之和}+\text{本工序直接材料消耗定额}\times 50\%}{\text{产品直接材料消耗定额}}$$

【例4-2】 某种产品需经两道工序制成，直接材料消耗定额为500千克，其中，第一道工序直接材料消耗定额为300千克，第二道工序直接材料消耗定额为200千克。月末在产品数量：第一道工序为400件，第二道工序为280件。完工产品为350件，月初在产品和本月发生的原材料费用共计79 810元。计算过程和结果，见表4-1。

表4-1　采用约当产量法分配产品成本

工序	本工序直接材料消耗定额	完工率（投料率）	在产品约当产量	完工产品	合计
1	300千克	$\frac{300\times 50\%}{500}\times 100\%=30\%$	400×30%=120		
2	200千克	$\frac{300+200\times 50\%}{500}\times 100\%=80\%$	280×80%=224		
合计	500千克		344	350	694

$$直接材料分配率=\frac{79\ 810}{344+350}=115$$

完工产品分配直接材料费用 =350 × 115=40 250（元）

月末在产品分配直接材料费用 =344 × 115=39 560（元）

（3）直接材料在每一道工序开始时一次投入：在确定各工序投料率时，应以各工序直接材料消耗定额为依据，投料率按完成本工序投料的 100% 计算。

$$某工序在产品投料率=\frac{前面各工序及本工序直接材料消耗定额之和}{产品直接材料消耗定额}$$

【例 4-3】 采用例 4-2 中某产品在各工序的直接材料消耗定额，但直接材料在各工序开始时一次投入。计算过程和结果，见表 4-2。

表 4-2　采用完工率分配产品成本

工序	本工序直接材料消耗定额	完工率（投料率）	在产品约当产量	完工产品	合　计
1	300 千克	$\frac{300}{500}\times 100\%=60\%$	400 × 60%=240	—	—
2	200 千克	$\frac{300+200}{500}\times 100\%=100\%$	280 × 100%=280	—	—
合计	500 千克		520	350	870

$$直接材料费用分配率=\frac{79\ 810}{520+350}=91.74$$

完工产品分配直接材料费用 =350 × 91.74=32 109（元）

月末在产品分配直接材料费用 =79 810−32 109=47 701（元）

2. 费用具体分配方法

在约当产量比例法下，费用的具体分配方法有加权平均法和先进先出法。

$$某项费用分配率=\frac{该项费用总额}{完工产品数量+在产品约当产量}$$

完工产品分配的该项费用 = 完工产品产量 × 该项费用分配率

在产品分配的该项费用 = 在产品约当产量 × 该项费用分配率

【例 4–4】 宏远制造厂生产乙产品，本月完工 1 200 件，月末在产品 300 件。直接材料费用为 90 000 元，直接人工费用为 16 560 元，制造费用为 24 840 元。直接材料是在生产开始时一次投入，分配各项加工费用、计算约当产量所依据的完工率均为 60%。直接材料费用按照完工产品和月末在产品数量比例分配，各项加工费用按照完工产品数量和月末在产品约当产量的比例分配。

分配计算如下：

（1）计算月末在产品约当产量。

月末在产品约当产量 =300 × 60%=180（件）

（2）直接材料费用分配。

直接材料费用分配率 = $\frac{90\ 000}{1\ 200+300}$ =60

完工产品直接材料费用 =1 200 × 60 = 72 000（元）

在产品直接材料费用 =300 × 60=18 000（元）

（3）直接人工费用分配。

直接人工费用分配率 = $\frac{16\ 560}{1\ 200+180}$=12

完工产品直接人工费用 =1 200 × 12=14 400（元）

在产品直接人工费用 =180 × 12=2 160（元）

（4）制造费用分配。

制造费用分配率 = $\frac{24\ 840}{1\ 200+180}$ =18

完工产品制造费用 =1 200 × 18=21 600（元）

在产品制造费用 =180 × 18=3 240（元）

（5）计算完工产品和在产品成本。

完工产品成本 =72 000+14 400+21 600=108 000（元）

在产品成本 =18 000+2 160+3 240=23 400（元）

4.1.5 在产品按完工产品成本计算法

采用在产品按完工产品成本计算法时，在产品视同完工产品分配费用。这种方法适用于月末在产品已经接近完工、只是尚未包装或尚未验收入库的产品。因为这种情况下的在产品成本已经接近完工产品成本，为了简化产品成本计算工作，在产品可以视同完工产品，按两者的数量比例分配原材料费用和各项加工费用。

将月末在产品视同完工产品，按完工产品与在产品的数量来分配费用。

适用于月末在产品已经接近完工，或者已经加工完毕但尚未验收或包装入库的情况。

【例 4-5】 某产品月初在产品费用和本月发生费用累计数为：直接材料费用 60 000 元，直接人工费用 12 000 元，制造费用 13 500 元。完工产品 1 000 件，月末在产品 500 件，该产品已接近完工，月末在产品成本按完工产品成本计算。其计算分配结果见表 4-3。

表 4-3　按完工产品计算成本

成本项目	生产费用合计	费用分配率	完工产品		月末在产品	
			数量（件）	费用	数量（件）	费用
①	②	③=②÷（④+⑥）	④	⑤=④×③	⑥	⑦=⑥×③
直接材料	60 000	40	1 000	40 000	500	20 000
直接人工	12 000	8	1 000	8 000	500	4 000
制造费用	13 500	9	1 000	9 000	500	4 500
合计	85 500			57 000		28 500

4.1.6 在产品按定额成本计价法

在产品按定额成本计价法是按照预先制定的定额成本计算月末在产品成本，从某种产品全部生产费用（月初在产品费用加本月生产费用）中减去月末在产品的定额成本，就是完工产品成本。

适用于定额管理基础比较好，各项消耗定额或费用定额比较准确、稳定，且各月末在产品数量变动不大的情况。

如果产品成本中直接材料费用所占比重较大，可与在产品按所耗直接材料费用计价法相结合，即在产品按定额直接材料费用计价。

采用这种分配方法时，月末在产品成本按定额成本计算，该种产品的全部生产费用（如果有月初在产品，包括月初在产品费用）减去按定额成本计算的月末在产品成本，余额作为完工产品成本；每月生产费用脱离定额的节约差异或超支差异全部计入当月完工产品成本。

【例 4-6】 泰宏公司生产甲、乙两种产品。两种产品完工产品与月末在产品费用的分配均采用在产品按定额成本计价的方法。甲产品月末在产品 200 件，单件原材料费用定额为 450 元（原材料在生产开始时一次投入），在产品定额机器工时（简称“机时”）250 小时，定额人工工时 1 000 小时；乙产品月末在产品 300 件，单件原材料费用定额为 350 元（原材料在生产开始时一次投入），在产品定额机器工时 400 小时，定额人工工时 1 200 小时。其他有关资料及月末在产品定额成本的计算结果，见表 4-4。

表 4-4　月末在产品定额成本计算表

2×21 年 1 月

产品名称	在产品数量（件）	直接材料定额费用（元）	定额工时		直接燃料和动力（每机时 3 元）	直接人工（每工时 20 元）	制造费用（每工时 7.2 元）	定额成本合计（元）
			机器工时	人工工时				
甲产品	200	90 000	250	1 000	750	20 000	7 200	117 950
乙产品	300	105 000	400	1 200	1 200	24 000	8 640	138 840
合计	—	195 000	—	—	1 950	44 000	15 840	256 790

甲产品直接材料定额费用 =200 × 450=90 000（元）

甲产品直接燃料和动力费用 =250 × 3=750（元）

甲产品直接人工费用 =1 000 × 20=20 000（元）

甲产品制造费用 =1 000 × 7.2=7 200（元）

合计：117 950（元）

乙产品直接材料定额费用 =300 × 350=105 000（元）

乙产品直接燃料和动力费用 =400 × 3=1 200（元）

乙产品直接人工费用 =1 200 × 20=24 000（元）

乙产品制造费用 =1 200×7.2=8 640（元）

合计：138 840（元）

4.1.7 定额比例法

采用定额比例法时，产品的生产费用在完工产品与月末在产品之间按照两者的定额消耗量或定额费用比例分配。其中原材料费用，按原材料的定额消耗量或定额费用比例分配。工资及福利费等加工费用，可以按各该定额费用的比例分配。工资及福利费用等加工费用，可以按定额工时比例分配。

> 定额比例法适用于各项消耗定额或费用定额比较准确、稳定，但各月末在产品数量变动较大的产品。

产品生产费用按照完工产品和月末在产品的定额消耗量或定额费用的比例进行分配，计算完工产品成本和月末在产品成本。

公式一：

$$\text{消耗量分配率}=\frac{\text{月初在产品实际消耗量}+\text{本月实际消耗量}}{\text{完工产品定额消耗量}+\text{月末在产品定额消耗量}}$$

$$\text{完工产品实际消耗量}=\text{完工产品定额消耗量}\times\text{消耗量分配率}$$

$$\text{完工产品费用}=\text{完工产品实际消耗量}\times\text{原材料单价（或单位工时的直接人工费用、单位工时的制造费用）}$$

$$\text{月末在产品实际消耗量}=\text{月末在产品定额消耗量}\times\text{消耗量分配率}$$

$$\text{月末在产品费用}=\text{月末在产品实际消耗量}\times\text{原材料单价（或单位工时的直接人工费用、单位工时的制造费用）}$$

公式一适用在产品消耗原材料品种不多的情况。但是，在各产品所耗原材料的品种较多的情况下，采用这种分配方法工作量较大，为了简化核算工作，也可以采用下列公式计算分配。

公式二：

$$\text{直接材料费用分配率}=\frac{\text{月初在产品实际直接材料费用}+\text{本月实际直接材料费用}}{\text{完工产品定额直接材料费用}+\text{月末在产品定额直接材料费用}}$$

$$完工产品实际直接材料费用=\frac{完工产品定额}{直接材料费用}\times\frac{直接材料}{费用分配率}$$

$$月末在产品实际材料费用=\frac{月末在产品定额}{直接材料费用}\times\frac{直接材料}{费用分配率}$$

$$=\frac{月初在产品实际}{直接材料费用}+\frac{本月实际}{直接材料费用}-\frac{完工产品实际}{直接材料费用}$$

【例 4-7】 假定甲产品完工产品与在产品费用的分配采用定额比例法。该产品月初和本月发生的制造费用共计 116 370 元。本月完工产品 500 件，单位产品的工时定额为 22 小时，其中第一工序 10 小时，第二工序 12 小时。月末在产品 57 件，其中第一工序 25 件，第二工序 32 件。各工序在产品的加工量按其所在工序所需加工量 50% 计算。

（1）各工序在产品累计工时定额。

第一工序：10 × 50%=5（小时）

第二工序：10+12 × 50%=16（小时）

（2）各工序在产品定额工时。

第一工序：25 × 5=125（小时）

第二工序：32 × 16=512（小时）

合计：637（小时）

（3）完工产品定额工时 =500 × 22=11 000（小时）

（4）分配制造费用：

$$制造费用分配率=\frac{116\ 370}{11\ 000+637}=10$$

完工产品制造费用 =11 000 × 10=110 000（元）

在产品制造费用 =637 × 10=6 370（元）

4.2 完工产品成本的结转

企业生产产品发生的各项生产费用，已在各种产品之间进行分配。计算出的完工产品成本，从“基本生产成本”总账科目及所属明细账的贷方转出，记入“库存商品”等科目借方。“基本生产成本”科目月末借方余额表示基本生产月末在产品的成本。

【例 4-8】 根据表 4-5，结转甲产品、乙产品成本。

表 4-5　产成品成本汇总表

2×21 年 1 月　　　　单位：元

产品名称	直接材料	直接燃料和动力	直接人工	制造费用	废品损失	合计
甲产品	345 600	78 400	43 200	34 200	12 000	513 400
乙产品	448 000	83 400	32 700	21 000	23 490	608 590
合　计	793 600	161 800	75 900	55 200	35 490	1 121 990

根据完工验收入库产成品的交库及产成品成本汇总表等，编制会计分录如下：

借：库存商品　　　　1 121 990

　　贷：生产成本——基本生产成本——甲产品　　　　513 400

　　　　　　　　　　　　　　　　——乙产品　　　　608 590

根据上述资料，登记会计凭证，见表 4-6。

表 4-6　<u>转账凭证</u>

附件：3 张

2×21 年 1 月 31 日　　　　转字第 012 号

摘　要	一级科目	二级或明细科目	账页	借方金额										贷方金额									
				千	百	十	万	千	百	十	元	角	分	千	百	十	万	千	百	十	元	角	分
结转完工产品成本	库存产品				1	1	2	1	9	9	0	0	0										
	生产成本	基本生产成本(甲产品)														5	1	3	4	0	0	0	0
	生产成本	基本生产成本(乙产品)														6	0	8	5	9	0	0	0
合计				¥	1	1	2	1	9	9	0	0	0	¥	1	1	2	1	9	9	0	0	0

会计主管：× ×　　记账：× ×　　出纳：× ×　　审核：× ×　　填制：× ×

第 5 章 产品成本计算的方法

不同的企业，其生产过程有不同的特点，其成本管理的要求也是不一样的。这对成本计算的具体方法带来了很大的影响。也就是说，只有根据企业生产的特点和成本管理的不同要求，选择不同的成本计算方法，才能正确地计算产品成本。

5.1 企业的生产类型及特点

5.1.1 企业的生产类型

不同生产类型的企业其特点虽然千差万别，产品多种多样，规模有大有小，生产周期有长有短，但按照生产的一般特点，可作如下分类。

单步骤生产	多步骤生产
• 指生产工艺过程不能间断，不可能或不需要划分为几个生产步骤的生产，如发电、采掘等，通常只能由一个企业整体进行，而不能由几个企业协作进行	• 是指生产工艺过程由若干个可以间断的、分散在不同地点、分别在不同时间进行的生产步骤所组成的生产，如纺织、钢铁、机械、造纸、服装等

多步骤生产按其产品的加工方式，又可分为连续式生产和装配式生产。

（1）连续式生产是指原材料投入生产后，要依次经过若干个生产步骤的连续加工，才能成为产品生产，如纺织、钢铁等。

（2）装配式生产又称为平行加工式生产，是指先将原材料分别在各个加工车间平行加工为零件、部件，然后再将零件、部件装配成产品的生产，如机械、车辆、仪表制造等工业生产。

5.1.2 产品生产的组织特点

企业按其产品生产组织特点，可以分为大量生产、成批生产和单件生产。

大量生产	成批生产	单件生产
• 产品品种较少，而且比较稳定，如采掘、纺织、面粉、化肥行业的生产	• 产品品种较多，而且具有一定的重复性，如服装、机械的生产	• 根据订货单位的要求，进行个别的、特殊产品的生产，如重型机械制造和船舶制造等

产品生产的组织对成本计算方法的影响如下：

对成本计算对象的影响

- 大量生产：以产品品种作为成本计算对象
- 大批生产：以产品品种作为成本计算对象
- 小批生产：以产品批别作为成本计算对象
- 单件生产相当于小批生产以产品批别作为成本计算对象

对成本计算期的影响

- 单件、小批生产以生产周期作为成本计算期
- 大量大批生产以会计报告期作为成本计算期

对生产费用在完工产品与在产品之间分配的影响

- 大量大批生产：需要分配
- 小批单件生产：不需要分配

5.2 产品成本计算的基本方法

产品成本计算，按照成本计算对象分配和归集生产费用，计算各成本计算对象的总成本和单位成本的过程。

基本生产方法如下：

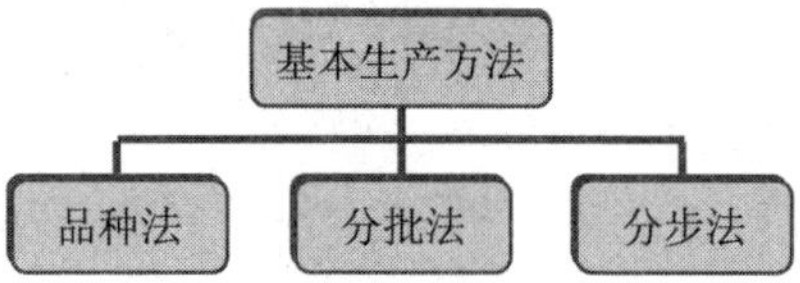

成本计算三种基本方法比较，见表 5-1。

表 5-1　成本计算方法比较

方法	计算对象	成本计算期	生产费用在完工产品与在产品之间的分配	适用范围	各步骤间成本的结转
品种法	产品品种明细账按品种设置	定期（每月末）	单步骤生产：不需要分配 多步骤生产：需要分配月末在产品成本和完工产品成本	单步骤生产企业；管理上不要求按步骤计算成本的多步骤生产企业	不需要
分批法	产品的批别或订单：明细账按产品批号设置	不定期，与生产周期一致	一般不存在分配问题，若批内产品跨月陆续完工较多，应分配	单件小批生产	不需要
分步法	产品的生产步骤：明细账按生产步骤设置	定期：月末	月末在产品应进行分配	大量大批多步骤生产企业	需要结转各步骤成本

5.2.1 品种法计算程序及账户设置

品种法是以产品品种作为成本计算对象的计算产品成本的方法。

1. 适用范围

（1）大量大批的单步骤生产；

（2）管理上不要求分步骤计算成本的多步骤生产；

（3）企业内部的辅助生产部门的成本计算。

2. 品种法的计算程序

品种法的计算程序，如图 5-1 所示。

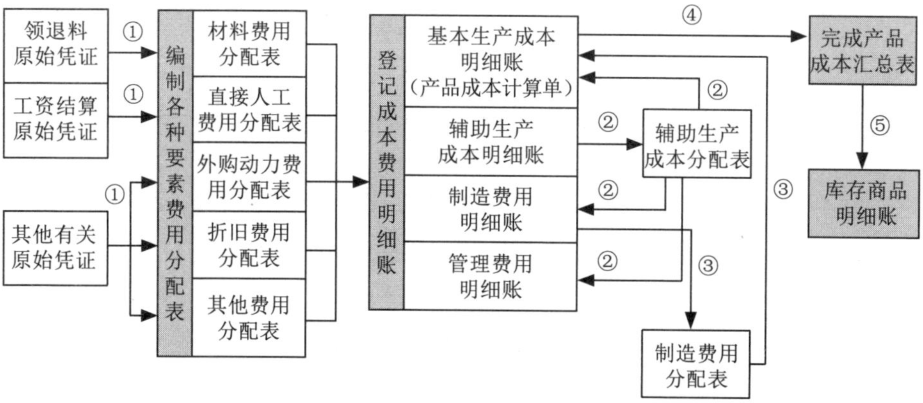

图 5-1 品种法计算程序

3. 品种法账户设置

设置“基本生产成本”和“辅助生产成本”总账，“基本生产成本”账户分甲、乙产品设置生产成本明细账，“辅助生产成本”账户分设辅助生产车间明细账。

辅助生产车间不单独设置“制造费用”明细账，辅助生产车间发生的间接费用直接计入“辅助生产成本”所属的明细账。

基本生产成本明细账开设“直接材料”“直接人工”和“制造费用”三个成本项目。

5.2.2 单步骤品种法的成本计算

单步骤生产，即月末无在产品，不计算在产品成本，全部为完工产品成本。

如果企业生产的产品是单一品种，可直接根据有关原始凭证及费用汇总表登记生产成本明细账，编制产品成本计算单即可计算该产品的总成本和单位成本。

【例 5-1】 中恒制造厂为单步骤生产企业，只生产一种甲产品，月初月末在产品比较稳定，计算甲产品成本时可不予考虑。2×21 年 1 月，甲产品共计发生生产费用 550 万元，完工 5 000 件，有关生产成本明细账见表 5-2。

表 5-2　生产成本明细账

甲产品　　　　2×21 年 1 月　　　　单位：万元

直接材料	直接人工	制造费用	合计
250	200	100	550

根据表 5-2 编制甲产品成本计算单，见表 5-3。

表 5-3　生产成本计算表

项　目	总成本（万元）	单位成本（万元 / 件）
直接材料	250	0.05
直接人工	200	0.04
制造费用	100	0.02
合计	550	0.11

直接材料单位成本 =250 ÷ 5 000=0.05（万元 / 件）

直接人工单位成本 =200 ÷ 5 000=0.04（万元 / 件）

制造费用单位成本 =100 ÷ 5 000=0.02（万元 / 件）

5.2.3 多步骤品种法的成本计算

不需要分步骤计算产品生产成本的多步骤生产，月末有在产品，要计算在产品成本和完工产品成本。

如果企业同时生产两种或两种以上的产品，应按照品种法成本核算的一般程序设置生产成本明细账，将直接费用直接计入该产品生产成本明细账中，将间接费用按照恰当的分配方法编制各种费用分配表。

【例5-2】 晨光机械有限公司为单步骤生产企业，设有一个基本生产车间，生产轮胎和轴承两种产品。根据生产特点和管理要求，确定采用品种法计算产品成本。该企业还设有动力和电力两个辅助生产车间，根据生产特点和管理要求，轮胎和轴承两种产品采用品种法计算产品成本。该公司2×21年2月的成本资料如下。

（1）产品产量资料，见表5-4。

表5-4　产品产量表

2×21年2月　　　　单位：吨

产品名称	月初在产品	本月投入	本月完工产品	月末在产品
轮胎	200	500	650	50
轴承	100	400	450	50

轮胎实际生产工时10 000小时；轴承实际生产工时5 000小时。轮胎、轴承两种产品的原材料都在生产开始时一次投入，加工费发生比较均衡，月末在产品完工程度为50%，完工产品和在产品按约当产量比例法分配。

（2）本月发生的生产费用。

①本月发出材料汇总表，见表5-5。

表5-5　发出材料汇总表

单位：元

领料部门和用途	原材料	辅助材料	合　计
基本生产车间			
轮胎耗用	80 000		80 000
轴承耗用	70 000		70 000
两种产品共同耗用		5 000	5 000
合计	150 000	5 000	155 000
基本生产车间管理部门耗用		4 000	4 000

续上表

领料部门和用途	原材料	辅助材料	合 计
动力车间耗用	1 000	500	1 500
供电车间耗用	2 000	400	2 400
厂部管理部门耗用		600	600
合计	153 000	10 500	163 500

②本月职工薪酬结算汇总表，见表 5-6。

表 5-6 职工薪酬汇总表

2×21 年 2 月　　单位：元

人员类别	应付职工薪酬
产品生产工人	300 000
车间管理人员	100 000
动力车间	90 000
供电车间	50 000
厂部管理人员	30 000
合计	570 000

③本月应计提固定资产折旧费 20 000 元，其中基本生产车间 10 000 元，动力车间 2 000 元，供电车间 5 000 元，厂部 3 000 元。

④本月应分摊财产保险费 5 000 元，其中基本生产车间 2 500 元，动力车间 1 000 元，供电车间 1 200 元，厂部管理部门 300 元。

⑤本月以银行存款支付的费用为 25 000 元，其中基本生产车间办公费 2 800 元，水费 1 500 元；动力车间水费 9 800 元；供电车间办公费 3 500 元；厂部管理部门办公费 5 000 元，水费 2 400 元。

（3）编制各项要素费用分配表。

①分配材料费用，轮胎、轴承产品共同负担材料按当月投入产品数量比例分配，见表 5-7。

其中，轮胎共同负担材料费用 =5 000 × 500 ÷（500+400）=2 778（元）

轴承共同负担材料费用 =5 000 × 400 ÷（500+400）=2 222（元）

表 5-7　材料费用分配表

2×21 年 2 月　　　　单位：元

应借科目			直接计入	分配金额（分配率）	合　计
总账科目	明细科目	成本项目			
基本生产成本	轮胎	直接材料	80 000	2 778	82 778
	轴承	直接材料	70 000	2 222	72 222
	小计		150 000	5 000	155 000
辅助生产成本	动力车间	直接材料	1 500		1 500
	供电车间	直接材料	2 400		2 400
	小计		3 900		3 900
制造费用	基本生产车间	直接材料	4 000		4 000
管理费用	修理费	直接材料	600		600
	合计				163 500

根据表 5-7，编制会计分录：

借：生产成本——基本生产成本　　155 000
　　生产成本——辅助生产成本　　3 900
　　制造费用——基本生产车间　　4 000
　　管理费用　　600
　　贷：原材料　　163 500

根据以上资料，登记会计凭证，见表 5-8。

表 5-8　转账凭证

附件：2 张

2×21 年 2 月 28 日　　　　转字第 011 号

摘　要	一级科目	二级或明细科目	账页	借方金额										贷方金额									
				千	百	十	万	千	百	十	元	角	分	千	百	十	万	千	百	十	元	角	分
结转原材料成本	生产成本	基本生产成本				1	5	5	0	0	0	0	0										
	生产成本	辅助生产成本						3	9	0	0	0	0										
	制造费用							4	0	0	0	0	0										
	管理费用								6	0	0	0	0										

续上表

摘要	一级科目	二级或明细科目	账页	借方金额										贷方金额									
				千	百	十	万	千	百	十	元	角	分	千	百	十	万	千	百	十	元	角	分
	原材料															1	6	3	5	0	0	0	0
合计					¥	1	6	3	5	0	0	0	0		¥	1	6	3	5	0	0	0	0

会计主管：× × 记账：× × 出纳：× × 审核：× × 填制：× ×

②按照轮胎、轴承两种产品的实际生产工时比例分配薪酬费用，见表 5-9。

表 5-9 职工薪酬费用分配表

2×21 年 2 月 28 日 单位：元

应借科目		成本项目	生产工人工资		管理人员工资	合计
总账科目	明细科目		生产工时	分配金额（分配率 20）		
基本生产成本	轮胎	直接人工	10 000	200 000		200 000
	轴承	直接人工	5 000	100 000		100 000
	小计		15 000	300 000		300 000
辅助生产成本	动力车间			90 000		90 000
	供电车间			50 000		50 000
	小计			140 000		140 000
制造费用	基本生产车间	直接人工			100 000	100 000
管理费用		直接人工			30 000	30 000
合计				440 000	130 000	570 000

根据表 5-9，编制会计分录。

借：生产成本——基本生产成本 300 000

——辅助生产成本 140 000

制造费用 100 000

管理费用 30 000

贷：应付职工薪酬 570 000

根据上述会计分录，登记会计凭证，见表 5-10。

表 5-10　转账凭证

附件：4 张

2×21 年 2 月 28 日　　转字第 016 号

摘要	一级科目	二级或明细科目	账页	借方金额										贷方金额									
				千	百	十	万	千	百	十	元	角	分	千	百	十	万	千	百	十	元	角	分
结转人工费 570 000 元	生产成本	基本生产成本				3	0	0	0	0	0	0	0										
	生产成本	辅助生产成本				1	4	0	0	0	0	0	0										
	制造费用					1	0	0	0	0	0	0	0										
	管理费用						3	0	0	0	0	0	0										
	应付职工薪酬															5	7	0	0	0	0	0	0
合计					¥	5	7	0	0	0	0	0	0		¥	5	7	0	0	0	0	0	0

会计主管：××　　记账：××　　出纳：××　　审核：××　　填制：××

③分配固定资产折旧费用，见表 5-11。

表 5-11　固定资产折旧费用分配表

2×21 年 2 月 28 日　　单位：元

车间、部门	会计科目	明细科目	分配金额
基本生产车间	制造费用	基本生产车间	10 000
动力车间	辅助生产成本	动力车间	2 000
供电车间	辅助生产成本	供电车间	5 000
厂部管理部门	管理费用		3 000
合计			20 000

根据表 5-11，编制会计分录。

借：制造费用　　10 000

　　生产成本——辅助生产成本　　7 000

　　管理费用　　3 000

　　贷：累计折旧　　20 000

根据上述分录，登记会计凭证，见表 5-12。

表 5-12 转账凭证

附件：4 张

2×21 年 2 月 28 日　　　　转字第 016 号

摘要	一级科目	二级或明细科目	账页	借方金额										贷方金额									
				千	百	十	万	千	百	十	元	角	分	千	百	十	万	千	百	十	元	角	分
结转折旧费20 000元	生产成本	辅助生产成本					1	0	0	0	0	0	0										
	制造费用							7	0	0	0	0	0										
	管理费用							3	0	0	0	0	0										
	累计折旧																2	0	0	0	0	0	0
合计						¥	2	0	0	0	0	0	0			¥	2	0	0	0	0	0	0

会计主管：× ×　　记账：× ×　　出纳：× ×　　审核：× ×　　填制：× ×

④分配财产保险费，见表 5-13。

表 5-13 财产保险分配表

2×21 年 2 月 28 日　　　　单位：元

车间、部门	会计科目	明细科目	分配金额
基本生产车间	制造费用	基本生产车间	2 500
动力车间	辅助生产成本	动力车间	1 000
供电车间	辅助生产成本	供电车间	1 200
厂部管理部门	管理费用		300
合计			5 000

根据表 5-13，编制会计分录。

借：生产成本——辅助生产成本　　2 200

　　制造费用　　2 500

　　管理费用　　300

　　贷：预付账款　　5 000

根据上述分录，登记会计凭证，见表 5-14。

表 5-14　转账凭证

附件：4 张

2×21 年 2 月 28 日　　　　转字第 016 号

摘要	一级科目	二级或明细科目	账页	借方金额										贷方金额									
				千	百	十	万	千	百	十	元	角	分	千	百	十	万	千	百	十	元	角	分
分配财产保险费5000元	生产成本	辅助生产成本						2	2	0	0	0	0										
	制造费用							2	5	0	0	0	0										
	管理费用								3	0	0	0	0										
	预付账款																	5	0	0	0	0	0
合计							¥	5	0	0	0	0	0				¥	5	0	0	0	0	0

会计主管：××　　记账：××　　出纳：××　　审核：××　　填制：××

⑤其他费用分配，见表 5-15。

表 5-15　其他费用分配表

2×21 年 2 月 28 日　　　　单位：元

车间、部门	会计科目	明细科目	分配金额
基本生产车间	制造费用	基本生产车间	4 300
动力车间	辅助生产成本	动力车间	9 800
供电车间	辅助生产成本	供电车间	3 500
厂部管理部门	管理费用		7 400
合计			25 000

根据表 5-15，编制会计分录。

借：生产成本——辅助生产成本（3500+9800）　　13 300

　　制造费用　　4 300

　　管理费用　　7 400

　　贷：银行存款　　25 000

根据上述分录，登记会计凭证，见表 5-16。

表 5-16　转账凭证

附件：4 张

2×21 年 2 月 28 日　　　　转字第 016 号

摘要	一级科目	二级或明细科目	账页	借方金额										贷方金额									
				千	百	十	万	千	百	十	元	角	分	千	百	十	万	千	百	十	元	角	分
结转其他费用25 000元	生产成本	辅助生产成本					1	3	3	0	0	0	0										
	制造费用							4	3	0	0	0	0										
	管理费用							7	4	0	0	0	0										
	银行存款																2	5	0	0	0	0	0
合计						¥	2	5	0	0	0	0	0			¥	2	5	0	0	0	0	0

会计主管：××　　记账：××　　出纳：××　　审核：××　　填制：××

根据上述资料，登记辅生产费用分配表，见表 5-17。

表 5-17　辅助生产费用分配表

（按计划成本分配法）

数量单位：度、小时

晨光机械有限公司　　2×21 年 2 月 28 日　　金额单位：元

辅助生产车间名称			动力车间	供电车间	合　计
待分配辅助生产费用			104 300	62 100	166 400
供应劳务数量			5 000	40 000	
计划单位成本			20.86	1.552 5	
辅助生产车间耗用	动力车间	耗用量		3 500	
		分配金额		5 434	
	供电车间	耗用量	340		
		分配金额	7 092		
	分配金额小计		7 092	5 434	12 526
基本生产耗用（记入“制造费用”）	耗用量		4 100	35 000	
	分配金额		85 526	54 338	139 864
行政部门耗用（记入“管理费用”）	耗用量		560	1 500	
	分配金额		11 682	2 328	14 010
分配金额合计			104 300	62 100	166 400

按计划成本分配辅助生产费用，编制会计分录。

辅助生产成本——动力车间费用 =7 092+85 526+11 682=104 300（元）

辅助生产成本——供电车间 =5 434+54 338+2 328=62 100（元）

借：生产成本——辅助生产成本——动力　　　　5 434

　　　　　　　　　　　　　　——供电　　　　7 092

　　　　　　　　　　　　制造费用　　　　139 864

　　　　　　　　　　　　管理费用　　　　14 010

　贷：生产成本——辅助生产成本——动力车间　　　　104 300

　　　　　　　　　　　　　　——供电车间　　　　62 100

根据上述分录，登记会计凭证，见表 5-18。

表 5-18　转账凭证

附件：4 张

2×21 年 2 月 28 日　　　　转字第 016 号

摘　要	一级科目	二级或明细科目	账页	借方金额										贷方金额									
				千	百	十	万	千	百	十	元	角	分	千	百	十	万	千	百	十	元	角	分
结转辅助生产成本	生产成本	辅助生产成本（动力）						5	4	3	4	0	0										
	生产成本	辅助生产成本（供电）						7	0	9	2	0	0										
	制造费用					1	3	9	8	6	4	0	0										
	管理费用						1	4	0	1	0	0	0										
	生产成本	辅助生产成本（动力车间）														1	0	4	3	0	0	0	0
	生产成本	辅助生产成本（供电车间）															6	2	1	0	0	0	0
合计					¥	1	6	6	4	0	0	0	0		¥	1	6	6	4	0	0	0	0

会计主管：××　　记账：××　　出纳：××　　审核：××　　填制：××

基本生产车间制造费用，见表 5-19。

表 5-19 基本生产车间制造费用分配

2×21 年 2 月 28 日　　　　单位：元

应借科目		实际生产工时（小时）	分配金额（分配率）
总账科目	明细科目		
基本生产成本	轮胎	10 000	173 776
	轴承	5 000	86 888
合计		15 000	260 664

制造费用合计 =4 000+100 000+10 000+2 500+4 300+139 864=260 664(元）

其中，轮胎应分配的制造费用 =260 664 × 10 000 ÷ 15 000=173 776（元）

轴承应分配的制造费用 =260 664 × 5 000 ÷ 15 000=86 888（元）

根据表 5-4 至表 5-19，编制产品成品计算单，见表 5-20、表 5-21。

表 5-20 产品成本计算单

产品名称：轮胎　　2×21 年 2 月 28 日　　单位：元

月	日	摘　要		产量（件）	直接材料	直接人工	制造费用	合计
2	28	在产品费用		200	24 000	50 000	24 233. 33	98 233. 33
2	28	根据表 5-7			82 778			82 778
2	28	根据表 5-9				200 000		200 000
2	28	根据表 5-19					173 776	173 776
2	28	本月生产费用小计			82 778	200 000	173 776	456 554
2	28	生产费用累计			106 778	250 000	198 009.33	554 787.33
2	28	本月投入		500				
2	28	产成品成本	单位成本	650	152. 54	370. 37	293.35	
2	28		总成本		99 151	240 740. 5	190 677.5	530 569
2	28	月末在产品数量		50				
2	28	月末在产品约当量		25	7 627	9 259. 25	7 331.83	24 218.33

完工产品数量按月末在产品约当产量和产成品数量计算，即完工产品（轮胎）=650+50 × 50%=675（件）

直接材料单位成本 =（24 000+82 778）÷（650+50）=152.54（元）

直接人工单位成本 =（50 000+200 000）÷（650+25）=370.37（元）

制造费用单位成本 =（24 233.33+173 776）÷（650+25）=293.35（元）

表 5-21 产品成本计算单

产品名称：轴承　　2×21 年 1 月　　单位：元

月	日	摘 要		产量（件）	直接材料	直接人工	制造费用	合 计
2	28	在产品费用		100	18 450	28 600	11 067. 67	58 117.67
2	28	根据表 5-7			72 222			72 222
2	28	根据表 5-9				100 000		100 000
2	28	根据表 5-19					86 888	86 888
2	28	本月生产费用小计			72 222	100 000	86 888	259 110
2	28	生产费用累计			90 672	128 600	97 955.67	317 227.67
2	28	本月投入		400				
2	28	产成品成本	单位成本	450	181.34	270.74	206.22	
2	28		总成本		81 604.80	121 833	92 799	296 236.80
2	28	月末在产品数量		50				
2	28	月末在产品约当量		25	7 627	9 259.25	7 331.83	24 218.33

完工产品数量按月末在产品约当产量和产成品数量计算如下：

即完工产品数量 =450+50×50%=475（件）

直接材料单位成本 =（18 450+72 222）÷500=181.34（元）（材料是一次性投入）

直接人工单位成本 =（28 600+100 000）÷475=270.74（元）

制造费用单位成本 =（11 067.67+86 888）÷475=206.22（元）

根据表 5-20、表 5-21，编制会计分录。

借：库存商品——轮胎　　530 569

　　　　　　——轴承　　296 236.80

　贷：生产成本——基本生产成本——轮胎　　530 569

　　　　　　　　　　　　　　　——轴承　　296 236.80

根据上述分录，登记会计凭证，见表 5-22。

表 5-22 转账凭证

附件：4 张

2×21 年 2 月 28 日　　转字第 016 号

摘要	一级科目	二级或明细科目	账页	借方金额										贷方金额									
				千	百	十	万	千	百	十	元	角	分	千	百	十	万	千	百	十	元	角	分
结转完工产品成本	库存商品	轮胎				5	3	0	5	6	9	0	0										
	库存商品	轴承				2	9	6	2	3	6	8	0										
	生产成本	基本生产成本（轮胎）														5	3	0	5	6	9	0	0
	生产成本	基本生产成本（轴承）														2	9	6	2	3	6	8	0
合计					¥	8	2	6	8	0	5	8	0		¥	8	2	6	8	0	5	8	0

会计主管：××　记账：××　出纳：××　审核：××　填制：××

5.2.4 分批法的成本计算

分批法是以产品的批别或订单为成本计算对象，按照产品的批别归集生产费用，计算产品成本的一种方法。它主要适用于单件或小批生产，管理上不要求分步骤计算成本的多步骤生产企业。

1. 成本计算对象为产品批别或工作单号

产品批别一般根据客户的订单确定，但产品的批别与订单并不完全相同。根据客户的要求和生产组织的需要，一张订单可分成多个批别组织生产，几张相同产品的订单也可合为一批组织生产。

2. 成本计算期不固定。

一般来说，与各批产品的生产周期一致，与会计报告期不一致。

3. 分批法成本计算的程序

根据产品批号设置成本计算单并设置各种生产费用明细账

↓

将生产费用在各批产品之间进行分配

↓

计算完工产品的总成本和单位成本

↓

结转完工产品成本

【例 5-3】展晴有限公司按照购货单位的要求，小批生产甲产品和乙产品，采用分批法计算产品成本。该公司 1 月投产甲产品 50 件，批号 101，2 月份全部完工；2 月投产乙产品 30 件，批号为 201，当月完工 20 件，并已交货，还有 10 件尚未完工。101 批和 201 批产品成本计算单，见表 5-23、表 5-24。

表 5-23　产品成本计算单

批号 101　　产品名称：甲产品　　投产日期：1 月 5 日
委托单位：　　批量 50 件　　完工日期：2 月 20 日

项目	直接材料成本	直接人工成本	制造费用	合计
上月末成本余额	48 000	5 600	18 000	71 600
本月发生生产成本				
根据材料成本分配表	25 000			25 000
根据工资成本分配表		8 400		8 400
根据制造费用分配表			53 000	53 000
合计	73 000	14 000	53 000	140 000
结转产成品 50 件成本	73 000	14 000	53 000	140 000
单位成本	1 460	280	1 060	2 800

表 5-24　产品成本计算单

批号 201　　产品名称：乙产品　　投产日期：2 月 5 日
委托单位：　　批量 30 件　　完工日期：2 月 20 日

项目	直接材料成本	直接人工成本	制造费用	合计
本月发生生产成本				
根据材料成本分配表	54 000			54 000
根据工资成本分配表		36 000		36 000
根据制造费用分配表			84 000	84 000
合计	54 000	36 000	84 000	174 000
结转产成品 20 件成本	36 000	28 800	67 200	132 000
单位成本	1 350	1 440	3 360	6 150
月末在产品成本	18 000	7 200	16 800	42 000

（1）乙产品材料成本按完工产品产量和在产品数量作为比例进行分配。

完工产品应负担的材料成本 =54 000÷（20+10）×20=36 000（元）

在产品应负担的材料成本 =54 000 ÷（20+10）×10=18 000（元）

（2）其他生产成本按约当产量比例进行分配。

计算 201 批乙产品在产品约当产量，见表 5-25。

表 5-25　乙产品约当产量计算表

工　序	完工程度	在产品（件）		完工产品（件）	产量合计（件）
	①	②	③ = ① × ②	④	⑤ = ③ + ④
1	15%	2	0.3		
2	25%	2	0.5		
3	75%	6	4.2		
合计	–	10	5	20	25

直接人工成本按约当产量分配：

完工产品应负担的直接人工成本 =36 000 ÷（20+5）×20=28 800（元）

在产品应负担的直接人工成本 =36 000 ÷（20+5）×5=7 200（元）

制造费用按约当产量法分配：

完工产品应负担的制造费用 =84 000 ÷（20+5）×20=67 200（元）

在产品应负担的制造费用 =84 000 ÷（20+5）×5=16 800（元）

5.2.5 分步法的成本计算

以产品的生产步骤作为成本计算对象，归集生产费用，计算产品成本的一种方法。

分步法主要适用于大量、大批的多步骤生产，并且管理上要求分步骤计算产品成本的企业 。如纺织、冶金、造纸等大量大批多步骤生产类型的企业。

各生产步骤成本的计算和结转，一般采用逐步结转和平行结转两种方法，称为逐步结转分步法和平行结转分步法。

1. 逐步结转分步法

逐步结转分步法是为了分步计算半成品成本而采用的一种分步法，也称计算半成品成本分步法。它是按照产品加工的顺序，逐步计算并结转半成品成本，直到最后加工步骤完成才能计算产成品成本的一种方法。

在逐步结转分步法下，各步骤所耗用的上一步骤半成品的成本，要随着半成品实物的转移，从上一步骤的产品成本明细账转入下一步骤相同产品的产品成本明细账中，以便逐步计算各步骤的半成品成本和最后步骤的产成品成本。逐步结转分步法要按生产步骤的顺序分步骤计算半成品成本，再按顺序结转下一步骤，成本计算的过程也就是半成品成本累积的过程，这个过程可用如图 5-2 所示。

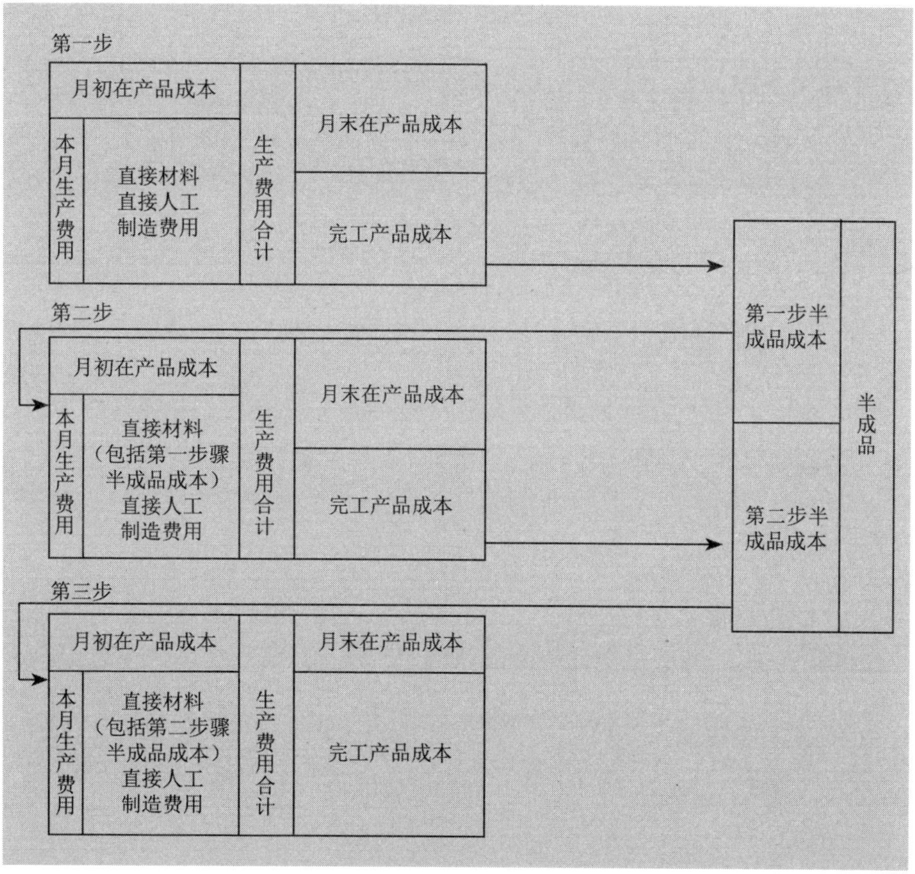

图 5-2　成本计算的过程

综上可知，逐步结转分步法实际上就是品种法的多次连续应用。即在采用品种法计算上一步骤的半成品成本以后，按照下一步骤的耗用数量转入下一步骤成本；下一步骤再一次采用品种法归集所耗半成品的费用和本步骤其他费用，计算其半成品成本；如此逐步结转，直至最后一个步骤算出产成品成本。

【例 5-4】 光大公司生产甲产品分为三个生产步骤，第一步骤加工的半成品直接交第二步骤加工，再交第三步骤加工成产成品。各步骤的在产品均按约当产量法计算。（第一步骤按生产进度陆续投料）。

相关资料见表 5-26。

表 5-26　产量记录

产量记录（件）	第一步骤	第二步骤	第三步骤
本月投入	80	50	30
本月完工	50	30	20
月末在产品	30	20	10
完工率	50%	60%	50%

本月发生费用情况，见表 5-27。

表 5-27　本月发生费用

成本项目	第一步骤	第二步骤	第三步骤
直接材料	19 500		
直接人工	5 200	5 040	4 800
制造费用	4 550	5 040	5 500
合计	29 250	10 080	7 000

（1）第一步骤。

原材料费用分配率 =19 500 ÷（50+30 × 50%）=300（元 / 件）

直接人工分配率 =5 200 ÷（50+30 × 50%）=80（元 / 件）

制造费用分配率 =4 550 ÷（50+30 × 50%）=70（元 / 件）

完工产品原材料费用 =300 × 50=15 000（元）

完工产品人工费用 =80 × 50=4 000（元）

完工产品制造费用 =70 × 50=3 500（元）

根据上述资料，见表 5-28。

表 5-28　第一步骤分配表

摘　要	直接材料	直接人工	制造费用	合　计
月初在产品成本				
本月发生费用	19 500	5 200	4 550	29 250
合计	19 500	5 200	4 550	29 250
完工转出	15 000	4 000	3 500	22 500
月末在产品成本	4 500	1 200	1 050	6 750

借：生产成本——基本生产成本——第二步骤　　　　22 500

　　贷：生产成本——基本生产成本——第一步骤　　　　22 500

（2）第二步骤。

半成品分配率 =22 500 ÷（30+20）=450（元 / 件）

直接人工分配率 =5 040 ÷（30+20 × 60%）=120（元 / 件）

制造费用分配率 =5 040 ÷（30+20 × 60%）=120（元 / 件）

完工产品原材料费用 =30 × 450=13 500（元）

完工产品人工费用 =30 × 120=3 600（元）

完工产品制造费用 =30 × 120=3 600（元）

根据上述资料，见表 5-29。

表 5-29　第二步骤分配表

摘　要	半成品	直接人工	制造费用	合　计
月初在产品成本				
本月发生费用	22 500	5 040	5 040	32 580
合计	22 500	5 040	5 040	32 580
完工转出	13 500	3 600	3 600	20 700
月末在产品成本	9 000	1 440	1 440	11 880

借：生产成本——基本生产成本——第三步骤　　　　20 700

　　贷：生产成本——基本生产成本——第二步骤　　　　20 700

（3）第三步骤。

半成品分配率 =20 700 ÷（20+10）=690（元 / 件）

直接人工分配率 =4 800 ÷（20+10 × 50%）=192（元 / 件）

制造费用分配率 =5 500 ÷（20+10 × 50%）=220（元 / 件）

完工产品原材料费用 =20 × 690=13 800（元）

完工产品人工费用 =20 × 192=3 840（元）

完工产品制造费用 =20 × 220=4 400（元）

根据上述资料，见表 5-30。

表 5-30　第三步骤分配表

摘　要	半成品	直接人工	制造费用	合计
月初在产品成本				
本月发生费用	20 700	4 800	5 500	31 000
合计	207 00	4 800	5 500	31 000
完工转出	13 800	3 840	4 400	22 040
月末在产品成本	6 900	960	1 100	8 960

借：库存商品　　　　　　　　　　　　　　　　　22 040

　　贷：生产成本——基本生产成本——第三步骤　　　　22 040

2. 平行结转分步法

在计算各步骤成本时，不计算各步骤所产半成品成本，也不计算各步骤所耗上一步骤的半成品成本，而只计算本步骤发生的各项其他成本，以及这些成本中应计入产成品的份额，将相同产品的各步骤成本明细账中的这些份额平行结转、汇总，即可计算出该种产品的产成品成本。

与逐步结转分步法相比，平行结转分步法有其自身的特点，主要表现在：

平行结转分步法的特点

- 各步骤只计算本步骤生产费用应记入产成品成本的“份额”，最后将各步骤应记入产成品成本的“份额”平行汇总，计算出最终完工产品的成本。因此，又称为“不计算半成品成本法”
- 所指的在产品，是指本步骤尚未完工以及后面各步骤仍在加工，尚未最终完工的在产品；因此，是广义的在产品
- 平行结转分步法：所指的完工产品，是指最后步骤的完工产品，因此，是狭义的完工产品
- 平行结转分步法的生产费用在产品最终完工时，各步骤将产成品在本步骤应承担的成本费用“份额”转出，并由此汇总出完工产品成本

这里的在产品是指尚未产成的全部在产品和半成品，包括：

◆ 尚在本步骤加工中的在产品，即狭义在产品；

◆ 本步骤已完工转入半成品库的半成品；

◆ 已从半成品库转到以后各步骤进一步加工、尚未最后产成的产品。

平行结转分步法下，成本计算对象是各生产步骤和最终完工产品。在这种方法下，各生产步骤的半成品均不作为成本计算对象，各步骤的成本计算都是为了算出最终产品的成本。

平行结转分步法的基本计算程序如下：

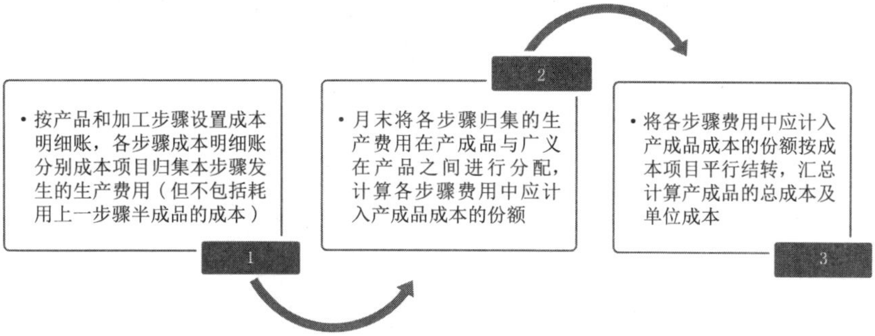

分步骤计算本步骤的广义在产品和广义半成品成本是平行结转分步法的突出特点。各步骤生产费用分配和广义半成品成本平行计入最终产品成本的过程如图 5-3 所示。

【例 5-5】 雅康公司设三个基本生产车间生产甲产品，原材料在生产开始时一次投入，由三个车间连续加工，采用平行结转分步法计算产品成本。生产费用在产成品和在产品之间用约当产量比例法分配，各步骤加工中在产品完工率为 50%，2019 年 1 月份产量资料，见表 5-31 至表 5-33。

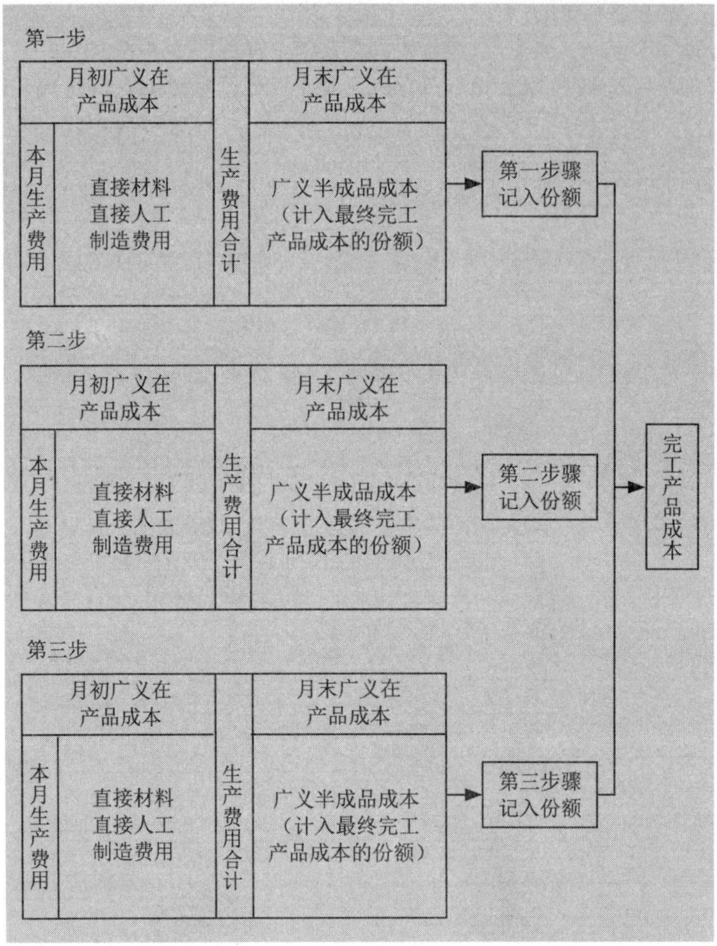

图 5-3　平行结转分步法的计算步骤

表 5-31　1 月产量资料

单位：件

车间	一车间	二车间	三车间
月初加工中在产品	10	9	12
本月投产或上一车间转来	52	55	60
本月完工	50	42	48
月末加工中在产品	12	22	24

表 5-32　1 月在产品成本资料

成本项目	一车间	二车间	三车间
直接材料	5 400		
燃料及动力	412	302	210
直接人工	820	630	358
制造费用	880	748	270
合计	7 512	1 680	838

表 5-33　1 月发生费用资料

单位：元

成本项目	一车间	二车间	三车间
直接材料	24 000		
燃料及动力	1 520	980	1 800
直接人工	3 300	2 700	3 400
制造费用	3 700	1 980	2 600
合计	32 520	5 660	7 800

在平行结转分步法中，计算某步骤广义在产品的约当产量时，实际上计算的是“约当该步骤完工产品”的数量，由于后面步骤的狭义在产品耗用的是该步骤的完工产品，所以，计算该步骤的广义在产品的约当产量时，对于后面步骤的狭义在产品的数量，不用计算以其所在步骤的完工程度。简单地说，就是每一步计算的并不是本步骤完工产品的成本，而是计算每一步骤的生产费用在最终产品成本中的份额。公式如下：

某步骤月末（广义）在产品约当产量＝该步骤月末狭义在产品数量 × 在产品完工程度 +∑ 以后各步骤月末狭义在产品数量 × 每件狭义在产品耗用的该步骤的完工半成品的数量

（1）第一车间成本计算。

在产品约当产量 =12 × 50%+24+22=52（元）

①原材料费用分配率 =（5 400+24 000）÷ [48+（12+22+24）]=277.36

应计入产成品成本中的份额 =277.36 × 48=13 313.28（元）

月末在产品原材料费用 =（5 400+24 000）−13 313.28=16 086.72（元）

②燃料及动力费用分配率 =（412+1 520）÷（48+52）=19.32

应计入产成品成本中的份额 =19.32×48=927.36（元）

月末在产品燃料及动力费用 =（412+1 520）−927.36=1 004.64（元）

③直接人工分配率 =（820+3 300）÷（48+52）=41.2

应计入产成品成本中份额 =41.2×48=1 977.6（元）

月末在产品直接人工费用 =（820+3 300）−1 977.6=2 142.40（元）

④制造费用分配率 =（880+3 700）÷（48+52）=45.8

应计入产成品成本中的份额 =45.8×48=2 198.4（元）

月末在产品制造费用 =（880+3 700）−2 198.40=2 381.60（元）

根据上述计算结果，编制一车间产品成本计算单，见表 5−34。

表 5−34　一车间成本计算单

一车间：甲产品　　2×21 年 1 月　　单位：元

成本项目	直接材料	燃料及动力	直接人工	制造费用	合计
月初在产品成本	5 400	412	820	880	7 512
本月发生费用	24 000	1 520	3 300	3 700	32 520
合计	29 400	1 932	4 120	4 580	40 032
产成品成本中本车间份额	13 313.28	927.36	1 977.6	2 198.4	18 416.64
月末在产品成本	16 086.72	1 004.64	2 142.40	2 381.6	21 615.36

（2）第二车间成本计算。

在产品约当产量 =22×50%+24=35

①燃料及动力费用分配率 =（302+980）÷（48+35）=15.45

应计入产成品成本中的份额 =15.45×48=741.60（元）

月末在产品燃料及动力费用 =（302+980）−741.60=540.40（元）

②直接人工分配率 =（630+2 700）÷（48+35）=40.12

应计入产成品成本中份额 =40.12×48=1 925.76（元）

月末在产品直接人工费用 =（630+2 700）−1 925.76=1 404.24（元）

③制造费用分配率 =（748+1 980）÷（48+35）=32.87

应计入产成品成本中的份额 =32.87×48=1 577.76（元）

月末在产品制造费用 =（748+1 980）−1 577.76=1 150.24（元）

根据上述计算结果，编制二车间产品成本计算单，见表 5−35。

表 5−35　产品成本计算单

二车间：甲产品　　　　2019 年 1 月 单位：元

成本项目	直接材料	燃料及动力	直接人工	制造费用	合计
月初在产品成本		302	630	748	1 680
本月发生费用		980	2 700	1 980	5 660
合计		1 282	3 330	2 728	7 340
产成品成本中本车间份额		741.60	1 925.76	1 577.76	4 245.12
月末在产品成本		540.40	1 404.24	1 150.24	3 094.88

（3）第三车间成本计算。

在产品约当产量 =24 × 50%=12

①燃料及动力费用分配率 =（210+1 800）÷（48+12）=33.5

应计入产成品成本中的份额 =33.5 × 48=1 608（元）

月末在产品燃料及动力费用 =210+1 800−1 608=402（元）

②直接人工分配率 =（358+3 400）÷（48+12）=62.63

应计入产成品成本中份额 =62.63 × 48=3 006.24（元）

月末在产品直接人工费用 =358+3 400−3 006.24=751.76（元）

③制造费用分配率 =（270+2 600）÷（48+12）=47.83

应计入产成品成本中的份额 =47.83 × 48=2 295.84（元）

月末在产品制造费用 =270+2 600−2 295.84=574.16（元）

根据上述计算结果，编制三车间产品成本计算单，见表 5−36。

表 5−36　三车间产品成本计算单

三车间：甲产品　　　　2 × 21 年 1 月　　　　单位：元

成本项目	直接材料	燃料及动力	直接人工	制造费用	合计
月初在产品成本		210	358	270	838
本月发生费用		1 800	3 400	2 600	7 800
合计		2 010	3 758	2 870	8 638

续上表

成本项目	直接材料	燃料及动力	直接人工	制造费用	合计
产成品成本中本车间份额		1 608	3 006.24	2 295.84	6 910.08
月末在产品成本		402	751.36	574.16	1727.92

根据上述计算结果，编制三车间产品成本计算单，见表 5-37。

表 5-37 产品成本汇总计算表

产品名称：甲产品　　2×21 年 1 月　　单位：元

产量：48 件

成本项目	直接材料	燃料及动力	直接人工	制造费用	合计
一车间	13 313.28	927.36	1 977.6	2 198.4	18 416.64
二车间		741.60	1 925.76	1 577.76	4 245.12
三车间		1 608	3 006.24	2 295.84	6 910.08
产成品总成本	13 313.28	3 276.96	6 909.6	6 072	29 571.84
产成品单位成本	277.36	68.27	143.95	126.5	616.08

产成品入库的账务处理：

借：库存商品——甲产品　　29 571.84

　　贷：生产成本——基本生产成本——一车间　　18 416.64

　　　　　　　　　　　　　　　　——二车间　　4 245.12

　　　　　　　　　　　　　　　　——三车间　　6 910.08

5.3 分类法的成本计算

分类法是以产品的“类别”作为成本计算对象，归集生产费用，计算产品成本的基本的方法。

适用范围如下：

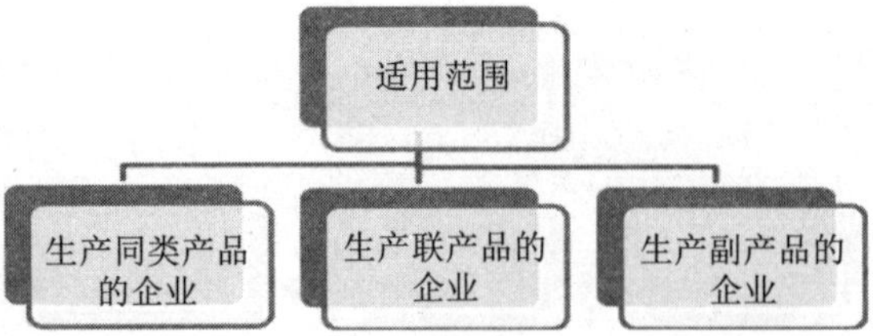

5.3.1 采用定额比例法分配类内产品成本

采用定额比例法分配类内产品成本常用公式如下：

$$直接材料费用分配率=\frac{类别产品的直接材料总成本}{类别内各产品的定额费用之和}$$

$$加工费用（直接人工、制造费用）分配率=\frac{类别产品的加工费用总成本}{类别内各产品的定额工时之和}$$

【例 5-6】 矿山制造厂采用分类法计算成本，本月生产 A、B、C 三种产品，由于三种产品所耗用直接材料和生产工艺相近，同属企业 P 类产品。本月发生的生产费用，已经按成本计算的一般程序分配计入各类产品成本计算单上。

（1）计算 P 类完工产品成本，见表 5-38。

表 5-38　P 类产品成本计算表

2×21 年 1 月　　　　单位：元

月	日	摘　要	直接材料	直接人工	费用制造	合计
1	1	月初在产品定额成本	24 000	7 000	3 500	34 500
1	31	本月生产费用	285 000	41 000	21 500	347 500
1	31	生产费用累计	309 000	48 000	25 000	382 000
1	31	结转完工产品成本	276 000	444 00	23 100	343 500
1	31	月末在产品定额成本	33 000	3 600	1 900	38 500

P 类完工产品直接材料成本

=（24 000+285 000）−33 000=276 000（元）

P 类完工产品直接人工成本

=48 000−3 600=44 400（元）

P 类完工产品制造费用

=25 000−1 900=23 100（元）

P 类完工产品总成本

=276 000+44 400+23 100=343 500（元）

（2）将 P 类产品完工总成本在 A、B、C 三种产品之间进行分配，见表 5-39。

表 5-39　P 类内产成品成本计算表

产品：P 类　　　　2×21 年 1 月　　　　单位：元

项目	产量（件）	材料消耗定额	材料总定额耗用量	工时定额	定额总工时	直接材料	直接人工	制造费用	成本合计
①	②	③	④=②×③	⑤	⑥=②×⑤	⑦=④×分配率	⑧=⑥×分配率	⑨=⑥×分配率	⑩
费用分配率						10	1.91	0.99	
A 产品	300	15	4 500	18	5 400	45 000	10 314	5 346	60 660
B 产品	1 000	10	10 000	10	10 000	100 000	19 100	9 900	129 000
C 产品	655	20	13 100	12	7 860	131 000	14 986*	7 854	153 840
合计	1 955		27 600		23 260	276 000	444 00	23 100	343 500

①产成品直接材料费用分配率 =276 000÷27 600=10

A 产品直接材料成本 =4 500×10=45 000（元）

B 产品直接材料成本 =10 000×10=100 000（元）

C 产品直接材料成本 =13 100×10=131 000（元）

②产成品直接人工分配率 =44 400÷23 260=1.91

A 产品直接人工成本 =5 400×1.91=10 314（元）

B 产品直接人工成本 =10 000×1.91=19 100（元）

C 产品直接人工成本 =44 400−10 314−19 100=14 986（元）

③产成品制造费用分配率 =23 100÷23 260=0.99

A 产品制造费用 =5 400×0.99=5 346（元）

B 产品制造费用 =10 000×0.99=9 900（元）

C 产品制造费用 =23 100−5 346−9 900=7 854（元）

（3）根据上述资料，编制会计分录如下。

借：库存商品——A 产品（45 000+10 314+5 346）　　60 660

　　　　　　——B 产品（100 000+19 100+9 900）　　129 000

——C 产品（131 000+14 986+7 854）　　153 840

贷：生产成本——P 类产品　　343 500

5.3.2 采用系数法分配类内产品成本

系数分配法，就是将各种联产品的实际产量按照事先规定的系数，折算为相对生产量，然后将联产品的联合成本按照各联产品的相对生产量比例进行分配。

采用系数法分配类内产品成本作用如下：

（1）可以分析和考核企业成本、费用的执行情况；

（2）可以揭示企业在生产、技术和经营、管理方面取得的成绩和存在的问题；

（3）通过成本报表，提供产品的实际成本、费用资料，作为确定产品价格的依据；

（4）成本、费用和利润的预测；

（5）生产经营决策，成本和利润等计划提供重要数据。

系数分配法的步骤如下：

（1）确定分配标准；

（2）将分配标准折算成固定系数；

（3）将类内各产品的产量按照系数折算出相当于标准产品的产量，计算公式为：

某产品相当于标准产品的产量 = 该产品的实际产量 × 该产品的系数

（4）计算全部产品相当于标准产品的总产量，以此为标准分配类内各种产品的成本。

采用系数法分配类内产品成本公式如下：

- 单位产品系数 $=\dfrac{\text{该种产品分配标准}}{\text{标准产品费用定额}}$
- 某种产品总系数 = 该种产品实际产量 × 该产品单位产品系数
- 费用分配率 $=\dfrac{\text{该类别完工产品的总成本（分成本项目）}}{\text{各种产品总系数之和}}\times 100\%$
- 某种产品应分配的成本 = 该种产品总系数 − 分配率

【例 5-7】 某企业采用分类法计算成本，本月生产 A、B、C 三种产品，由于三种产品所耗用直接材料和生产工艺相近，同属企业 M 类产品。本月发生的生产费用，已经按成本计算的一般程序分配计入各类产品成本计算单上。采用系数法计算类内各产品的完工成本。

（1）以 B 产品为标准产品，计算类内各产品系数见表 5-40。

表 5-40　产品计算表

产品名称	产品产量①	直接材料			工　时		
		材料定额②	各产品系数③=②÷15	总系数④=①×③	定额工时⑤	各产品系数⑥=⑤÷10	总系数⑦=①×⑥
A 产品	600	30	2	1 200	18	1.8	1 080
B 产品	1 500	15	1.0	1 500	10	1.0	1 500
C 产品	700	45	3	2 100	14	1.4	980
P 类合计	2 800			4 800			3 560

A 产品直接材料项目系数 =30÷15=2

B 产品直接材料项目系数 =15÷15=1

C 产品直接材料项目系数 =45÷15=3

A 产品加工费项目系数 =18÷10=1.8

B 产品加工费项目系数 =10÷10=1

C 产品加工费项目系数 =14÷10=1.4

（2）计算类内各种产品的完工成本，见表 5-41。

表 5-41　产品成本计算表

产品：M 类产品　　　　2×21 年 1 月　　　　单位：元

项　目	直接材料费用总系数①	直接材料分配金额②=①×分配率	定额工时总系数③	直接人工分配金额④=③×分配率	制造费用分配金额⑤=④×分配率	成本合计⑥=③+⑤+⑥
费用分配率		73.75		17	6	
A 产品	1 200	88 500	1 080	18 360	6 480	113 340
B 产品	1 500	110 625	1 500	25 500	9 000	145 125

续上表

项　目	直接材料费用总系数①	直接材料分配金额②=①×分配率	定额工时总系数③	直接人工分配金额④=③×分配率	制造费用分配金额⑤=④×分配率	成本合计⑥=③+⑤+⑥
C 产品	2 100	154 875	980	16 660	5 880	177 415
P 类合计	4 800	354 000	3 560	60 520	21 360	435 880

材料成本分配率 =354 000÷4 800=73.75

A 产品直接材料成本 =1 200×73.75=88 500（元）

直接人工成本分配率 =60 520÷3 560=17

A 产品直接人工成本 =1 080×17=18 360（元）

制造费用分配率 =21 360÷3 560=6

A 产品制造费用成本 =1 080×6=6 480（元）

A 产品完全成本 =88 500+18 360+6 400=113 340（元）

B 产品直接材料成本 =1 500×73.75=110 625（元）

B 产品直接人工成本 =1 500×17=25 500（元）

B 产品制造费用成本 =1 500×6=9 000（元）

B 产品完全成本 =110 625+25 500+9 000=145 125（元）

C 产品直接材料成本 =2 100×73.75=154 875（元）

C 产品直接人工成本 =980×17=16 660（元）

C 产品制造费用成本 =980×6=5 880（元）

C 产品完全成本 =154 875+16 660+5 880=177 415（元）

5.3.3 联产品和副产品成本的计算

1. 联产品

联产品是指企业用材料在同一生产过程中，同时生产出几种使用价值不同但具有同等地位的主要产品。

【例 5-8】 光大公司 12 月份生产 A、B、C 三种联产品，产量分别为 5 000 件、3 000 件和 2 000 件，三种产品分离后 A、C 产品可以直接对外出售，B 产品需进一步加工后才能出售，假设均无期初、期末在产品成本，有关资料见表 5–42。

表 5–42　联产品费用资料表

项　目	直接材料	直接人工	制造费用	合　计
分离前的联合成本	30 000	24 000	6 000	60 000
各成本项目占成本的比重	50%	40%	10%	100%
分离后 B 产品可归属成本	3 000	1 500	1 000	5 500

（1）计算 A、B、C 三种联产品成本，见表 5–43。

表 5–43　产品成本计算表

产品：A、B、C 产品　　　　单位：元

产品名称	产量（件）	分配率	联产品总成本	联产品单位成本
A 产品	5 000	6	30 000	6
B 产品	3 000		18 000	6
C 产品	2 000		12 000	6
合计	10 000		60 000	

分配率 =60 000 ÷ 10 000=6

（2）计算 B 产品成本，见表 5–44。

表 5–44　产品成本计算表

产品：B 产品　　　　产量：400 件　　　　单位：元

成本项目	联合成本		可归属成本	总成本	单位成本
	比重	金额			
直接材料	50%	9 000（18 000 × 50%）	3 000	12 000	30（12 000 ÷ 400）
直接人工	40%	7 200（18 000 × 40%）	1 500	8 700	21.75（8 700 ÷ 400）
制造费用	10%	1 800（18 000 × 10%）	1 000	2 800	7（2 800 ÷ 400）
合 计	100%	18 000	5 500	23 500	58.75

（3）编制会计分录如下：

借：库存商品——A 产品　　30 000

——B 产品　　23 500

——C 产品　　12 000

贷：生产成本　　65 500

根据上述分录，登记会计凭证，见表 5-45。

表 5-45 转账凭证

附件：1 张

2×21 年 1 月 31 日　　　　转字第 009 号

摘要	一级科目	二级或明细科目	账页	借方金额										贷方金额									
				千	百	十	万	千	百	十	元	角	分	千	百	十	万	千	百	十	元	角	分
结转A、B、C产品成本	库存商品	A产品					3	0	0	0	0	0	0										
	库存商品	B产品					2	3	5	0	0	0	0										
	库存商品	C材料					1	2	0	0	0	0	0										
	生产成本																6	5	5	0	0	0	0
合计						¥	6	5	5	0	0	0	0			¥	6	5	5	0	0	0	0

会计主管：××　　记账：××　　出纳：××　　审核：××　　填制：××

2. 副产品

副产品是指在企业使用同一原料在生产主要产品的过程中附带生产出来的非主要产品。副产品成本计算的特点：通常是计算出主产品成本后，按一定的标准从主产品成本扣除副产品的成本即可。

副产品的计价方法如下：

（1）副产品按照售价减去销售税金和按正常利润后的余额计价；

（2）副产品成本按固定成本计算。

【例 5-9】 某企业生产甲产品的同时，还生产出副产品乙，本期共发生费用 80 000 元，其中直接材料 45 000 元，直接人工 25 000 元，制造费用 10 000 元。生产甲产品 500 件，乙副产品 100 千克，每千克售价 60 元，单位税金 5 元，单位销售费用 2 元和单位产品利润 2 元，假定副产品成本直接从材料成本项目中扣除。

①副产品乙成本 =100×（60−5−2−2）=5 100（元）。

②主副产品成本计算，见表 5-46。

表 5-46 主副产品成本计算表

2×21 年 1 月

产品名称	直接材料	直接人工	制造费用	合计
生产费用合计	45 000	25 000	10 000	80 000

续上表

产品名称	直接材料	直接人工	制造费用	合计
副产品乙成本	5 100			5 100
甲产品总成本	39 900	25 000	10 000	74 900

③编制结转甲、副产品乙成本的会计分录。

借：库存商品——甲产品　　　　74 900

　　　　　　——副产品乙　　　5 100

　贷：生产成本——基本生产成本——甲类产品　　　80 000

根据上述分录，登记会计凭证，见表 5-47。

表 5-47　转账凭证

附件：1 张

2×21 年 1 月 31 日　　　　转字第 009 号

摘　要	一级科目	二级或明细科目	账页	借方金额										贷方金额									
				千	百	十	万	千	百	十	元	角	分	千	百	十	万	千	百	十	元	角	分
结转甲产品、副产品乙成本 80 000 元	库存商品	甲产品					7	4	9	0	0	0	0										
	库存商品	副产品乙						5	1	0	0	0	0										
	生产成本	基本生产成本（甲类产品）															8	0	0	0	0	0	0
合计						￥	8	0	0	0	0	0	0			￥	8	0	0	0	0	0	0

会计主管：××　　记账：××　　出纳：××　　审核：××　　填制：××

5.4 几种成本计算方法的应用

各种成本计算方法分别适用于不同类型企业产品生产的特点和成本管理的要求。在实际工作中，一个工业企业单独采用一种成本计算方法的情况并不多，往往同一个企业里的各个生产单位，因其生产特点和管理要求不同，各个生产单位常常同时采用几种成本计算方法，或把几种不同的成本计算方法结合起来综合应用。

5.4.1 同时应用几种成本计算方法

由于企业内生产的产品种类较多，生产车间也很多，就有可能出现几种产品成本计算方法同时使用的情况。一个企业各个生产车间的生产类型不同，可以采用不同的成本计算方法。一些工业企业所生产的产品不止一种，并且这些产品的特点不同，其生产类型也可能不同，应当采用不同的成本计算方法计算成本。

以工业企业为例，在一般工业企业中，既有基本生产车间，又有辅助生产车间。基本生产车间和辅助生产车间的生产特点和管理要求不同，采用的成本计算方法也不同。见表5-48。

表5-48 多种方法同时运用的情况

基本生产车间主要产品的生产特点是连续、多步骤的生产，半成品可以对外销售	采用逐步结转分步法进行成本计算
在辅助生产车间以维修机器设备和为生产车间制造某些设备或工具	采用分批法进行成本计算
如果生产活动是为企业供应原料	采用品种法进行成本计算
对大量大批生产的定型产品	采用分步法进行成本计算
对非定型产品	采用分批法进行成本计算

5.4.2 结合应用几种成本计算方法

企业在计算一种产品成本时，在下列情况下，往往几种成本计算方法结合应用。

1. 一种产品的不同生产步骤可以采用不同的成本计算方法

由于企业生产产品的特点不同，产品所经过的生产步骤的管理要求不同，致使采用的成本计算方法也有差异，可能同时结合使用几种成本计算方法来进行成本的计算。

【例5-10】 在小批单件生产的机械厂，最终产品是经过铸造、机械加工、装配等相互联系的生产阶段完成的。就其最终产品来看，产品成本的计算应采用分批法，但从其产品生产的各阶段来看则不然。铸造车间可以采用品种法计算铸件的成本；加工、装配车间则可以采用分批法计算各批产品的成本；而铸造和加工、装配车间之间，则可以采用逐步结转分步法结转铸件的成本；如果加工和装配划分为两个车间，并要求分步骤计算成本，但加工车间所产半成品种类较多，不需要计算半成品成本，则在加工车间和装配车间之间，还可以采用平行结转分步法计算成本。这样，该企业就在分批法的基础上，结合采用了品种法和分步法，又在分步法中结合采用了逐步结转和平行结转两种方法。

2. 在一种产品的不同零部件之间也可以采用不同的成本计算方法

对于某些产品的不同零部件之间的核算，应按照这些零部件的生产特点和管理要求，采用相应的成本计算方法计算成本。例如，某一种产品由若干种零部件组成，其中不对外出售的零部件，一般不要求单独计算其成本，而经常对外出售的零部件，管理上要求计算零部件的成本。

3. 一种产品的不同成本项目可以采用不同的成本计算方法

在一些大批大量多步骤生产某种产品的企业中，如果该产品的原材料费用比重较大，而对于原材料费用则可以采用逐步结转分步法，分步骤计算该产品的原材料费用；其他成本项目的比重较小，则可以采用品种法等成本计算方法，不分步骤计算该产品其他成本项目的费用。

【例 5-11】 光大公司生产 A、B 两种产品，采用品种法计算产品成本。2019 年 1 月光大公司基本生产车间相关资料如下。

（1）1 月 1 日，公司无在产品。1 月份陆续投产 A 产品 400 件，投产 B 产品 500 件。当月加工 A、B 两种产品共领用丙材料 3 465 千克，实际成本为 900 000 元，与定额成本没有差异。A 产品和 B 产品的丙材料消耗定额分别为 5 千克和 6 千克。材料在产品投产时一次投入。

（2）分配当月归集的制造费用 240 000 元，其中 A 产品应负担制造费用 140 000 元，B 产品应负担制造费用 100 000 元。

（3）当月投产的 A 产品月内全部完工，为加工 A 产品当月发生的直接人工成本为 179 000 元。

（4）当月投产的 B 产品月内完工 400 件，采用在产品按定额成本计价法将生产成本在完工产品和在产品之间进行分配。为加工 B 产品当月发生的直接人工成本为 204 000 元。当月月末未完工 B 产品每件工时定额为 14 小时，每小时直接人工成本和制造费用的分配率分别为 7 元和 9 元。

①材料成本分配率 =900 000 ÷（400 × 5+500 × 6）= 180（千克）

A 产品应分配材料成本 =400 × 5 × 180= 360 000（元）

B 产品应分配材料成本 =900 000−360 000= 540 000（元）

借：生产成本——基本生产成本（A 产品）　　360 000

　　　　　　——基本生产成本（B 产品）　　540 000

　贷：原材料——丙材料　　900 000

借：生产成本——基本生产成本（A 产品）　　140 000

　　　　　　——基本生产成本（B 产品）　　100 000

　贷：制造费用　　240 000

②计算月末成本。

在产品成本（B 产品）=（540 000 ÷ 500）×（500−400）+（500−400）× 14 ×（7+9）

=108 000+22 400=130 400（元）

A 产品完工成本 =360 000+179 000+140 000=679 000（元）

B 产品完工成本 =（540 000+204 000+100 000）−130 400=713 600（元）

借：库存商品　　1 392 600

　贷：生产成本——基本生产成本（A 产品）　　679 000

　　　　　　　——基本生产成本（B 产品）　　713 600

第 6 章 产品成本控制方法

产品成本控制方法包括分类法、定额法、标准成本法、作业成本法和责任成本管理法。

6.1 定额成本法

采用定额成本法计算产品成本，必须首先制定产品的原材料、动力、工时等消耗定额，并根据各项消耗定额和原材料的计划单价、计划直接人工费用率（计划每小时直接人工费用）或计件工资单价、计划制造费用率（计划每小时制造费用）等资料，计算产品的各项费用定额和产品的单位定额成本。

6.1.1 定额成本法基本计算

以产品定额成本为基础，通过加减脱离定额的差异、定额变动差异和材料成本差异来计算产品实际成本。

定额法的主要特点：

（1）变被动为主动，加强成本费用的事先控制；

（2）及时揭示实际费用与定额费用之间的差异，加强成本的事中控制；

（3）月末计算产品的定额成本，为成本的事后控制提供资料。

定额成本计算公式如下：

- 直接材料费用定额成本 = 直接材料消耗定额 × 材料计划单价
- 直接人工定额成本 = 产品生产工时消耗定额 × 计划小时工资率
- 制造费用定额成本 = 产品生产工时消耗定额 × 计划小时制造费用率
- 产品定额成本 = 直接材料定额成本 + 直接人工定额成本 + 制造费用定额成本

【例 6-1】 2×21 年 1 月，福成有限公司编制定额成本计算表，见表 6-1。

表 6-1　产品单位定额成本计算表

产品名称：甲产品　　　　2×21 年 1 月

项　目	材料消耗定额	工时消耗定额	计划单价	金　额
直接材料				4 950
其中：A 材料	45 千克		70 元	3 150

续上表

项　目	材料消耗定额	工时消耗定额	计划单价	金　额
B 材料	30 千克		60 元	1 800 元
直接人工		12 小时	30 元	360 元
制造费用		8 小时	20 元	160 元
单位产品定额成本				5 470 元

6.1.2 脱离定额差异的计算

脱离定额差异，是指在生产过程中，各项生产费用的实际支出脱离现行定额或预算的数额。

1. 直接材料脱离定额差异的计算

$$\text{直接材料脱离定额的差异}=\left(\begin{matrix}\text{直接材料}\\\text{实际消耗量}\end{matrix}-\begin{matrix}\text{直接材料}\\\text{定额消耗量}\end{matrix}\right)\times\text{材料计划单价}$$

【例 6-2】 2×21 年 1 月，福成有限公司财务部编制直接材料定额费用和脱离定额差异汇总表，见表 6-2。

表 6-2　直接材料定额费用和脱离定额差异汇总表

产品名称：甲产品　　　　2×21 年 1 月

直接材料名称	材料编号	计划单价（元）	定额费用		计划价格费用		脱离定额差异		差异原因分析
			数量（千克）	金额（元）	数量（千克）	金额（元）	数量（千克）	金额（元）	
A 材料	01	70	45	3 150	50	3 500	+5	+350	（略）
B 材料	02	60	30	1 800	35	2 100	+5	+300	
合计				4 950		5 600		+650	

2. 直接人工脱离定额差异的计算

（1）采用计件工资制度。

生产工人工资是按照工人完成产品的数量与计件单价相乘计算的，属于定额成本。

脱离定额的差异部分，应填制差异凭证，单独予以反映。

（2）采用计时工资制度，月末按下列公式计算。

$$计划每小时人工费用分配率=\frac{某车间计划产量的定额生产工人工资总额}{该车间计划产量的定额生产工时总数}$$

$$实际每小时工资率=\frac{某车间实际生产工人工资总额}{该车间实际生产工时总数}$$

某产品实际人工费用 = 该产品实际生产工时 × 实际小时人工费用分配率

某产品定额人工费用 = 该产品定额生产工时 × 计划小时人工费用分配率

某产品人工费用脱离定额差异 = 某产品实际人工费用 − 该产品定额人工费用

【例 6-3】 2019 年 1 月，福成有限公司财务部编制人工费用定额和定额差异汇总计算表，见表 6-3。

表 6-3　人工费用定额和定额差异汇总计算表

一车间　　2×21 年 1 月

产品名称	产量	单位工时定额	人工费用定额			实际人工费用			脱离定额差异
			定额工时	计划小时工资率	定额工资	实际工时	实际小时工资率	实际工资	
甲产品	800	9	7 200		201 600	7 350		183 750	−17 850
乙产品	700	10	7 000		196 000	6 550		163 750	−32 250
合计			14 200	28	397 600	13 900	25	347 500	−50 100

某产品生产工资脱离定额的差异 = 该产品实际生产工资 − 该产品定额生产工资

甲产品生产工资脱离定额的差异 =183 750−201 600=−17 850（元）

乙产品生产工资脱离定额的差异 =163 750−196 000=−32 250（元）

3. 制造费用脱离定额差异的计算

制造费用属于间接费用，月末按下列公式计算。

$$计划每小时制造费用分配率=\frac{某车间计划制造费用定额}{产品计划生产工时总数}$$

$$计划每小时制造费用分配率=\frac{某车间计划制造费用定额}{产品计划生产工时总数}$$

$$实际每小时工资率=\frac{某车间实际制造费用工资总额}{该车间实际生产工时总数}$$

某产品实际制造费用 = 该产品实际生产工时 × 实际每小时制造费用分配率

某产品定额制造费用 = 该产品定额生产工时 × 计划每小时制造费用分配率

某产品制造费用脱离定额差异 = 某产品实际制造费用 − 该产品定额制造费用

【例 6-4】 2×21 年 1 月，福成有限公司财务部编制“制造费用定额和定额差异汇总表”，见表 6-4。

表 6-4　制造费用定额和定额差异汇总计算表

车间：一车间　　　　2×21 年 1 月

产品名称	产量（件）	单位工时定额	制造费用定额			实际制造费用			脱离定额差异
			定额工时	计划小时分配率	定额制造费用	实际工时	实际小时分配率	实际制造费用	
甲产品	800	9	7 200		72 000	7 350		66 150	−5 850
乙产品	700	10	7 000		70 000	6 550		58 950	−11 050
合 计			14 200	10	142 000	13 900	9	125 100	−16 900

$$甲产品计划小时制造费用分配率=\frac{72\ 000}{7\ 200}=10（元）$$

$$甲产品实际小时制造费用分配率=\frac{66\ 150}{7\ 350}=9（元）$$

$$乙产品计划小时制造费用分配率=\frac{70\ 000}{7\ 000}=10（元）$$

$$乙产品实际小时制造费用分配率=\frac{58\ 950}{6\ 550}=9（元）$$

甲产品制造费用脱离定额差异 =66 150−72 000=−5 850（元）

乙产品制造费用脱离定额差异 =58 950−70 000=−11 050（元）

6.1.3 在产品定额变动差异的计算

月初在产品定额变动差异是按新定额计算的月初在产品定额成本与按旧定额计算的月初在产品定额成本之间对比，求出系数，然后根据系数，进行计算。

1. 月初在产品定额变动差异计算

$$系数=\frac{按新定额计算的单位产品费用}{按旧定额计算的单位产品费用}$$

$$月初在产品定额变动差异=\frac{按旧定额计算}{月初在产品成本}\times（1-定额变动系数）$$

【例 6-5】 玉山有限公司生产的甲产品从 9 月 1 日起修订直接材料消耗定额，直接人工和制造费用定额不变，每件产品上月的直接材料费用定额为 5 900 元，本月新的直接材料费用定额为 5 400 元，该产品 10 月 1 日在产品直接材料定额成本为 640 000 元。月初在产品定额变动差异计算如下：

甲产品定额变动系数 =5 400 ÷ 5 900=0.9 152

甲产品月初在产品定额变动差异 =640 000 ×（1−0.9 152）

=54 272（元）

2. 材料成本差异的计算

材料成本差异的计算公式如下：

某产品应分配材料成本差异 =（该产品直接材料定额成本 ± 直接材料脱离定额差异）× 材料成本差异率

【例 6-6】 某企业生产甲产品本月单位产品耗用直接材料的定额费用为 8 800 元，脱离定额的差异为超支 60 元，材料成本差异率为 −4%，则单位甲产品本月应负担的成本差异为：

甲产品本月应负担的成本差异 =（8 800+60）×（−4%）

=−354.40（元）

3. 完工产品和在产品成本的计算

产品的实际成本计算公式如下：

产品实际成本=按现行定额计算的产品定额成本 ± 脱离现行定额差异 ± 材料或半成品成本差异 ± 月初在产品定额变动差异

- 定额变动差异的分配。数额一般较小，可以由完工产品全部负担。
- 材料成本差异的分配。数额一般较小，可以由完工产品全部负担。

分配各种差异计算公式如下：

（1）计算完工产品和在产品的定额成本。

$$完工产品各项目的定额成本=完工产品数量\times 各项目定额成本$$

$$在产品各项目定额成本=\frac{本月各项目生产费用}{定额成本合计数}-完工产品定额成本$$

（2）用定额成本比例法分配脱离定额的差异。

$$分配率=\frac{\dfrac{月初该项目的}{脱离定额差异}+\dfrac{本月该项目}{脱离定额差异}}{完工产品定额成本+在产品定额成本}$$

$$完工产品分配差异=完工产品定额成本\times 分配率$$

6.2 标准成本法

标准成本法是管理会计的重要组成部分，是指以预先制定的标准成本为基础，用标准成本与实际成本进行比较，核算和分析成本差异的一种产品成本计算方法，也是企业加强成本控制、评价经济业绩的一种成本控制制度。

标准成本的制订，通常从直接材料成本、直接人工成本和制造费用三方面着手进行。

标准成本法下，成本必须分为变动成本和固定成本，以分清哪些责任由采购部门负责（如材料成本差异），哪些责任由车间负责（如材料数量差异），哪些责任由生产部门负责（如固定费用产量差异）等。

标准成本法下要为各种成本差异专门设置许多总账科目进行核算，如：对材料成本差异，应设置“材料价格差异”和“材料用量差异”账户；对固定制造费用差异，应设置“固定制造费用开支差异、固定制造费用能力差异和固定制造费用效率差异”等账户，并详列于利润表中。对各种差异分别设差异账户单独归集，在年终予以处理，或者转为销售产品成本，或者直接计入损益。具体方法是：将本期的各种差异，按标准成本的比例分配给期末在产品、期末库存产成品和本期已售产品；或者将本期发生的各种差异全部计入当期损益。我国和西方国家大都采用第二种方法。

6.2.1 标准成本及其分类

标准成本及其分类，见表 6-5。

表 6-5 标准成本及其分类

成本类型	含　义	特　点
理想标准成本	在现有条件下所能达到的最优成本水平，即在生产过程无浪费、机器无故障、人员无闲置、产品无废品的假设条件下制定的成本标准	要求异常严格。一般很难达到
正常标准成本	在正常情况下，企业经过努力可以达到的成本标准，这一标准考虑了生产过程中不可避免的损失、故障和偏差等	具有客观性、现实性和激励性等特点

成本按其业务量之间的关系，可以分为固定成本与变动成本。

6.2.2 标准成本的制定

产品成本由直接材料、直接人工和制造费用三个项目组成。无论是确定哪一个项目的标准成本，都需要分别确定其用量标准和价格标准，两者的乘积就是每一成本项目的标准成本，将各项目的标准成本汇总，即得到单位产品的标准成本。其计算公式为：

单位产品的标准成本 = 直接材料标准成本 + 直接人工标准成本 + 制造费用标准成本 =∑（用量标准 × 价格标准）

1. 直接材料标准成本制定

通常是以订货合同的价格为基础，并考虑到未来物价、供求等各种变动因素后按材料种类分别计算。

直接材料标准成本 =∑（单位产品材料用量标准 × 材料价格标准）

【例 6-7】 假定光大公司甲产品耗用甲、乙两种直接材料，其直接材料标准成本，见表 6-6。

表 6-6 甲产品标准成本卡

标　准	甲材料	乙材料
用量标准（1） 价格标准（2） 成本标准（3）=（1）×（2）	30 千克 15 元 / 千克 450 元	23 千克 12 元 / 千克 276 元
单位产品直接材料标准成本（4）	726 元	

2. 直接人工标准成本

直接人工标准成本是指企业在现有的生产技术条件下，生产单位产品所耗用的必要的工作时间，包括对产品直接加工工时，必要的间歇或停工工时以及不可避免的废次品所耗用的工时等，以及不可避免的废次品所耗用的工时等。

通常由人力资源部门根据用工情况制定，当采用计时工资时，标准工资率就是单位标准工资率。

标准工资率 = 标准工资总额 ÷ 标准总工时

直接人工标准成本 = 工时用量标准 × 标准工资率

【例 6-8】 光大公司甲产品直接人工标准成本计算，见表 6-7。

表6-7 标准成本计算公式

项 目	标 准
月标准总工时（1）	15 000 小时
月标准总工资（2）	210 000 元
标准工资率（3）=（2）÷（1）	14 元 / 小时
单位产品工时标准（4）	8 小时
直接人工标准成本（5）=（4）×（3）	112 元

3. 制造费用标准成本

制造费用的标准成本是由制造费用价格标准和制造费用用量标准两项因素决定的。

制造费用价格标准，即制造费用的分配率标准。其计算公式为：

$$制造费用分配率标准=\frac{标准制造费用总额}{标准总工时}$$

制造费用的用量标准，即工时用量标准，其含义与直接人工用量标准相同。

因此，制造费用标准成本 = 制造费用分配率标准 × 工时用量标准

制造费用标准成本可以分为变动制造费用标准成本和固定制造费用标准成本。

（1）变动性制造费用标准成本的制定。

变动制造费用是指那些不属于固定性的制造费用，只要是可以随着产量变动而变动的料、工、费的明细科目都属于变动性制造费用的项目。变动制造费用包括工时标准的制定和变动制造费用标准分配率制定的两个方面。变动制造费用标准分配率可按下列公式计算：

$$变动制造费用分配率标准=\frac{变动制造费用预算总额}{标准总工时}$$

在工时标准和变动制造费用分配率标准确定后，用下列公式即可求得变动制造费用标准成本：

变动制造费用标准成本 = 工时标准 × 变动制造费用分配率标准

（2）固定制造费用标准成本的制定。

在变动成本法下，固定制造费用作为期间成本全部计入当期损益，因而不

包括在产品成本中。固定制造费用标准成本的制定，包括工时标准的制定和固定制造费用标准分配率的制定两个方面。其中，工时标准的含义与直接人工工时标准相同；固定制造费用标准分配率可以按下列公式求得：

$$固定制造费用标准分配率=\frac{固定制造费用预算总额}{标准总工时}$$

在工时标准和固定制造费用分配率标准确定以后，用下列公式即可求得固定制造费用标准成本：

固定制造费用标准成本 = 工时标准 × 固定制造费用分配率标准

【例 6-9】 沿用【例 6-1】，光大公司甲产品单位产品制造费用标准成本计算，见表 6-8。

表 6-8　单位产品制造费用标准成本计算表

项　目	标　准
月标准总工时（1）	22 000 小时
变动制造费用预算总额（2）	132 000 元
变动制造费用标准分配率（3）	6 元 / 小时
单位产品工时标准（4）	8 小时
变动制造费用标准成本（5）=（4）×（3）	48 元
固定制造费用预算总额（6）	88 000
固定制造费用标准分配率（7）=（6）÷（1）	4
固定制造费用标准成本（8）=（4）×（7）	32 元
单位产品制造费用标准成本（9）=（5）+（8）	80 元

4. 标准成本卡

制定标准成本，通常先确定直接材料和直接人工的标准成本，其次制定制造费用的标准成本，最后制定单位产品的标准成本。制定时，无论是哪一个成本项目，都需要分别确定其用量标准和价格标准，两者相乘后得出标准成本。

标准成本包括用量标准和价格标准两部分。

通常来说，正常标准成本大于理想标准成本。由于理想标准成本要求异常严格，一般很难达到，而正常标准成本具有客观性、现实性和激励性等特点，所以，正常标准成本在实践中得到广泛应用。

根据例【6-1】至例【6-3】的相关资料，填写光大公司甲产品单位产品的标准成本卡，见表6-9。

表6-9　单位产品标准成本卡

成本项目		用量标准	标准价格	单位产品标准成本
直接材料	甲材料	30千克	15元	450元
	乙材料	23千克	12元	276元
直接人工		8小时	14元/时	112元
变动制造费用		8小时	6元/时	48元
固定制造费用		8小时	4元/时	32元
单位产品标准成本		——	——	918

6.2.3 成本差异计算与分析

成本差异是指实际成本与标准成本之间的差额。实际成本超过标准成本所形成的差异，叫作不利差异、逆差或超支；实际成本低于标准成本所形成的差异，叫作有利差异、顺差或节约。

成本差异包括直接材料成本差异、直接人工成本差异和制造费用差异三部分。其中，制造费用差异又可分为变动制造费用差异和固定制造费用差异。

1. 直接材料成本差异的计算分析

直接材料成本差异，是指直接材料的实际总成本与实际产量下标准总成本之间的差异。见表6-10。

表6-10　直接材料成本差异计算及分析

成本差异	公　式	形成原因	责任部门
直接材料用量差异	（实际用量－实际产量下标准用量）× 标准价格	产品设计结构、原料质量、工人的技术熟练程度、废品率的高低等	主要是生产部门
直接材料价格差异	（实际价格－标准价格）× 实际用量	市场价格、供货厂商、运输方式、采购批量等的变动	主要是采购部门

【例 6-10】 光大公司制造甲产品需要 A、B 两种直接材料，标准价格分别为 8 元 / 千克、9.2 元 / 千克，单位产品的标准用量分别是 11 元 / 件、14 元 / 件；本期共生产甲产品 2 400 件，实际耗用 A 材料 32 000 千克、B 材料 27 000 千克，A、B 两种材料的实际价格分别为 6.6 元 / 千克、12 元 / 千克。

直接材料成本差异计算分析如下：

A 材料价格差异 =（6.6−8）×32 000=−44 800（元）（节约差）

B 材料价格差异 =（12−9.2）×27 000=75 600（元）（超支差）

甲产品直接材料价格差异　　　　　30 800 元（超支差）

A 材料标准用量 =2 400×11=26 400（元）

B 材料标准用量 =2 400×14=33 600（元）

A 材料用量差异 =（32 000−26 400）×8=44 800（元）（超支差）

B 材料用量差异 =（27 000−33 600）×9.2=−60 720（元）（节约差）

甲产品直接材料用量差异　−15 920 元（节约差）

产品直接材料成本差异 =30 800−15 920=14 880（元）（超支差）

一般来说，直接材料价格差异应由采购部门负责；直接材料的用量差异一般应由生产部门负责。

2. 直接人工成本差异的计算分析

直接人工成本差异，是指直接人工的实际总成本与实际产量下标准总成本之间的差异。见表 6-11。

表 6-11　直接人工成本差异的计算分析

成本差异	公　式	形成原因	责任部门
直接人工效率差异（用量差异）	（实际工时 − 实际产量下标准工时）× 标准工资率	工人技术状况、工作环境和设备条件的好坏等	主要是生产部门
直接人工工资率差异（价格差异）	（实际工资率 − 标准工资率）× 实际工时	工资制度的变动、工人的升降级、加班或临时工的增减等	主要是人力资源部门

【例 6-11】 光大公司本期生产甲产品 2 400 件，只需一个工种加工，实际耗用 8 900 小时，实际工资总额 83 660 元；标准工资率为每小时 7 元，单位

产品的工时耗用标准为 5.5 小时。

直接人工成本差异计算如下：

标准工时 =2 400 × 5.5=13 200（小时）

实际工资率 = $\frac{83\ 660}{8\ 900}$ =9.4（元 / 时）

直接人工工资率差异 =（9.4−7）× 8 900=21 360（元）（超支差）

直接人工效率差异 =（8 900−13 200）× 7=−30 100（元）（节约差）

直接人工成本差异　−8 740（元）

3. 变动制造费用成本差异的计算分析

变动制造费用成本差异，是指实际发生的变动制造费用总额与实际产量下标准变动费用总额之间的差异。见表 6−12。

表 6−12　变动制造费用成本差异的计算分析

成本差异	公　式
变动制造费用效率差异（用量差异）	（实际工时 − 实际产量下标准工时）× 变动制造费用标准分配率
变动制造费用耗费差异（价格差异）	（变动制造费用实际分配率 − 变动制造费用标准分配率）× 实际工时

【例 6−12】 光大公司本期生产甲产品 2 400 件，实际耗用人工工时 8 900 小时，实际发生变动制造费用 35 600 元，单位产品的工时耗用标准为 5.5 小时，变动制造费用标准分配率为 6.7 元。

对变动制造费用差异计算如下：

变动制造费用标准工时 =2 400 × 5.5=13 200（时）

变动制造费用实际分配率 = $\frac{35\ 600}{8\ 900}$ =4（元 / 时）

变动制造费用耗费差异 =（4−6.7）× 8 900=−24 030（元）

变动制造费用效率差异 =（8 900−13 200）× 6.7=−28 810（元）

变动制造费用差异 −52 840（元）（节约差）

4. 固定制造费用成本差异的计算分析

固定制造费用成本差异，是指实际发生的固定制造费用与实际产量下标准固定制造费用的差异。

固定制造费用成本差异，其计算公式如下：

◆ 固定制造费用标准分配率 = 固定制造费用预算总额 ÷ 预算产量下标准总工时

◆ 固定制造费用能量差异 = 固定制造费用产量差异 + 固定制造费用效率差异

◆ 固定制造费用成本差异（总差异）与直接材料成本差异、直接人工成本差异和变动制造费用成本差异都可以用以下通用公式表示：

总差异 = 实际产量下实际成本 − 实际产量下标准成本

固定制造费用的成本差异分析方法主要有两差异分析法和三差异分析法，见表 6−13。

表 6−13　固定制造费用成本差异分析法

差异分析		计算公式
两差异法	固定制造费用耗费差异	实际固定制造费用 − 预算产量下标准固定制造费用 = 实际固定制造费用 − 预算产量下标准工时 × 标准分配率
	固定制造费用能量差异	预算产量下标准固定制造费用 − 实际产量下标准固定制造费用 =（预算产量下标准工时 − 实际产量下标准工时）× 标准分配率
三差异法	固定制造费用耗费差异	实际固定制造费用 − 预算产量下标准固定制造费用 = 实际固定制造费用 − 预算产量下标准工时 × 标准分配率
	固定制造费用产量差异	（预算产量下标准工时 − 实际产量下实际工时）× 标准分配率
	固定制造费用效率差异	（实际产量下实际工时 − 实际产量下标准工时）× 标准分配率

【例 6−13】 光大公司本月生产甲产品预算产量 2 800 件，实际产量为 2 400 件；固定制造费用预算总额 128 000 元，实际发生固定制造费用为 135 000 元；预算总工时为 21 000 小时，实际耗用工时为 19 800 小时；工时标准为 8 小时，固定制造费用标准分配率为每小时 7.4 元。

（1）根据上述资料，用两差异法计算固定制造费用成本差异计算如下：

固定制造费用耗费差异 =135 000−12 800=7 000（元）（超支差）

固定制造费用能量差异 =（21 000−2 400 × 8）× 7.4=13 320（元）（超支差）

（2）根据上述资料，用三差异法计算固定制造费用成本差异计算如下：

固定制造费用耗费差异 =135 000−12 800=7 000（元）（超支差）

固定制造费用产量差异 =（21 000−19 800） × 7.4=8 880（元）（超支差）

固定制造费用效率差异 =（19 800−2 400 × 8） × 7.4=4 440（元）（超支差）

由上可知，三差异分析法的产量差异与效率差异之和，等于两差异分析法的能量差异。

固定制造费用是一个综合性费用项目，因此，为了较准确地查明差异产生的原因，必须将固定制造费用各项目的预算数与其实际发生数进行对比，以逐项分析原因和责任。

固定制造费用耗费差异的出现有外部原因，但大多数是内部原因，如临时购置固定资产，超过计划雇用管理人员及辅助生产人员，研究开发费用、培训费用的增加等。

固定制造费用能力差异的出现主要是由于产销数量引起的，如经济萧条、产品定价过高造成销路不好和开工不足，或原材料、能源供应不足造成生产能力利用不充分。

固定制造费用效率差异出现的原因与直接人工效率差异的形成原因相同，主要应由人事部门和管理部门负责。

6.2.4 标准成本法账务处理

1. 标准成本法账务处理特点

标准成本法账务处理具有以下几方面特点：

（1）“生产成本”“库存商品”等科目可以只登记标准成本，设置各种成本差异科目，分别核算各种差异。在标准成本法下，“生产成本”“库存商品”科目，无论是借方还是贷方均登记实际产量的标准成本，至于各种差异，可另设成本差异科目进行核算。

（2）对于直接材料成本差异，应设置“材料价格差异”和“材料用量差异”两个科目；对于直接人工成本差异，应设置“直接人工工资率差异”和“直接人工效率差异”两个科目；对于变动制造费用差异，应设置“变动制造费用耗费差异”和“变动制造费用效率差异”两个科目；对于固定制造费用差异，应设置“固定制造费用耗费差异”“固定制造费用能力差异”。

2. 标准成本的账务处理

为了同时提供标准成本、成本差异和实际成本三项成本资料，标准成本系统的账务处理按以下标准进行。

（1）“原材料”“生产成本”和“库存商品”账户登记标准成本，无论是借方和贷方均登记实际数量的标准成本，其余额亦反映这些资产的标准成本。

（2）设置成本差异账户分别记录各种成本差异。在需要登记“原材料”“生产成本”和“库存商品”账户时，应将实际成本分离为标准成本和有关的成本差异，标准成本数据记录；“原材料”“生产成本”和“库存商品”账户，而有关的差异分别记入各成本差异账户。各差异账户借方登记超支差异，贷方登记节约差异。

（3）各成本差异账户的累计发生额，反映了本期成本控制的业绩。在月末（或年末）对成本差异的处理方法有两种，见表6–14。

表6–14　月末成本差异的处理方法

结转本期损益法	在会计期末将所有差异转入“利润”账户，或者先将差异转入“主营业务成本”账户，再随同已销产品的标准成本一起转至“利润”账户
调整销货成本与存货法	在会计期末将成本差异按比例分配至已销产品成本和存货成本。

成本差异的处理方法选择要考虑许多因素，包括差异的类型（材料、人工，或制造费用）、差异的大小、差异的原因、差异的时间（如季节性变动引起的非常性差异）等。因此，可以对各种成本差异采用不同的处理方法，其他差异则可因企业具体情况而定。

【例6–14】 沿用【例6–14】至【例6–17】的资料，假设光大公司“生产成本”和“库存商品”科目均无期初余额，本期投产的2 400件甲产品已全部完工，并已全部出售，每件售价800元。

（1）领用材料的会计分录。根据例 6–14，投产 2 400 件甲产品的直接材料的有关数据如下：

直接材料标准成本：（8 × 11 + 9.2 × 14）× 2 400=520 320（元）

直接材料实际成本：6.6 × 32 000 + 12 × 27 000=211 200 + 324 000=535 200（元）

直接材料价格差异：30 800 元（超支差）

直接材料用量差异：−15 920 元（节约差）

根据以上数据编制会计分录如下：

借：生产成本　　520 320

　　材料价格差异　　30 800

　　贷：原材料　　535 200

　　　　材料用量差异　　15 920

（2）根据案例 6–15，投产 2 400 件甲产品的直接人工费用的有关数据如下：

直接人工标准成本：7 × 5.5 × 2 400=92 400（元）

直接人工实际成本：83 660 元

直接人工工资率差异：21 360（元）（超支差）

直接人工效率差异：−30 100（元）（节约差）

根据以上数据编制会计分录如下：

借：生产成本　　92 400

　　直接人工工资率差异　　21 360

　　贷：应付职工薪酬　　83 660

　　　　直接人工效率差异　　30 100

（3）将变动制造费用计入产品成本，根据案例 6–16，变动制造费用有关数据如下：

标准变动制造费用：5.5 × 6.7 × 2 400=88 440（元）

实际变动制造费用：35 600（元）

变动制造费用耗费差异：−24 030（元）

变动制造费用效率差异：−28 810（元）

根据以上资料，编制会计分录如下：

借：生产成本　88 440

　贷：变动制造费用　35 600

　　变动制造费用耗费差异　24 030

　　变动制造费用效率差异　28 810

（4）根据前述案例 6-17，固定制造费用的有关数据列示如下：

标准固定制造费用：8×7.4×2 400=142 080（元）

实际固定制造费用：135 000（元）

固定制造费用耗费差异：7 000（元）（超支差）

固定制造费用产量差异：8 880（元）（超支差）

固定制造费用效率差异：4 440（元）（超支差）

根据以上数据编制会计分录如下：

借：生产成本　142 080

　固定制造费用耗费差异　7 000

　固定制造费用产量差异　8 880

　固定制造费用效率差异　4 440

　贷：固定制造费用　162 400

（5）完工入库 2 400 件甲产品的标准成本为：

直接材料	520 320 元
直接人工	92 400 元
变动制造费用	88 440 元
固定制造费用	142 080 元
合计	843 240

会计分录为：

借：库存商品　843 240

　贷：生产成本　843 240

销售收入 =800×2 400=1 920 000（元），销售产品的会计分录如下。

借：应收账款　1 920 000

　贷：主营业务收入　1 920 000

结转销售成本。

借：主营业务成本　　843 240

　　贷：库存商品　　843 240

结转本期各项成本差异。本期各项成本差异的汇总结果，见表6-15。

表6-15　成本差异汇总表

单位：元

科　目	超支差	节约差
材料价格差异	30 800	
材料用量差异		15 920
直接人工工资率差异	21 360	
直接人工效率差异		30 100
变动制造费用耗费差异		24 030
变动制造费用效率差异		28 810
固定制造费用耗费差异	7 000	
固定制造费用能力差异	8 880	
固定制造费用效率差异	4 440	
合计	72 480	98 860
差异净额		26 380

根据表6-15，编制结转成本差异的会计分录；

借：材料用量差异　　15 920

　　直接人工效率差异　　30 100

　　变动制造费用耗费差异　　24 030

　　变动制造费用效率差异　　28 810

　　贷：主营业务成本　　26 380

　　　材料价格差异　　30 800

　　　直接人工效率差异　　21 360

　　　固定制造费用耗费差异　　7 000

　　　固定制造费用能力差异　　8 880

　　　固定制造费用效率差异　　4 440

6.3 作业成本法

作业成本法（Activity Based Costing，简称 ABC）是一种专门用于为管理人员提供战略决策和其他决策所需成本信息的成本计算方法。作业成本法主要是将间接成本和辅助费用更准确地分配到产品与服务的一种成本计算方法。在作业成本法下，直接成本可以直接计入有关产品，与传统的成本计算方法是一样的，所不同的是对间接成本和辅助费用的分配。

6.3.1 作业和成本动因

过去，产品成本中间接成本和辅助费用所占比重较小，通常只使用一个动因（业务量）或少数几个动因作为分配制造费用的基础，就能比较准确地确定每种产品成本。但现在不同了，市场激烈的竞争导致企业产品毛利下降，因此企业管理者亟需掌握每一种产品或服务的准确成本，才能确定哪些产品是的赚钱的，哪些产品是赔钱的。作业成本法的核心是作业和成本动因。

1. 作业

作业是指企业中特定组织（成本中心、部门或产品线）重复执行的任务或活动。如面包厂采购面粉，签订采购合同，将面粉运至仓库、验收入库等。一项作业可能是非常具体的活动，如制作面包，对面粉挑选、和面、醒发、揉面等所有作业。由若干个相互关联的具体作业组成的作业集合，被称为作业中心。执行任何一项作业都需要耗费一定的资源。资源是指作业耗费的人工、动力和实物资产。任何一项产品的形成都要消耗一定的作业。

2. 成本动因

成本动因是指作业成本或产品成本的驱动因素。例如，产量增加时，直接材料成本就增加。这很好理解，比如制作面包，每天生产 100 公斤和每天生产 200 公斤所消耗的面粉肯定是不一样的。200 公斤的面粉是成本动因。在作业成本法中，成本动因分为资源成本动因和作业成本动因两类。

资源成本动因是引起成本增加的驱动因素，用来衡量一项作业的资源消耗量。

作业成本动因是产品成本增加的驱动因素。例如，面包做成后要进行质量检验，每天生产的批次进行检验，检验所发生的成本相同，则检验的次数就是检验作业的成本动因，是引起产品检验成本增加的驱动因素。

资源成本动因和作业成本动因关系如下：

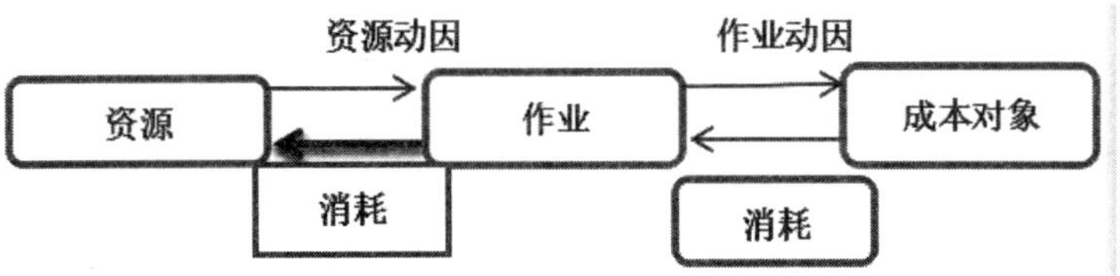

6.3.2 作业成本的计算原理

1. 作业的认定

作业认定有两种形式：一种是根据企业总的生产流程，自上而下进行分解，如深入基层，了解生产作业形式；另一种是通过与员工和经理进行交谈，自下而上地确定他们所做的工作，并逐一认定各项作业。例如，根据生产流程和豆腐厂布局可知，从仓库到生产车间有 500 米，用拖车搬运作业。

表 6-16 为某豆腐厂作业清单。

表 6-16 某豆腐厂作业清单

作业名称	作业说明
采购原料	选择供应商、签订合同、明确供应方式等
原料检验	对每批购入的材料进行质量、数量检验
清洗工序	对原料进行筛选、清洗
浸泡工序	对原料浸泡，使原料发涨，以便于磨浆
磨浆工序	用石磨或电磨磨浆
煮浆工序	用大锅煮浆
过滤工序	用筛网过滤豆浆，提炼豆渣
点浆工序	用卤水等点浆
蹲脑工序	豆浆经点脑成豆腐脑后应保温一段时间
压榨工序	豆腐压成后立即下榨
成品工序	豆腐成形后切块

2. 作业成本库的设计

作业认定后，接下来就是设计作业成本库，作业成本库包括如下四类：

（1）单位级作业成本库。

单位级作业是指每单位产品至少要执行一次的作业。例如，机器加工、组装。这类作业的成本包括直接材料、直接人工工时、机器成本和直接能源消耗。

单位级作业成本是直接成本，可以追溯每个单位产品上，即直接计入成本对象的成本计算单。

（2）批次级作业成本库。

批次级作业是指同时服务于每批产品或许多产品的作业。批次级作业成本需要单独进行归集，计算每一批的成本，然后分配给不同批次（如订单），最后根据产品的数量在单个产品之间进行分配。

（3）品种级（产品级）作业成本库。

品种级作业是指服务于某种型号或样式产品的作业。品种级作业成本仅仅因为某个特定的产品存在而发生，随产品品种数而变化，不随产量、批次而变化。

（4）生产维持级作业成本库。

生产维持级作业，是指服务于整个工厂的作业，例如，工厂保卫、设备维修、行政管理、保险、财产税等，是为了维护生产能力而进行的作业，不依赖于产品的数量、批次和种类。

3. 资源成本分配到作业

资源成本借助资源成本动因分配到各项作业。常见的资源成本动因见表6−17。

表6−17　作业资源成本动因

作业	资源成本动因
机器运行作业	机器小时
安装作业	安装小时
清洁作业	平方米
材料移动作业	搬运次数、搬运距离、吨公里
人事管理作业	雇员人数、工作时间

续上表

作业	资源成本动因
能源消耗	电表、流量表、装机功率和运行时间
制作订单作业	订单数量
顾客服务作业	服务电话次数、服务产品品种数、服务时间

6.3.3 作业成本分配到成本对象

在确定作业成本后，根据作业成本动因计算单位作业成本，再依据作业量计算成本对象应负担的单位作业成本。

单位作业成本＝本期作业成本库归集总成本 ÷ 作业量

作业成本动因有三类：即业务动因、持续动因和强度动因。

1．业务动因

业务动因通常以执行的次数作为作业动因，并假定执行每次作业的成本（包括耗用的时间和单位时间耗用的资源）相等，如检验豆腐质量作业的次数就属于业务动因的范畴。

分配率 ＝ 归集期内作业成本总成本 ÷ 归集期内总作业次数

某产品应分配的作业成本＝分配率 × 该产品耗用的作业次数

2．持续动因

持续动因是指执行一项作业所需的时间标准。以持续动因为分配基础，分配不同产品应负担的作业成本，计算公式如下：

分配率 ＝ 归集期内作业总成本 ÷ 归集期内总作业时间

某产品应分配的作业成本 ＝ 分配率 × 该产品耗用的作业时间

3．强度动因

强度动因是在某些特殊情况下，将作业执行中实际耗用的全部资源单独归集，并将该项单独归集作业成本直接计入某一特定的产品。强度动因一般适用于某一特殊订单或某种新产品试制等，用产品订单或工作单记录每次执行作业时耗用的所有资源及其成本，订单或工作单记录的全部作业成本也就是应计入该订单产品的成本。

在上述三类作业动因中，业务动因的精确度最差，但其执行成本最低；强度动因的精确度最高，但其执行成本最昂贵；而持续动因的精确度和成本则居中。作业成本驱动产品成本，是作业成本法最主要的创新，也是最耗费时间和精力的。

作业动因具体分解，见表 6-18。

表 6-18　具体分解

作业	作业动因
生产产品	产量
安装调试	安装调试小时
生产计划	生产订单
监督检查	检查件数
采购	采购订单
车间订单处理	车间订单
产品组装	客户要求

【例 6-15】 某企业生产甲、乙两种产品，表 6-19 是甲、乙两种产品生产资料。

表 6-19　甲、乙产品基本生产资料

单位：元

产品	产量（件）	单位机器工时	单位人工成本	单位材料成本
甲产品	1 000	4	50	30
乙产品	2 000	2	40	20
制造费用合计	50 000			

制造费用按照作业成本法分解，见表 6-20。

表 6-20　分解制造费用

作业	作业动因	作业成本（元）	成本动因		
			甲产品	乙产品	合计
材料订购	订单份数	21 000	10 份	20 份	30 份

续上表

作业	作业动因	作业成本（元）	成本动因		
			甲产品	乙产品	合计
材料检验	检验次数	8 000	2 次	6 次	8 次
机器运行	机器小时	10 000	200 小时	300 小时	500 小时
产品组装	组装次数	11 000	10 次	30 次	40 次
合计		50 000			

根据表 6-30，甲、乙产品制造费用各项指标计算如下：

（1）分配材料订购制造费用。

单位产品材料订购制造费用分配率 =21000 ÷ 30=700（元 / 份）

甲产品材料订购分配制造费用 =10 × 700=7 000（元）

乙产品材料订购分配制造费用 =20 × 700=14 000（元）

（2）分配材料检验制造费用。

单位产品材料检验制造费用分配率 =8 000 ÷ 8=1 000（元 / 次）

甲产品材料检验分配制造费用 =2 × 1 000=2 000（元）

乙产品材料检验分配制造费用 =6 × 1 000=6 000（元）

（3）分配机器运行制造费用。

单位产品机器运行制造费用分配率 =10 000 ÷ 500=20（元 / 时）

甲产品机器运行分配制造费用 =200 × 20=4 000（元）

乙产品机器运行分配制造费用 =300 × 20=6 000（元）

（4）分配产品组装制造费用。

单位产品组装制造费用分配率 =11 000 ÷ 40=275（元 / 次）

甲产品产品组装分配制造费用 =10 × 275=2 750（元）

乙产品产品组装分配制造费用 =30 × 275=8 250（元）

（5）作业合计金额。

甲产品制造费用合计 =7 000+2 000+4 000+2 750=15 750（元）

乙产品制造费用合计 =14 000+6 000+6 000+8 250=34 250（元）

根据上述计算结果，填写甲、乙产品按照作业成本法分配制造费用，见表6-21。

表 6-21　采用作业成本法分配制造费用

作业	作业动因分配率	制造费用分配（元）		
		甲产品	乙产品	合计
材料订购	700 元／份	7 000	14 000	21 000
材料检验	1000 元／次	2 000	6 000	8 000
机器运行	20 元／时	4 000	6 000	10 000
产品组装	275 元／次	2 750	8 250	11 000
合计		15 750	34 250	50 000

甲产品与乙产品作业成本法的制造费用分配与传统以机器小时为数量基础的制造费用分配的比较，见表 6-22。

表 6-22 甲、乙产品采用传统法与作业成本法分配制造费用对比

传统法			作业法			
产品	甲产品	乙产品	作业	作业动因分配率	甲产品（1 000件）	乙产品（2 000件）
产量	1 000	2 000	材料订购	700 元／份	7 000	14 000
单位机器工时	4	2	材料检验	1 000 元／次	2 000	6 000
总工时	4 000	4 000	机器运行	205 元／时	4 000	6 000
制造费用分配率	6.25		产品组装	275 元／次	2 750	8 250
分配制造费用	25 000	25 000	分配制造费用		15 750	34 250
直接人工	50 000	80 000	直接人工		50 000	80 000
直接材料	30 000	40 000	直接材料		30 000	40 000
总成本	105 000	145 000	总成本		95 750	154 250
单位成本	105	72.50	单位成本		95.75	77.125

作业成本法对精确确定产品成本至关重要，它能对产品定价起到指导作用。在传统法下，企业生产多种产品，直接材料、直接人工可以直接分配到产品成本中，但是电力、蒸汽、运输、燃料等制造费用统一用一个分配率分配所有产品，成本计量比较粗糙。造成某种产品成本偏高，而另一种产品成本则偏低，表 6-22 传统法下甲产品单位成本为 105 元，作业法下甲产品单位成本

为 95.75 元与传统计算产生 9.25 元成本差。乙产品传统与作者法计算成本相差 4.625 元，按利润率 15% 定价，显然作业法的定价更为科学合理。

6.4 责任成本管理

责任成本管理就是将直接发生成本和费用的各生产单位和业务部门，划分成若干个责任中心，然后根据各中心的责任范围，依据统一的编制办法编制各中心的责任预算，并采取合同的形式逐级进行承包的管理方法。公司实行分权制管理，建立和健全有效的业绩评价和考核制度。根据内部单位职责范围和权限大小，可分为成本中心、收入中心、利润中心和投资中心，由于收入中心比较简单，本节主要介绍成本中心、利润中心和投资中心。

6.4.1 成本中心

成本中心是指只对其成本或费用承担经济责任并负责控制和报告的责任中心。成本中心往往是没有收入的。例如，一个生产车间，它的产成品或半成品并不是自己出售，没有销售职能，没有货币收入。有的成本中心可能有少量收入，但不成为主要考核内容。

一个成本中心可以由若干个更小的成本中心所组成。比如一个项目中心，下面有若干个项目小组，这些项目小组就是更小的成本中心。

1. 成本中心的类型

成本中心有两种类型：标准成本中心和费用中心。

（1）标准成本中心。

标准成本中心必须是所生产的产品稳定而明确，并且已经知道单位产品所需要的投入量的责任中心。通常，标准成本中心的典型代表是制造业工厂、车间、工段、班组等。在生产制造活动中，每个产品都可以有明确的原材料、人工和制造费用的数量标准和价格标准。任何一种重复性的活动都可以建立标准成本中心，只要这种活动能够计量产出的实际数量，并且能够说明投入与产出之间可望达到的函数关系。

（2）费用中心。

那于那些产出不能用财务指标来衡量，或者投入和产出之间没有密切关系的部门或单位，适于划分费用中心。这些部门一般包括行政管理部门、后勤部门、研发部门、人力资源部门等。对于费用中心，唯一可以准确计量的是实际费用。

2．成本中心的考核指标

成本中心的考核的特点如下。

（1）不考核收入，只考核成本。

（2）只对可控成本负责，不负责不可控成本。可控成本和不可控成本的划分是相对的。可控成本和不可控成本的区分与成本中心所处的管理层次的高低、管理权限的大小及控制的范围的大小有关。对于一个独立企业而言，几乎所有的成本都是可控成本。

（3）责任成本是成本中心考核和控制的主要内容，主要包括预算成本节约额、预算成本节约率。

计算公式如下：

预算成本节约额 = 实际产量预算责任成本 − 实际责任成本

预算成本节约率 = 预算成本节约额 ÷ 实际产量预算责任成本 ×100%

6.4.2 利润中心

利润中心是指对利润负责的责任中心。由于利润等于收入减去成本或费用，所以利润中心是对收入成本或费用都要承担责任的责任中心。

1. 利润中心的类型

利润中心有两种类型：一种是自然的利润中心，它直接向公司外部出售产品，在市场上进行购销业务。例如，某些公司采用事业部制，每个事业部均有销售、生产、采购的职能，有很大的独立性，这些事业部就是自然的利润中心；另一种是人为的利润中心，它主要是在公司内部按照内部转移价格出售产品。比如制衣工厂，它分为裁剪、缝制、熨烫、打型等车间，这些车间生产的产品主要在这几个车间内部转移，它们只有少量对外销售，或者全部对外销售，由专门的销售机构完成，这些生产部门可视为利润中心，并称为人为的利润中心。

2. 对利润中心的考核

考核指标包括：边际贡献、可控边际贡献、部门边际贡献等。

（1）可控边际贡献也称为部门经理边际贡献，它衡量部门经理有效运用其控制下的资源的能力，是评价利润中心管理者业绩的理想指标。

（2）边际贡献反映利润中心的盈利能力，但对业绩评价没有太大的作用。

（3）部门边际贡献，又称部门毛利，反映部门为企业利润和弥补与生产能力有关的成本所作的贡献，更多地用于评价部门业绩而不是利润中心管理者的业绩。

计算公式如下：

边际贡献 = 销售收入总额 − 变动成本总额

可控边际贡献 = 边际贡献 − 该中心负责人可控固定成本

部门边际贡献 = 可控边际贡献 − 该中心负责人不可控固定成本

【例 6–16】 某企业第一生产车间是人为利润中心，本期实现内部销售收入 450 万元，变动成本为 290 万元，该中心负责人可控固定成本为 47 万元，不可控但应由该中心负担的固定成本 9 万元，则该中心部门边际贡献为：

部门边际贡献 = 可控边际贡献 − 该中心负责人不可控固定成本

=450−290−47−9

=104(万元)

3. 内部转移价格

内部转移价格是指企业内部有关责任单位之间提供产品或劳务的结算价格。

内部转移价格的类型有以下几种。

（1）市场价格，以市场的现行价格作为计价基础。有完全竞争的外部市场时，市场价格仅仅是确定内部转移价格的基础，不包括销售费用。即：

内部转移价格 = 市场价格 − 对外的销售费用

（2）协商价格，以正常的市场价格为基础，双方进行协商确定能接受的价格作为计价标准，上限是市场价格，下限是单位变动成本。协商价格是企业内部各责任中心以正常的市场价格为基础，并建立定期协商机制，共同确定双方都能接受的价格作为计价标准。

（3）双重价格，双方采用不同的内部转移价格作为计价基础，能较好地满足企业内部交易双方在不同方面的管理需要。例如，如生产车间 A 向生产车间 B 提供半成品，结算的时候，生产车间 A 的卖出价格为 50 元，而生产车间 B 的买入价格为 45 元，这就是双重价格。

（4）以成本为基础的转移定价，包括完全成本、完全成本加成、变动成本以及变动成本加固定制造费用四种形式。

6.4.3 投资中心

投资中心是指既能控制成本、收入和利润，又能对投入的资金进行控制的责任中心。投资中心考核的是投资报酬率。

（1）根据现有的会计资料计算，比较客观，可用于部门之间以及不同行业之间的比较。

（2）可促使经理人员关注营业资产运用效率，并有利于资产存量的调整，优化资源配置。

缺点：①引起短期行为的产生；②追求局部利益最大化而损害整体利益最大化目标。

计算公式：

投资报酬率 = 营业利润 ÷ 平均营业资产

剩余收益 = 营业利润 − 平均营业资产 × 最低投资报酬率

【例 6-17】 恒昌公司下设 A、B 两个投资中心，A 投资中心的营业利润为 150 万元，投资额为 2 000 万元，该公司为 A 投资中心规定的最低投资报酬率为 6%；B 投资中心的营业利润为 70 万元，投资额为 1 000 万元，公司为 B 投资中心规定的最低投资报酬率为 7%。目前有一项目需要投资 5 000 万元，投资后可获营业利润 250 万元。A、B 两个投资中心能否接受该项投资？

（1）该项目的投资报酬率

$$=250 \div 5\,000 \times 100\% = 5\%$$

A 投资中心的投资报酬率

$=150\div 2\ 000\times 100\%=7.5\%$

B 投资中心的投资报酬率

$=70\div 1\ 000\times 100\%=7\%$

因为该项目投资报酬率 (5%) 低于 A 投资中心目前的投资报酬率 (7.5%)，也低于 B 投资中心的投资报酬率 (7%)，所以 A、B 中心都不能接受该项投资。

第 7 章 成本报表编制与分析

成本报表是根据产品成本和期间费用的核算资料以及其他有关资料编制的，用以反映和监督企业一定时期产品成本和期间费用水平及其构成情况的报告文件。

7.1 成本报表概述

成本报表分类如下：

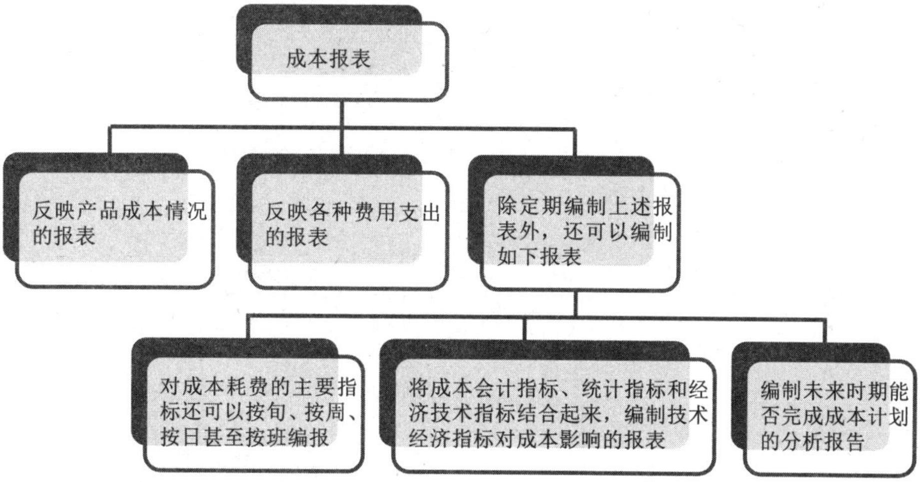

7.1.1 编制成本报表的作用

成本报表作用如下：

（1）可以分析和考核企业成本、费用的执行情况；

（2）可以揭示企业在生产、技术和经营、管理方面取得的成绩和存在的问题；

（3）通过成本报表，提供产品的实际成本、费用资料，作为确定产品价格的依据；

（4）成本、费用和利润的预测；

（5）生产经营决策；成本和利润等计划提供重要数据。

7.1.2 成本报表的编制要求

成本报表属内部报表，由企业自行设计和填制，旨在为企业内部提供信息。其特点表现在：

（1）服务于企业的内部经营管理需要；

（2）种类、格式、内容等由企业自行决定；

（3）成本报表是会计核算资料与其他技术经济资料的综合汇总。

企业成本报表的编制要求如下：

（1）在会计计量和填报方法上，应保持前后会计期间的一致性，以便成本信息使用者正确利用；

（2）成本报表的编制要客观、及时，成本信息要具有相关性和可靠性；

（3）成本报表反映的内容要完整，以便于报表使用者理解和利用。

7.2 成本分析

成本分析是为了满足企业各管理层次了解成本状况及经营决策的需要，以成本报表为分析的主要对象，结合其他有关的核算、计划和统计资料，采用一定的方法解剖成本变动原因、经营管理缺陷及业绩的管理活动。

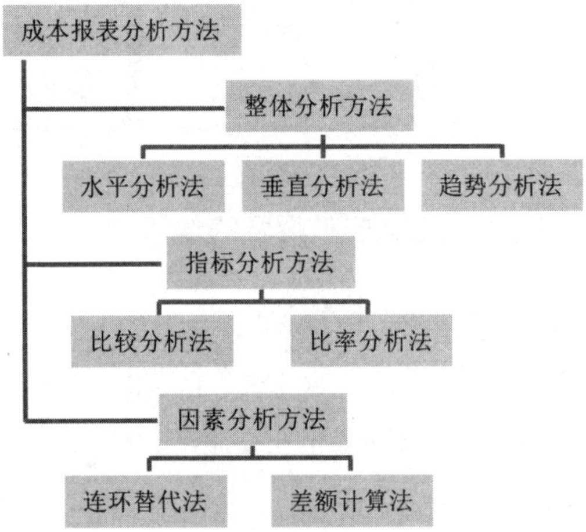

成本报表分析的一般方法包括整体分析方法、指标分析方法和因素分析方法三种。

7.2.1 整体分析方法

整体分析方法主要有以下三种，见表 7-1。

表 7-1　整体分析方法的种类

水平分析法	将反映企业报告期成本的信息（特别指成本报表信息资料）与反映企业前期或历史某一种成本状况的信息进行全面、综合对比，研究企业经营业绩或成本状况的发展变动情况的一种成本分析方法

续上表

垂直分析法	通过计算成本报表中各项目占总体的比重或结构，反映报表中的项目与总体的关系及其变动情况的一种成本分析方法
趋势分析法	根据企业连续几年或几个时期的分析资料，运用指数或完成率的计算，确定分析期各有关项目的变动情况和趋势的一种成本分析方法

7.2.2 指标分析方法

指标分析法主要包括比较分析法、比率分析法。

1. 比较分析法

比较分析法是通过实际数与基数的对比来揭示实际数与基数之间的差异，借以了解经济活动的成绩和问题的一种分析方法。适用于同质指标的数量对比。采用这种分析方法，应注意相比指标的可比性。可比的共同基础包括经济内容、计算方法、计算期和影响指标形成的客观条件等方面。若指标不可比，应先按可比的口径进行调整，然后再进行对比。

对比分析的形式：实际与计划、本期与上期、与同行业比较。

（1）以成本的实际指标与计划或定额指标对比，分析成本计划或定额的完成情况。

（2）以本期实际成本指标与前期（上期、上年同期或历史最好水平）的实际成本指标对比，观察企业成本指标的变动情况和变动趋势。

（3）以本企业实际成本指标（或某项技术经济指标）与国内外同行业先进指标对比，可以在更大范围内找出差距，推动企业改进经营管理。

$$\text{基期指数}=\frac{\text{分析期指标数额}}{\text{固定期指标数额}}$$

$$\text{环比指数}=\frac{\text{分析期指标数额}}{\text{前一期指标数额}}$$

【例 7-1】 假定盛大制造有限公司生产甲产品，2018 年四个季度实际单位成本分别为 200 元、230 元、240 元、245 元。

如果以第一季度为基期，以该季单位成本 200 元为基数，可以计算其他各季产品单位成本与之相比的定基比率如下：

第二季度：$\frac{230}{200}\times 100\%=115\%$

第三季度：$\frac{240}{200}\times 100\%=120\%$

第四季度：$\frac{250}{200}\times 100\%=125\%$

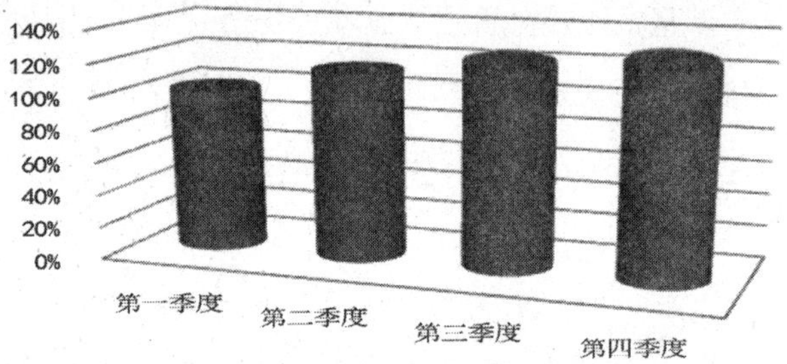

通过以上计算可以看出，甲产品单位成本第二、三、四季度比第一季度有上升的趋势。

2. 比率分析法

比率分析法是通过计算指标之间的比率，来考察企业经济活动相对效益的一种分析方法。比率分析法主要有相关指标比率分析法和构成比率分析法。

（1）相关比率：将两个性质不同但又相关的指标进行对比求出的比率。

（2）构成比率：某项经济指标的各个组成部分占总体的比重。

（3）动态比率：将不同时期的同类指标进行对比求出的比率。

7.2.3 因素分析法

因素分析法是依据分析指标与其影响因素的关系，从数量上确定各因素对分析指标影响方向和影响程度的一种方法。因素分析法主要包括连环替代法和差额计算法。

1. 连环替代法

连环替代法用来计算几个相互联系的因素对综合经济指标变动影响程度的

一种分析方法。这一方法具有如下特点：

（1）计算程序的连环性：严格按照各因素的排列顺序，逐次以一个因素的实际数替换其基数；

（2）因素替换的顺序性：先数量指标，后质量指标；先实物量指标，后价值量指标；

（3）计算条件的假定性：在测定某一因素变动影响时，是以假定其他因素不变为条件的；

（4）影响材料费用总额的因素很多，按其相互关系可归纳为三个：产品产量、单位产品材料消耗量和材料单价。

【例 7–2】 盛大制造有限公司计划指标和实际资料，见表 7–2。

表 7–2　计划指标和实际资料

指　标	单　位	计划数	实际数	差　异
产品产量	件	30	35	+5
单位产品材料消耗量	千克	12	10	−2
材料单价	元	15	17	+2
材料费用总额	元	5 400	5 950	+550

①计划数为基数：30 × 12 × 15=5 400（元）

②第一次替代：35 × 12 × 15=6 300（元）

② − ①产量变动影响：6 300−5 400=+900（元）

③第二次替代：35 × 10 × 15=5 250（元）

③ − ②单位产品材料消耗量变动影响：5 250−6 300=−1 050（元）

④第三次替代：35 × 10 × 17=5 950（元）

④ − ③材料单价变动影响：5 950−5 250=700（元）

合计：550+（900−1 050 +700）（元）

2. 差额计算法

差额计算法是连环替代法的一种简化形式。先确定各因素实际数与计划数之间的差异，然后按照各因素的排列顺序，依次求出各因素变动的影响程度。

用表 7-2 中的数字资料，以差额计算法测定各因素影响程度如下：

①分析对象：5 950−5 400=+550（元）

②各因素影响程度：

产量变动影响 =（+5）×12×15=+900（元）

单位产品材料消耗定额变动影响 =35×（−2）×15=−1 050（元）

材料单价变动影响 =35×10×（+2）=+700（元）

合　计：900−1 050+700=550（元）

7.3 成本报表编制方法与分析

成本报表中的实际成本、费用，应根据有关产品成本和费用明细账的实际发生额填列。

成本报表中的累计实际成本、费用，应根据本期报表的本期实际成本、费用加上上期报表的累计实际成本、费用计算填列；如果有关明细账中有累计实际成本、费用，可根据明细账填列。

成本报表中的计划数，应根据有关的计划填列。（表中其他资料和补充资料，应按报表规定填列）

7.3.1 主要产品单位成本报表的编制与分析

主要产品单位成本表，是反映企业一定时期内主要产品生产成本水平、变动情况及构成情况的成本报表。

1. 结构

按成本项目反映产品单位成本的上年实际平均、本年计划、本月实际、本年累计实际数额。该表是产品成本表的补充说明。

2. 作用

通过该表，可以反映出主要产品单位成本的变动，并可分析产品成本变动的原因。

填列方法，见表 7-3。

表 7-3 填列方法

项 目	填列方法
"上年实际平均"栏	根据上期报表中各成本项目的"本年累计实际平均"栏数字填列
"本年计划"栏	根据年度成本计划中各产品分成本项目的计划数填列
"本月实际数"栏	根据各产品的成本计算单填列
"本年累计实际平均数"栏	根据年度内各产品成本计算单分别计算填列

【例 7-3】 某企业乙产品单位成本表的格式和内容详见表 7-4。

表 7-4 主要产品单位成分表

2×21 年 1 月

本月计划产量：18 件
本月实际产量：20 件
产品名称：乙　计量单位：件　本年累计计划产量：200 件
产品规格：××　销售单价：860 元　本年累计实际产量：300 件

成本项目	历史先进水平 2017 年	上年实际平均	本年计划	本月实际	本年累计实际平均
直接材料（元）	470	480	480	475	482
燃料及动力（元）	37	52	48	40	53
直接人工（元）	81	86	82	75	78
制造费用（元）	140	142	140	145	150
产品单位成本（元）	728	760	750	735	763
A 材料（千克） B 材料（千克）	19 32	21 33	20 32	18 30	18 34

7.3.2 按成本项目反映的产品生产成本报表的编制与分析

按成本项目汇总反映企业在报告期内发生的全部生产费用以及产品生产成本合计数的报表。该表一般由生产费用和产品生产成本两部分构成，见表 7-5。

表 7-5　产品生产成本表

（按成本项目反映）

××工厂　　　　2×21 年 1 月

项目	上年实际数	本年计划数	本月实际数	本年累计实际数
生产费用				
直接材料费用	21 188	20 565	2 072	20 063
直接人工费用	8 727	9 692	803	8 120
制造费用	10 154	10 403	1 049	8 730
生产费用合计	40 069	40 660	3 924	36 913
加：在产品、自制半成品期初余额	2 142	2 050	216	404.5
减：在产品、自制半成品期末余额	3 400	5 440	7 835	783.5
产品生产成本合计	38 811	37 270	3 356.5	36 534

产品生产成本合计＝生产费用合计＋在产品、自制半成品的期初余额－在产品、自制半成品的期末余额

这些费用和成本，可按上年实际数、本年计划数、本月实际数和本年累计实际数分栏反映。

1. 作用

（1）可以反映报告期内全部产品生产费用的支出情况和各种费用的构成情况；

（2）可以考核和分析年度生产费用及产品生产成本计划执行情况及本年比上年生产费用及产品生产成本的升降情况。

2. 填列方法

（1）上年实际数应根据上年 12 月份本表的本年累计实际数填列；

（2）本年计划数应根据成本计划有关资料填列。

（3）本年累计实际数应根据本月实际数，加上上月份本表的本年累计实际数计算填列。

（4）按成本项目反映的本月各种生产费用数，根据各种产品成本明细账所记本月生产费用合计数，按照成本项目分别汇总填列。

（5）期初、期末在产品，自制半成品的余额，根据各种产品成本明细账的期初、期末在产品成本和各种自制半成品明细账的期初、期末余额分别汇总填列。

（6）产品生产成本合计数根据表中的生产费用合计数，加减在产品、自制半成品期初、期末余额求得。

按成本项目分析全部商品产品成本计划完成情况要点如下：

（1）确定分析对象，以可比产品成本实际降低额、降低率指标与计划降低额、降低率指标进行对比，确定实际脱离计划的差异。

（2）确定影响可比产品成本计划完成情况的因素和各因素的影响程度。影响因素主要有产品产量、产品品种构成和产品单位成本。

3. 直接材料项目的分析

影响单位成本中材料费用的基本因素，为单位产品材料耗用量和材料单价。计算公式如下：

材料耗用量变动的影响 =（实际单位耗用量 − 计划单位耗用量）× 计划单价
材料单价变动的影响 =（实际单价 − 计划单价）× 实际单位耗用量

影响单位成本中材料费用的基本因素，为单位产品材料耗用量和材料单价。

【例 7-4】 太安公司 2×21 年 1 月原材料资料，见表 7-6。

表 7-6　直接材料相关资料

单位：元

材料名称	单位耗用量		单　价	
	本年计划	本年实际	本年计划	本年实际
A	4.5	5	7	6.5
B	5	4	10	12

（1）A 材料变动的影响。

A 材料耗用量变动的影响

=（实际单位耗用量 − 计划单位耗用量）× 计划单价

（5−4.5）×7=3.5（元）

A 材料单价变动的影响 =（实际单价 − 计划单价）× 实际单位耗用量

=（6.5−7）×5=−2.5（元）

（2）B 材料变动的影响。

B 材料耗用量变动的影响。

=（实际单位耗用量 - 计划单位耗用量）× 计划单价

（4−5）×10=−10（元）

B 材料单价变动的影响 =（实际单价 - 计划单价）× 实际单位耗用量

=（12−10）×4=8（元）

根据计算，比较材料成本变化，见表 7−7。

表 7−7　材料成本实际与计划对比

单位：元

材料名称	单位耗用量		单　价		单位成本		本年实际比本年计划		
	本年计划	本年实际	本年计划	本年实际	本年计划	本年实际	降低额	量差	价差
	1	2	3	4	5=1×3	6=2×4	7=5−6	8=（1−2）×7	9=（3−4）×2
A	4.5	5	7	6.5	31.5	32.5	−1	−3.5	2.5
B	5	4	10	12	50	48	2	10	−8
合计					81.5	80.5	1	6.5	−5.5

4. 直接人工项目的分析

【例 7−5】 根据表 7−8 的资料，计算直接人工变动的影响数。

表 7−8　甲产品单位直接人工成本分配表

2×21 年 1 月

项　目	本年计划	本年实际	降低额	工时消耗变动影响	小时工资额变动影响
单位产品工时消耗量	15	20	5	—	—
小时工资额	2.28	1.7	−8.7	—	—
单位产品直接人工成本	34.20	34	0.20	11.40	−11.60

单位产品直接人工成本 =（$\frac{\text{实际工时}}{\text{消耗量}}$ − $\frac{\text{计划工时}}{\text{消耗量}}$）× 计划小时工资额

=（20−15）×2.28=11.4（元）

小时工资额变动的影响

=（实际小时工资额 - 计划小时工资额）× 实际工时

=（1.7−2.28）×20=−11.6（元）

5. 制造费用项目的分析

企业生产单位的制造费用是以分配的方式计入产品成本的，其分配标准通常是工时消耗量（或其他分配标准）。影响产品成本中制造费用的基本因素，为单位产品工时消耗量（或其他分配标准）和小时费用分配率（或其他分配率）。

单位产品制造费用成本＝单位产品工时消耗量 × 小时制造费用分配率

- 工时消耗量变动的影响
  ＝（实际单位工时消耗量－计划单位工时消耗量）× 计划小时费用分配率
- 费用分配率变动的影响
  ＝（实际小时费用分配率－计划小时费用分配率）× 实际单位工时消耗量

【例 7-6】 甲产品单制造费用分配表，表 7-9。

表 7-9　甲产品单位制造费用分配表

2×21 年 1 月

项目	本年计划	本年实际	降低额	工时消耗变动影响	小时工资额变动影响
单位产品工时消耗量	22	19	−3	—	—
小时工资分配率	2.4	2.2	0.2	—	—
单位产品制造费用	52.80	41.8	11	−7.2	−3.8

工时消耗量变动的影响

＝（19−22）×2.4=−7.2（元）

小时工资额变动的影响

＝（2.2−2.4）×19=−3.8（元）

7.3.3 全部商品产品成本计划完成情况分析

全部商品产品成本计划完成情况分析就是将全部产品的实际成本同计划成本进行比较，并分别考查可比产品成本和不可比产品成本的超支和节约情况，以了解全部产品成本计划完成情况，并为进一步进行成本分析提供线索。

可比产品的降低额和降低率，可按下列公式计算后填列。

$$\text{可比产品成本降低额}=\text{按上年实际平均单位成本计算的可比产品总成本}-\text{本年可比产品实际总成本}$$

$$\text{可比产品成本降低率}=\text{可比产品成本降低额}\div\text{按上年实际平均单位成本计算的可比产品总成本}\times 100\%$$

产品计划成本降低额和降低率，可按下列公式计算求得：

$$\text{产品计划成本降低额}=\text{按本年计划单位成本计算的本年累计总成本}-\text{上年实际总成本}$$

$$\text{产品计划成本降低率}=\text{产品计划成本降低额}\div\text{按本年计划单位成本计算的本年累计总成本}\times 100\%$$

【例 7-7】 根据产品生产成本表编制全部产品成本分析表，见表 7-10。

补充资料：部分内容只填列本年累计实际数。

根据上述资料，分析下列数据。

①
$$\text{可比产品成本降低额}=\text{可比产品按上年实际平均单位成本计算的总成本}-\text{可比产品本年累计实际总成本}$$
$$=66\ 400-65\ 440=960\text{（元）}$$

②
$$\text{可比产品成本降低率}=\frac{\text{可比产品成本降低额}}{\text{可比产品按上年实际平均单位成本计算的总成本}}\times 100\%$$
$$=\frac{960}{66\ 400}\times 100\%=1.45\%$$

③
$$\text{产值成本率（元/百元）}=\frac{\text{产品总成本}}{\text{商品产值}}\times 100\%$$
$$=\frac{82\ 940}{414\ 700}\times 100\%=20\text{（元/百元）}$$

可比产品成本降低计划的完成情况，见表 7-11。

表 7-10　产品生产成本表编制全部产品成本分析表

产品名称	计量单位	实际产量		单位成本				本月总成本			本年累计总成本		
		本月	本年累计	上年实际平均	本年计划	本月实际	本年累计实际平均	按上年实际平均单位成本计算	按本年计划单位成本计算	本月实际	按上年实际平均单位成本计算	按本年计划单位成本计算	本年实际
		①	②	③	④	⑤=⑨÷①	⑥=⑫÷②	⑦=①×③	⑧=①×④	⑨	⑩=②×③	⑪=②×④	⑫
可比产品合计								6 000	6 230	7 100	66 400	69 100	65 440
甲	件	40	400	90	92	110	80	3 600	3 680	4 400	36 000	36 800	32 000
乙	件	30	380	80	85	90	88	2 400	2 550	2 700	30 400	32 300	33 440
不可比产品合计									1 650	1 595		16 500	17 500
甲	件	10	100		120	112	128		1 200	1 120		12 000	12 800
乙	件	5	50		90	95	94		450	475		4 500	4 700
全部产品合计									7 880	8 695		85 600	82 940

表 7-11　可比产品成本降低计划完成情况分析表

可比产品	总成本		计划完成情况	
	按上年实际平均单位成本计算	本期实际	降低额	降低率（%）
甲	36 000	32 000	4 000	11.11
乙	30 400	33 440	−3 040	−10
合计	66 400	65 440	960	1.45%

在取得以上分析资料的基础上，按照下面的步骤进行分析。

可比产品成本降低额 960 元（本年计划降低额为 1 800 元）

可比产品成本降低率 1.45%，本年计划降低率 2.12%。

按现行价格计算商品产值 414 700 元。

产值成本率 20 元 / 百元（本年计划产值成本率为 26 元 / 百元）

（1）确定分析对象，以可比产品成本实际降低额、降低率指标与计划降低额、降低率指标进行对比，确定实际脱离计划的差异。

计划降低额 1 800 元　　　计划降低率 2.12%

实际降低额 960 元　　　　实际降低率 1.45%

实际脱离计划差异：

降低额 =960−1 800 = −840（元）

降低率 =1.45%−2.12%= −0.67%

（2）从以上算式可以看出，可比产品成本降低额计划没有完成，实际比计划少降低 −840 元，或 −0.67%。

7.3.4 按产品种类反映的产品生产成本报表的编制

1. 结构

按产品种类汇总反映企业在报告期内生产的全部产品的单位成本和总成本的报表。

它按可比产品（指以前年度或上年度曾经生产过的产品）和不可比产品（指以前年度或上年度未正常生产过的产品）分别反映其实际产量、单位成本、本年总成本与本年累计总成本。

2. 作用

（1）可以了解企业全部产品成本计划的执行情况。

（2）可以分析和考核可比产品成本降低任务的完成情况。

既要从总体出发，分析全部商品产品成本计划完成的总括情况，也要分析每种产品成本计划的完成情况。既可以对全部商品产品成本计划的完成情况有总括了解，也为进一步分析指明方向和重点。

【例 7-8】 根据表 7-10 的资料编制分析表，见表 7-12。

表 7-12　本年累计全部产品成本计划完成情况分析表

单位：元

产品名称	计划总成本	实际总成本	实际比计划升降额	实际比计划升降率（%）
1. 可比产品	69 100	65 440	−3 660	−5.30
其中：甲	36 800	32 000	−4 800	−13.04
乙	32 300	33 440	1 140	3.53
2. 不可比产品	16 500	17 500	1 000	+6.06
其中：甲	12 000	12 800	800	+6.67
乙	4 500	4 700	200	4.44
合计	85 600	82 940	−2 660	−31.07%

$$\text{本年累计全部产品成本实际计划升降额}=\text{实际总成本}-\text{计划总成本}=82\,940-85\,600=-2\,660$$

$$\text{本年累计全部产品成本计划完成率}=\frac{\sum(\text{各种产品实际单位成本}\times\text{实际产量})}{\sum(\text{各种产品计划单位成本}\times\text{实际产量})}\times100\%=\frac{82\,940}{85\,600}\times100\%=96.89\%$$

成本升降率 =96.89%−100%=−3.11%

上述计算表明，本年全部产品累计实际总成本比计划总成本节约 2 660 元，降低 −31.07%。其中可比产品实际比计划节约 3 660 元，主要是甲产品节约 4 800（32 000−36 800）元，乙产品超支 1 140（33 440−32 300）元；不可比产品成本实际比计划超支 1 000 元 [（12 800−12 000）+（4 700−4 500）]。需进一步分配乙产品超支的原因。

【例 7-9】根据表 7-13 资料，计算企业本年可比产品成本降低数值，见表 7-12。

表 7-13　可比产品成本降低计划表

可比产品	全年计划产量	单位成本		总成本		计划降低指标	
		上年实际平均	本年计划	按上年实际平均单位成本计算	按本年计划单位成本计算	降低额	降低率（%）
甲	420	90	92	37 800	38 640	−840	−2.22
乙	300	80	85	24 000	25 500	−1 500	−6.25
合计				61 800	64 140	−2 340	−3.79%

可比产品成本计划降低额 =61 800−64 140=−2 340（元）

可比产品成本计划降低率 =−2 340 ÷ 61 800=−3.79%

从本年实际单位成本与上年实际、本年计划比较发现，本年实际单位成本较上年有所降低，也完成了本年计划。

7.3.5 管理费用明细表的编制与分析

管理费用明细表是反映企业管理部门在一定时期内为组织和管理生产所发生的费用总和及预算执行情况的报表。

1. 结构

管理费用明细表及销售费用明细表的格式与制造费用明细表的格式基本相同，都是按费用项目分别“本期计划数”“上年实际数”“本期实际数”数进行反映，以期达到反映资金耗费及费用任务完成情况的目的。

2. 管理费用明细表编制

管理费用明细表一般按其费用项目，分别反映该费用项目的上年实际数、本年计划数、本月实际数和本年累计实际数。利用该表，可以分析各费用项目的构成及其增减变动情况，考核管理费用计划的执行情况。见表 7-14。

表 7-14 管理费用明细表的填列

“费用项目”	应按管理费用明细账所列示的项目填列
“上年同期实际数”	根据上年编制的管理费用明细表与上年同期数栏的数字填列
“本年计划数”	根据本年管理费用预算资料填列
“本月实际数”	根据管理费用明细账中各费用项目本月发生额填列
“本年累计实际数”	根据管理费用明细账中各费用项目本年累计发生额填列

管理费用明细表是反映企业在报告期内发生的管理费用及其构成情况的报表。该表一般按照费用项目分别反映各项目的计划数、上年同期实际数、本月实际数和本年累计实际数。其格式见表 7-15。

表 7-15 管理费用明细表

2×21 年 1 月　　单位：元

费用项目	本年计划数	上年同期实际数	本月实际数	本年累计实际数
职工薪酬	380 000	28 900	32 000	400 000
折旧费	44 000	3 600	3 900	49 800
修理费	89 000	5 400	6 000	94 000
办公费	104 000	8 500	7 800	108 000
差旅费	52 000	6 900	7 200	58 000
保险费	89 400	4 200	5 600	91 200
租赁费	53 200	3 400	3 600	56 200
咨询费	44 800	1 800	1 480	49 000
业务招待费	79 000	2 550	3 200	89 000
合计	935 400	65 250	70 780	995 200

根据表 7-15，编制管理费用增减变动表，见表 7-16。

表 7-16 管理费用增减变动表

2×21 年 1 月 31 日　　单位：元

项目	本年计划数	本年累计实际数	增减金额	增减 %	计划构成 %	实际构成 %
职工薪酬	380 000	400 000	20 000	5.26	40.62	40.19

续上表

项目	本年计划数	本年累计实际数	增减金额	增减 %	计划构成 %	实际构成 %
折旧费	44 000	49 800	5 800	13.18	4.70	5.00
修理费	89 000	94 000	5 000	5.62	9.51	9.45
办公费	104 000	108 000	4 000	3.85	11.12	10.85
差旅费	52 000	58 000	6 000	11.54	5.55	5.83
保险费	89 400	91 200	1 800	2.01	9.56	9.16
租赁费	53 200	56 200	3 000	5.64	5.69	5.65
咨询费	44 800	49 000	4 200	9.375	4.79	4.92
业务招待费	79 000	89 000	10 000	12.66	8.45	8.94
合计	935 400	995 200	59 800	69.135	100	100

从表 7-16 可以看出，公司本年管理费用比计划超支 59 800 元，超支幅度达 69.135%，表明公司管理费用计划执行情况很差。

7.3.6 销售费用明细表的编制与分析

销售费用明细表，是反映企业在报告期内发生的产品销售费用及其构成情况的报表。该表一般按照销售费用项目分别反映各费用项目的本年计划数、上年实际数、本月计划数、本年实际数和本年累计实际数。

销售费用明细表各个项目的填列方法，见表 7-17。

表 7-17　销售费用明细表的编制

“费用项目”	应按销售费用明细账所列示的项目填列
“本年计划数”	应根据本年初销售费用计划数填列
“上年同期实际数”	应根据上年同期销售费用明细表的本月实际数填列
“本月实际数”	应根据各销售费用明细账本月各项目发生额分别汇总填列
“本年累计实际数”	应根据各销售费用明细账本年末累计数汇总填列

【例 7-10】 太安公司 2×21 年 1 月的产品销售费用明细表，见表 7-18。

表 7-18　产品销售费用明细表

2×21 年 1 月　　　　单位：元

费用项目	本年计划数	上年同期实际数	本月实际数	本年累计实际数
职工薪酬	168 500	12 000	11 000	175 000
运输费	94 500	7 200	7 600	98 000
折旧费	53 200	4 980	4 830	56 800
保险费	49 500	3 600	3 800	47 800
广告费	52 900	3 890	4 200	54 000
办公费	58 900	3 200	3 900	57 800
其他	78 900	4 420	5 200	76 500
合计	556 400	39 290	40 530	565 900

根据表 7-18，编制销售费用增减变动表，见表 7-19。

表 7-19　销售费用增减变动表

2×21 年 1 月 31 日　　　　单位：元

项目	本年计划数	本年累计实际数	增减金额	增减 %	计划构成 %	实际构成 %
职工薪酬	168 500	175 000	6 500	3.85	30.28	30.92
运输费	94 500	98 000	3 500	6.58	16.98	17.31
折旧费	53 200	56 800	3 600	6.77	9.56	10.04
保险费	49 500	47 800	−1 700	−3.43	8.90	8.45
广告费	52 900	54 000	1 100	2.01	9.51	9.54
办公费	58 900	57 800	−1 100	−1.87	10.59	10.21
其他	78 900	76 500	−2 400	−3.04	14.19	13.53
合计	556 400	565 900	9 500	1.71	100	100

从表 7-19 可以看出，公司本年管理费用比计划超支 9500 元，超支幅度达 1.71%，表明公司销售费用计划执行情况需要矫正。

7.3.7 财务费用明细表的编制与分析

财务费用明细表一般按其费用项目，分别反映该费用项目的上年实际数、本年计划数、本月计划数、本月实际数、本年累计实际数等。利用该表，可以分析各费用项目的构成及其增减变动情况，考核财务费用计划的执行情况。

1. 结构

财务费用明细表应根据财务费用明细账、本年计划、上年年报等资料编制。表中各项目的填列方法见表 7-20：

表 7-20　财务费用明细表的填列

"费用项目"	应按财务费用明细账所列示的项目填列
"上年实际数"	应根据上年本表实际数填列
"本年计划数"	应根据本年初财务费用计划数填列
"本月计划数"	应根据本月初或本年初制定的本月计划数填列
"本月实际数"	应根据财务费用明细账本月各项目发生额分别汇总填列
"本年累计实际数"	应根据各财务费用明细账本年末累计数汇总填列

2. 财务费用明细表的分析

财务费用明细表分析，是以财务费用明细表为依据，通过编制财务费用分析表，将财务费用预算与实际进行对比，分析财务费用的构成和各费用项目的增减变动情况，确定预算与实际产生差异的原因。

财务费用明细表反映企业行政部门为筹集生产经营所需资金而发生的各项费用，分别计算每项费用占财务费用总额的比重，可以了解和分析财务费用的构成情况；将"本年累计实际数"与"本年计划数"对比，可以分析和考核计划的执行情况及其结果：将"本年累计实际数"与"上年实际数"对比，可以计算和分析财务费用的增减变动及其原因；将"本月实际数"与"本年累计实际数"比较，可以反映本月费用消耗对本年累计费用总额的影响。正确地分析财务费用变动的原因，又可以为进一步提出节支措施，预测和编制以后各期的财务费用计划提依据。

【例 7-11】 以下是太安公司 2×21 年 1 月的财务费用明细表，根据资料编制财务费用明细分析表，见表 7-21。

表 7-21　财务费用明细表

太安公司　　　　2×21 年 1 月　　　　单位：元

项　目	本年计划数	本月实际数	本年累计实际数
利息支出（减利息收入）	34 200	2 500	32 000

续上表

项 目	本年计划数	本月实际数	本年累计实际数
汇兑损失（减汇兑收益）	0	0	0
金融机构手续费	22 000	1 500	24 500
其他筹资费用	8 400	600	8 000
合计	64 600	4 600	64 500

根据表 7–20，编制财务费用明细分析表，见表 7–22。

表 7–22 财务费用明细分析表

太安公司　　　　2×21 年 1 月　　　　单位：元

项 目	本年预算数	本年累计实际数	增减金额	增（减）%
利息支出（减利息收入）	34 200	32 000	−2 200	−6.43
汇兑损失（减汇兑收益）	0	0	0	
金融机构手续费	22 000	24 500	2 500	11.36
其他筹资费用	8 400	8 000	−400	−4.76
合计	64 600	64 500	−100	−0.15

从表 7–22 中可以看出，本年度财务费用比预算节约 0.15%，预算执行情况比较理想。但从各项目来看，利息支出无论是总额还是构成都有所下降。分析其原因，很可能是公司在资金周转的有关环节上做了较好的管理，从而减少了短期借款的使用，节约了利息费用。但应注意，只有在保证生产资金需求的基础上，节省利息支出才能说明企业在资金管理上取得成绩；如果是公司发生筹资困难，无法借入资金，从而使利息支出减少，则应引起管理者的注意。

7.3.8 制造费用明细表的编制与分析

制造费用明细表是反映企业生产单位一定时期内为组织和管理生产所发生费用总额和各明细项目数额的报表。

1. 结构

制造费用明细表按费用项目分别以“上年同期实际数”“本年计划数”“本年累计实际数”进行反映。

制造费用明细表可分车间按月进行编制。表中“本期计划数”按当期计划资料分项目填列。“上年同期实际数”栏，根据上年同期该报表的“本年累计实际”栏的对应项目填列。“本年累计实际数”栏可根据“制造费用”科目所属明细资料累计填列。

2. 制造费用项目的分析

企业生产单位的制造费用是以分配的方式计入产品成本的，其分配标准通常是工时消耗量(或其他分配标准)。影响产品成本中制造费用的基本因素，为单位产品工时消耗量(或其他分配标准)和小时费用分配率(或其他分配率)。

【例 7-12】 根据下列资料，编制制造费用明细分析表，并进行分析。见表 7-23。

表 7-23 制造费用明细表

2×21 年 1 月

项 目	行 次	上年同期实际数	本年计划数	本年累计实际数
人工费	1	48 000	50 000	49 500
折旧费	2	80 000	76 000	75 700
修理费	3	2 500	2 000	2 100
办公费	4	1 300	1 000	1 150
水电费	5	18 000	15 000	14 700
机物料消耗	6	1 200	1 500	1 560
劳动保护费	7	2 100	2 000	1 950
差旅费	8	25 000	22 000	21 350
租赁费	9	500	300	350
保险费	10	800	700	650
合 计		179 400	170 500	169 010

人工费本年计划数与本年累计实际数增减金额 =49 500−50 000=−500(元)

增减百分比 =−500 ÷ 50 000 × 100%=−1%

人工费计划数构成比率 =50 000 ÷ 170 500 × 100%=29.33%

人工费实际数构成比率 =49 500 ÷ 169 010 × 100%=29.29%

其他项目按上述方法依次计算，得出结果，见表 7-24。

表 7-24　制造费用明细分析表

2×21 年 1 月　　单位：元

项目	本年计划数	本年累计实际数	增减金额	增减 %	计划构成 %	实际构成 %
人工费	50 000	49 500	−500	−1	29.33	29.29
折旧费	76 000	75 700	−300	−0.39	44.57	44.79
修理费	2 000	2 100	100	5	1.17	1.24
办公费	1 000	1150	150	15	0.59	0.68
水电费	15 000	14 700	−300	−2	8.80	8.70
机物料消耗	1 500	1 560	60	4	0.88	0.92
劳动保护费	2 000	1 950	−50	−2.5	1.17	1.15
差旅费	22 000	21 350	65	2.95	12.90	12.63
租赁费	300	350	50	16.67	0.18	0.21
保险费	700	650	−50	−7.14	0.41	0.38
合计	170 500	169 010	−1 490	−0.87	100	100

从上表可以看出，公司本年制造费用比计划节约 1 490 元，节约幅度达 0.87%，表明公司制造费用计划执行情况比较好。通过对比分析各费用项目，就能够清楚各个费用项目预算执行情况以及问题主要出自哪些项目。

第 8 章
本量利分析与应用

本量利分析是对成本、业务量、利润之间进行分析的一种系统方法。这种分析方法是建立在成本性态分析的基础上，运用数学模型以及图表形式，对成本、业务量、利润与单价等因素之间的依存关系进行具体的分析，广泛用于企业的预测、决策、计划和控制等活动中。

8.1 成本性态分析

在成本性态分类的基础上，按一定的程序和方法，将全部成本最终分为固定成本和变动成本两大类。

8.1.1 固定成本

固定成本是指其总额在一定时期及一定业务量范围内，不直接受业务量变动的影响而保持固定不变的成本。如按直线法计算的固定资产折旧、管理人员的工资、机器设备租金等。

固定成本是指其总额在一定时期及一定业务量范围内，不直接受业务量变动的影响而保持固定不变的成本，如图 8-1、8-2 所示。

为了更好地对固定成本进行规划和控制，固定成本还可以进一步划分为约束性固定成本和酌量性固定成本。

固定成本按其支出额是否可以在一定期间内改变而分为约束性固定成本和酌量性固定成本。

图 8-1 业务量与固定成本总额的关系

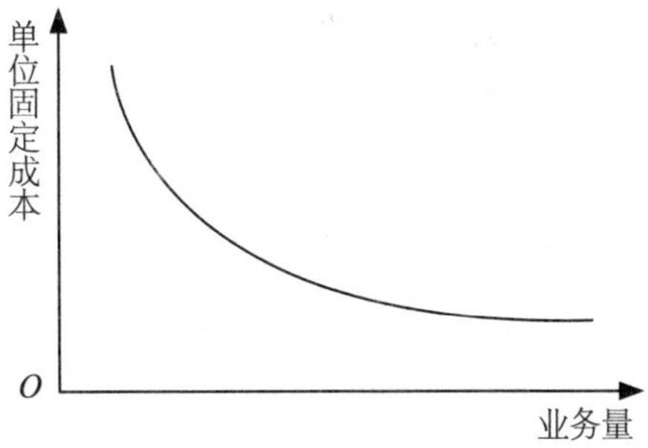

图 8-2 业务量与单位固定成本的关系

（1）约束性固定成本是指管理当局的短期（经营）决策行动不能改变其具体数额的固定成本。例如：保险费、房屋租金、设备折旧、管理人员的基本工资等。这些固定成本是企业的生产能力一经形成就必然要发生的最低支出，即使生产中断也仍然要发生。由于约束性固定成本一般是由既定的生产能力所决定的，是维护企业正常生产经营必不可少的成本，所以也称为“经营能力成本”，它最能反映固定成本的特性。降低约束性固定成本的基本途径，只能是合理利用企业现有的生产能力，提高生产效率，以取得更大的经济效益。

（2）酌量性固定成本是指管理当局的短期经营决策行动能改变其数额的固定成本。例如：广告费、职工培训费、新产品研究开发费用等。这些费用发生额的大小取决于管理当局的决策行动。一般是由管理当局在会计年度开始前，斟酌计划期企业的具体情况和财务负担能力，对这类固定成本项目的开支情况分别作出决策。酌量性成本并非可有可无，它关系到企业的竞争能力，因此，要想降低酌量性固定成本，只有厉行节约、精打细算，编制出积极可行的费用预算并严格执行，防止浪费和过度投资等。

8.1.2 变动成本

变动成本是指成本总额随着业务量的增减变化而成正比例增减变化的成本。但是，其单位业务量的成本保持不变。在产品制造成本中，直接人工、直接材料都是典型的变动成本。变动成本习性模型如图 8-3、8-4 所示。

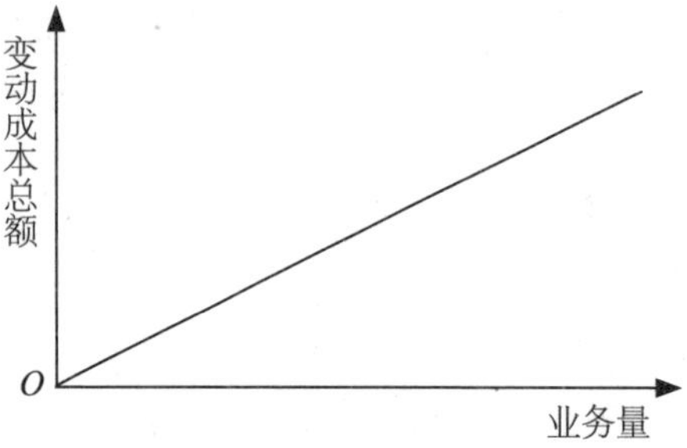

图 8-3　业务量与变动成本总额的关系

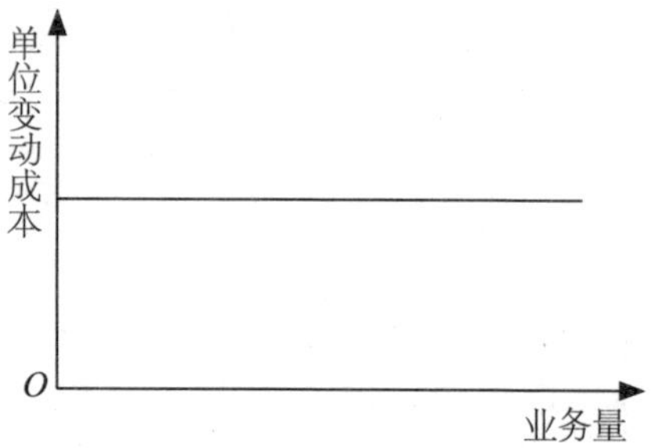

图 8-4　业务量与单位变动成本的关系

在实际工作中，许多行业的变动成本总额和业务量总数之间的依存关系，同固定成本总额一样，也存在着一定的“相关范围”。

8.1.3 总成本习性模型

由于按成本习性分析企业的全部成本可分为固定成本和变动成本，总成本计算公式为：

总成本 = 固定成本总额 + 变动成本总额

　　　 = 固定成本总额 + 单位变动成本 × 业务量

设 y 代表总成本，a 代表固定成本总额，b 代表单位变动成本，x 代表业务量，则上述总成本的计算公式如下：

$$y=a+bx$$

总成本习性模型，如图 8-5 所示。

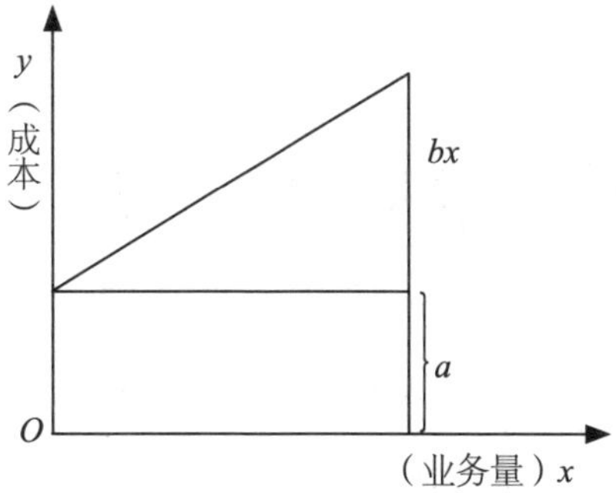

图 8-5　总成本习性模型

8.2 本量利损益方程式

在把成本分解为固定成本和变动成本后，再加上收入和利润，成本、销量和利润的关系可以用数学模型表示。

8.2.1 基本损益方程式

目前，企业通常运用损益法计算利润，即首先确定一定期间的收入，然后计算与收入相配比成本，两者之差为利润，即：

利润 = 销售收入 − 总成本

由于：总成本 = 变动成本＋固定成本

= 单位变动成本 × 产量＋固定成本

销售收入 = 单价 × 销量

假设产量和销量相等，则有：

利润 = 单价 × 销量 − 单位变动成本 × 销量 − 固定成本

【例 8-1】 武陵企业每月固定成本为 76 000 元，生产一种产品，单价为 324 元，单位变动成本为 200 元，本月计划销售 1 000 件，那么预期利润是多少？

利润＝单价 × 销量－单位变动成本 × 销量－固定成本

=324×1 000−200×1 000−76 000

=324 000−200 000−76 000

=48 000（元）

8.2.2 包含期间成本的损益方程式

期间成本在产品成本构成中也占有一定比例，可以这样分解：

税前利润＝销售收入－（变动生产成本＋固定生产成本）－（变动销售和管理费用＋固定销售和管理费用）

＝单价 × 销量－（单位变动生产成本＋单位变动销售和管理费用）× 销量－（固定生产成本＋固定销售和管理费用）

但只计算期间成本还不完全，因为产品中包括税金，另外还有财务费用、资产减值损失、投益收益和营业外收支等因素，所以还要用到税后利润的损益方程式。

8.2.3 税后利润的损益方程式

企业所得税费用是基于企业利润总额和适用的企业所得税税率计算的，并从利润总额中减除，既不是变动成本，也不是固定成本。计算税后利润的损益方程式如下：

税后利润＝利润总额－所得税费用

＝利润总额－利润总额 × 所得税税率

＝利润总额 ×（1－所得税税率）

将损益方程式代入上式的“利润总额”，即：

税后利润＝（单价 × 销量－单位变动成本 × 销量－固定成本）×（1－所得税税率）

此方程式经常被用来计算实现目标利润所需的销量，为此，常用下式表达，如图 8−6 所示。

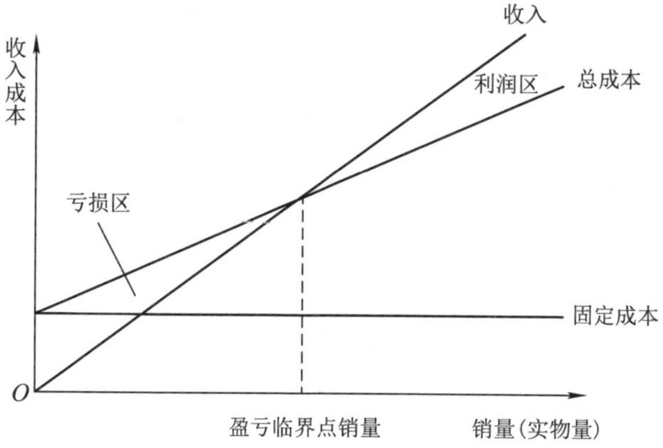

图 8-6　税后利润的损益方程式

8.3 边际贡献方程式

边际贡献方程式涉及的要素包括边际贡献、边际贡献率。

8.3.1 边际贡献

边际贡献是指产品的销售收入与相应变动成本之间的差额，也叫贡献毛益、边际利润等。基本表达式为：

边际贡献 = 销售收入 – 变动成本

计算单位产品边际贡献的表达式如下：

单位边际贡献 = 单价 – 单位变动成本

边际贡献是产品扣除自身变动成本后为企业所作的贡献。它首先用于补偿企业的固定成本，如果还有剩余才形成利润，如果不足以补偿固定成本则产生亏损。

【例 8-2】 假如，某企业只生产一种产品，单价为 10 元，单位变动成本为 6 元，固定成本 2 000 元，销量 1 000 件。则边际贡献为：

边际贡献 =（10−6）×1 000=4 000（元）

单位边际贡献 =10−6=4（元）

由于变动成本既包括生产制造过程的变动成本，即产品的生产变动成本（简称“产品变动成本”），还包括销售、管理费用中的变动成本，即期间变动成本，所以，边际贡献也可以具体分为制造边际贡献（生产边际贡献）和产品边际贡献（总营业边际贡献）。

制造边际贡献 = 销售收入 − 产品变动成本

产品边际贡献 = 制造边际贡献 − 变动销售和管理费用

假设，上例中变动销售和管理费用为 1 000 元，则根据题意：

制造边际贡献 =10×1 000−6×1 000=4 000（元）

产品边际贡献 =4 000−1 000=3 000（元）

8.3.2 边际贡献率

边际贡献率，是指边际贡献在销售收入中所占的百分率。可以理解为每 1 元收入中边际贡献所占的比重，它反映产品为企业作出的贡献的能力。表达式为：

$$边际贡献率=\frac{边际贡献}{销售收入}\times 100\%$$

$$=\frac{单位边际贡献\times 销量}{单价\times 销量}\times 100\%$$

$$=\frac{单位边际贡献}{单价}\times 100\%$$

【例 8–3】 根据【例 8-2】，则边际贡献率为：

边际贡献率 =[（10−6）×1000]÷（10×1000）×100%=40%

与边际贡献率相对应的概念是“变动成本率”，即变动成本在销售收入中所占的百分率。

$$变动成本率=\frac{变动成本}{销售收入}\times 100\%=\frac{单位变动成本\times 销量}{单位\times 销售}\times 100\%$$

$$=\frac{单位变动成本}{单价}\times 100\%$$

根据上例，变动成本率 =6÷10×100%=60%

由于销售收入被分为变动成本和边际贡献两部分，前者是产品自身耗费，后者是为企业作的贡献，两者百分率之和就等于 1。

$$\frac{单位变动成本}{单价}+\frac{单位边际贡献}{单价}=1$$

$$变动成本率+边际贡献率=\frac{单位变动成本+（单价-单位变动成本）}{单价}=1$$

8.3.3 边际贡献方程式

由于有了边际贡献这个概念，基本损益方程式可以改写成新的形式。

因为：利润＝销售收入－变动成本－固定成本＝边际贡献－固定成本

所以：利润＝销量×单位边际贡献－固定成本

这个方程式可以明确表达本量利之间的数量关系。

边际贡献方程式，还可以利用“边际贡献率”改写下列形式。

$$因为：边际贡献率=\frac{边际贡献}{销售收入}\times 100\%$$

边际贡献率＝销售收入×边际贡献率

利润＝边际贡献－固定成本

所以，利润＝销售收入×边际贡献率－固定成本

边际贡献率方程式可以用于生产多品种的企业。由于多种产品的销售收入可以直接相加，所以要计算多种产品的加权平均边际贡献率。

【例 8-4】 根据【例 8-2】，则利润为：

利润＝（10-6）×1 000-2 000

　　＝2 000（元）

单位边际贡献、边际贡献总额、边际贡献率都是越大越好的正指标。可以从不同的侧面反映特定产品对企业所做贡献的大小。必须熟练掌握它们之间的换算关系。

8.4 本量利关系图

将成本、销量、利润的关系反映在直角坐标系中，即成为本量利关系图，又称为盈亏临界图或损益平衡图，本量利关系图有多种形式。

8.4.1 传统式本量利关系图

传统式本量利关系图所反映的总成本是以固定成本为基础，能在图中清晰

地反映出固定成本总额不变性的特点；同时能揭示安全边际、保本点、利润三角区与亏损三角区的关系，如图 8-7 所示。

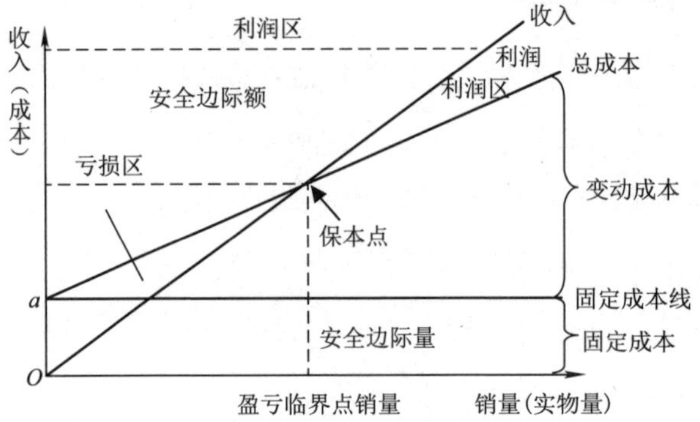

图 8-7 基本的本量利图

8.4.2 贡献式本量利关系图

贡献式本量利关系图是一种将固定成本置于变动成本线之上，能直观地反映贡献边际、固定成本及利润之间关系的图形，更符合变动成本法的思路。贡献式本量利关系图如图 8-8 所示。

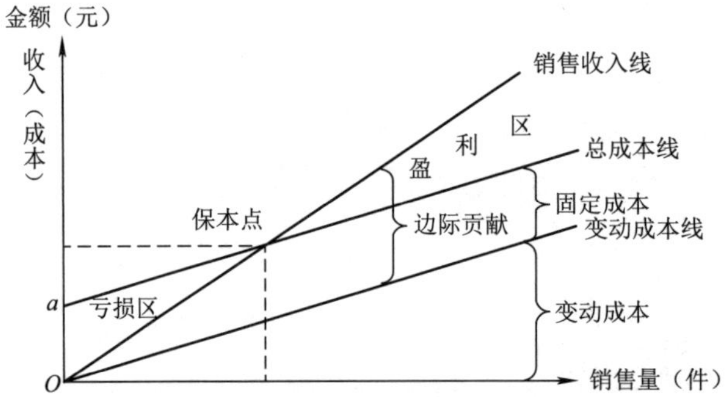

图 8-8 贡献式本量利关系图

8.5 保本分析

保本是指企业在一定时期内收支相等，即边际贡献等于固定成本，利润为零。保本点，也称盈亏临界点，是指企业收入和成本相等的经营状态，即边际贡献等于固定成本时，企业既不盈利又不亏损，通常用一定的业务量（保本量或保本额）表示。

保本分析就是研究当企业恰好处于保本状态时，本量利关系的一种定量分析方法。它主要是确定保本点，以及有关因素变动的影响，为决策提供超过某个业务量，企业会有盈利，或者低于某个业务量企业会亏损等信息。

8.5.1 单一品种的保本分析

1. 保本量分析

对生产销售单一产品的企业来说，保本点的计算并不困难。

由于：利润 = 单价 × 销量 − 单位变动成本 × 销量 − 固定成本

令利润 =0，此时销售量为保本量。

0= 单价 × 销量 − 单位变动成本 × 销量 − 固定成本

$$保本量=\frac{固定成本}{单价-单位变动成本}$$

又因：单价 − 单位变动成本 = 单位边际贡献

$$所以：保本量=\frac{固定成本}{单位边际贡献}$$

【例 8-5】 某企业仅生产一种产品，销售单价为 200 元，单位变动成本为 120 元，固定成本为 200 000 元，计算盈亏保本量。

$$保本量=\frac{固定成本}{单价-单位变动成本}$$

$$保本量=\frac{200\ 000}{200-120}=250（件）$$

2. 保本额分析

现在只生产单一产品的企业不多，大多数企业同时产销多种产品。

由于利润计算的公式为：

利润 = 销售额 × 边际贡献率 - 固定成本

令利润 =0，此时的销售额即为保本额：

0= 保本额 × 边际贡献率 - 固定成本

$$保本量=\frac{固定成本}{边际贡献率}$$

【例 8-6】根据【例 8-5】，保本额 $=\frac{200\ 000}{(200-120)\div 200}=\frac{200\ 000}{0.4}$

$=500\ 000$（元）

或：保本额 = 保本量 × 单价

$=250\times 200=50\ 000$（元）

8.5.2 与保本点有关的指标

与保本点有关的指标包括盈亏临界点作业率、安全边际、安全边际率等。

1. 盈亏临界点作业率

盈亏临界点作业率，是指盈亏临界点销售量占企业实际或预计销售量的比重。由于管理会计的主要任务是控制现在或规划未来，因此，实际或预计销售量（额）就是指现在或未来的正常销售量（额）。

盈亏临界点作业率的计算公式如下：

$$盈亏临界点作业率=\frac{盈亏临界点销售量（额）}{实际或预计销售量（额）}\times 100\%$$

【例 8-7】 某企业或实际预计销售额为 1 500 000 元，盈亏临界点销售额为 600 000 元，则：

$$盈亏临界点作业率=\frac{600\ 000}{1\ 500\ 000}\times 100\%=40\%$$

这个比率表明企业保本的业务量在实际或预计业务量中所占的比重。

2. 安全边际和安全边际率

安全边际，是指实际或预计的销售额超过盈亏临界点销售额的差额，表明销售额下降多少，企业仍不至亏损。

安全边际的计算公式如下：

安全边际 = 实际或预计销售额 − 盈亏临界点销售额

根据【例 8-7】中有关数据，计算安全边际。

安全边际 $=1\ 500\ 000-600\ 000=900\ 000$（元）

企业有时为了考察当年的生产经营安全情况，还可以用本年实际订货额代替实际或预计销售额计算安全边际。企业生产经营的安全性，还可以用安全边际率表示，即安全边际与实际或预计销售额（或当年实际订货额）的比值。安全边际率的计算公式如下：

$$\text{安全边际率}=\frac{\text{安全边际}}{\text{实际或预计销售额（或实际订货额）}}\times 100\%$$

根据【例 8−7】的有关资料计算：

$$\text{安全边际率}=\frac{900\ 000}{1\ 500\ 000}\times 100\%=60\%$$

安全边际和安全边际率的数值越大，企业发生亏损的可能性越小。企业就越安全。盈亏临界点作业率和安全边际如图 8−9 所示。

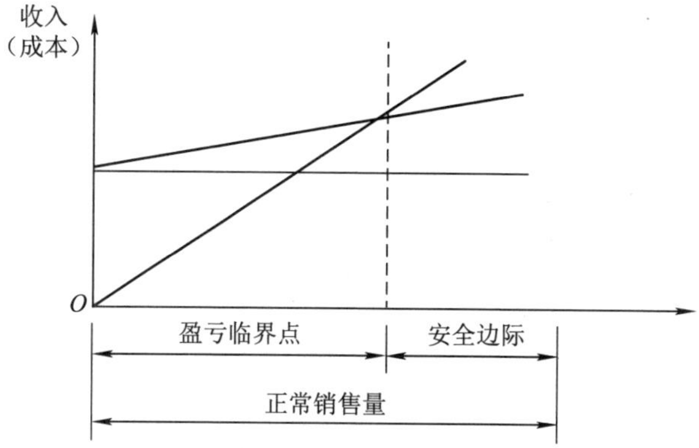

图 8−9　盈亏临界点作业率和安全边际

从上图可以看出，盈亏临界点把正常销售分两部分：一部分是盈亏临界点销售量（额），另一部分是安全边际量（额）。即：

正常销售额=盈亏临界点销售额＋安全边际额

左右两边除以正常销售额得：

1= 盈亏临界点作业率＋安全边际率

根据例 8−7 有关数据计算：

盈亏临界点作业率＋安全边际率=40%+60%=1

从图 8−9 还可以看出，只有安全边际才能为企业提供利润，而盈亏临界点销售额扣除变动成本后，只能为企业补偿固定成本。安全边际部分的销售额减去自身变动成本后成为企业息税前利润，即边际贡献等于企业利润。公式如下：

息税前利润 = 销售收入 − 变动成本 − 固定成本

= 边际贡献 − 固定成本

= 销售收入 × 边际贡献率 − 固定成本

= 销售收入 × 边际贡献率 − 盈亏临界点销售收入 × 边际贡献率

=（销售收入 − 盈亏临界点销售收入）× 边际贡献率

所以，息税前利润 = 安全边际额 × 边际贡献率

$$边际贡献率=\frac{单价-单位变动成本}{单价}\times 100\%$$

$$\frac{息税前利润}{销售收入}=\frac{安全边际额}{销售收入}\times 边际贡献率$$

销售息税前利润率 = 安全边际率 × 边际贡献率

上式提供了一种计算销售利润率的新方法，表明企业要提高销售息税前利润率，就必须提高安全边际率(即降低盈亏临界点作业率)，或提高边际贡献率(即降低变动成本率)。

一般而言，安全边际量或安全边际额数值越大，企业发生亏损的可能性就越小，企业也就越安全。与此同理，安全边际率数值越大，企业发生亏损的可能性就越小，说明企业的业务经营也就越安全。

【例 8-8】 某企业生产一种产品，单价 20 元，单位变动成本 12 元，固定成本 80 000 元 / 月，每月实际销售量为 25 000 件。

根据题意，计算下列指标：

保本点销售量 =80 000 ÷ (20−12)=10 000(件)

安全边际额 =25 000 × 20−10 000 × 20=300 000（元）

保本作业率 =10 000 ÷ 25 000 × 100%=40%

安全边际率 =1−40%=60%

销售利润率 =60% × (20−12) ÷ 20

=60% × 40%=24%

利润 =25 000 × 20 × 24%=120 000（元）

8.5.3 多品种保本点的确定

由于企业生产和销售的产品品种繁多，各种产品的计量单位可能不一样，因此不同品种的产品销售量无法直接相加减，因此只能根据多品种产品的保本点销售额进行保本分析。计算多品种保本点的方法主要有以下四种。

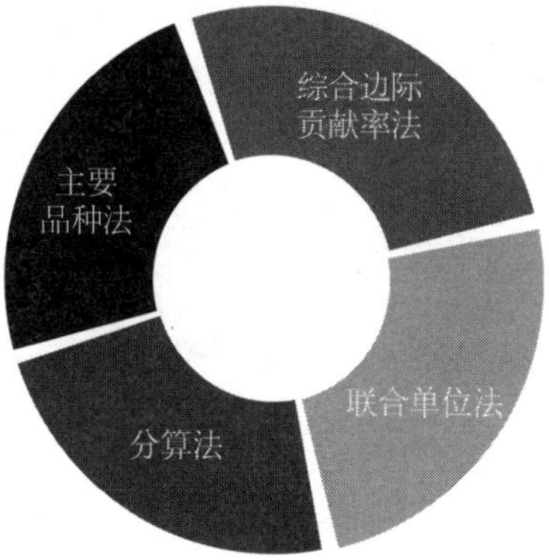

1. 综合边际贡献率法

综合边际贡献率法分5个步骤：①计算全部商品的总销售额；②计算每种商品销售额的比重；③计算全部商品的综合边际贡献率；④计算综合保本额；⑤计算每种商品的保本额和保本量。

综合贡献边际率法的基本程序如下：

（1）计算全部产品的销售总额，公式如下：

销售总额 =∑（各种产品的单价 × 预计销售量）

（2）计算各种产品销售额在总销售额中的所占比重，公式如下：

销售比重 = 各种产品的销售额 ÷ 销售总额 ×100%

（3）计算各种产品的加权平均贡献边际率(综合边际贡献率)，公式如下：

加权平均贡献边际率 =∑(各种产品的贡献边际率 × 各种产品的销售比重)

（4）计算整个企业的综合保本销售额，公式如下：

综合保本销售额 = 固定成本总额 ÷ 加权平均贡献边际率

（5）计算各种产品的保本销售额与保本销售量，公式如下：

各种产品的保本销售额 = 综合保本销售额 × 各种产品各自的销售比重

各种产品的保本销售量 = 各种产品的保本销售额 ÷ 各种产品的单位销售价

$$综合保本额 = \frac{固定成本}{综合贡献边际率}$$

其中：综合贡献边际率 = ∑某种产品贡献边际率 × 该产品销售比重

【例 8-9】 利士得有限公司生产甲、乙、丙三种产品，计划期预计销量、单价以及单位变动成本、固定成本总额资料，见表 8-1。

表 8-1　相关资料

项目	甲产品	乙产品	丙产品
预计销量（件）	1 200	2 000	4 000
销售单价（元）	50	30	20
单位变动成本（元）	30	12	10
固定成本总额（元）	100 000		

根据表 8-12 的资料，计算边际贡献率、销售比重，见表 8-2。

表 8-2　计算边际贡献率、销售比重

项目	甲产品	乙产品	丙产品	合计
单位边际贡献（元）	20	18	10	-
边际贡献率（%）	40%	60%	50%	-
销售额（元）	60 000	60 000	80 000	200 000
销售比重（%）	30%	30%	40%	100%

加权平均边际贡献率 =40% × 30% ＋ 60% × 30% ＋ 50% × 40%

=12% ＋ 18% ＋ 20% = 50%

综合保本销售额 =100 000 ÷ 50%=200 000（元）

本例中，三种产品的保本点分别为：

甲产品保本销售额 =200 000 × 40%=80 000（元）

保本销售量 =80 000 ÷ 50=1 600（件）

乙产品保本销售额 =200 000 × 30%=60 000（元）

保本销售量 =60 000 ÷ 30=2 000（件）

丙产品保本销售额 =200 000 × 40%=80 000（元）

保本销售量 =80 000 ÷ 20=4 000（件）

甲产品、乙产品、丙产品保本销售额 =80 000 + 60 000 + 80 000=220 000（元）

甲产品、乙产品、丙产品保本销售量 =1 600 + 2 000 + 4 000=7 600（件）

【例8-10】 以【例8-9】资料为例，利士得有限公司本月实际销量见表8-3。

表8-3　甲、乙、丙产品实际销售额

品种	销售量（件）	价格（元）	实际销售额（元）
甲产品件	2 000	50	2 000 × 50=100 000
乙产品	2 200	30	2 200 × 30=66 000
丙产品	4 500	20	4 500 × 20=90 000
合计			256 000

甲、乙、丙产品实际销售额为256 000元，大于综合保本销售额220 000元。

此时整个企业能否保本？根据上述资料，计算如下。

甲产品边际贡献 =100 000 × 40%=40 000（元）

乙产品边际贡献 =66 000 × 60%=39 600（元）

丙产品边际贡献 =90 000 × 50%=45 000（元）

营业利润 =40 000 + 39 600 + 45 000−100 000=24 600（元）

由于 24 600 ＞ 0，所以企业是盈利的。

在其他条件不变的前提下，企业应积极采取措施，努力提高贡献边际率水平较高产品的销售比重，降低贡献边际率水平较低产品的销售比重，从而提高企业综合贡献边际率水平，达到降低全厂保本额和保利额的目的。在其他条件不变的前提下，企业应积极采取措施，努力提高边际贡献率水平较高的产品的销售比重，降低边际贡献率水平较低的产品销售比重，从而提高企业的综合边际贡献率水平，从而达到降低全厂保本额和保利额的目的。

2. 联合单位法

联合单位法是指在事先掌握多品种之间客观存在的相对稳定产销实物量比例的基础上，确定每一联合单位的单价和单位变动成本，进行多品种条件下本量利分析的一种方法。

采用联合单位法时，联合单位的数量因选用标准不同而不同。比如企业生产甲、乙两种产品，本月分别销售2 000件、3 000件。甲、乙销售量比例可以为1：1.5（以甲产品为标准），也可以为0.67：1（以乙产品为标准），也可以直接表示为2：3。

如采用第一种方式，联合单位数量为2 000÷1=3 000÷1.5=2 000

如采用第二种方式，联合单位数量为2 000÷0.67≈3 000÷1=3 000

如采用第三种方式，联合单位数量为2 000÷2=3 000÷3=1 000。

虽然确定的联合单位数量不同，从而造成联合单位变动成本、联合保本销售量也不相同，但最终的结论（各种产品的保本销售量和保本销售额）是相同的。

联合单位法计算公式如下：

$$联合保本量=\frac{固定成本}{联合单价-联合单位变动成本}$$

$$联合保本量=\frac{固定成本+目标利润}{联合单价-联合单位变动成本}$$

某产品保本量 = 联合保本量 × 该产品销量比

某产品保利量 = 联合保利量 × 该产品销量比

【例8-11】 某公司生产销售A、B、C三种产品，按联合单位法（产品销量比为A：B：C=6：3：1），确定各产品的保本销售量和保本销售额，相关资料见表8-4。

表8-4　　ABC三种产品相关资料

项目	产量（件）	单价（元）	变动成本（元）
A产品	9 000	20	10
B产品	4 500	40	24
C产品	1 500	60	40
固定成本	4 352 000		

采用联合单位法，计算联合保本重和保本额。

（1）联合单价=6×20 + 3×40 + 1×60=300（元）

（2）联合单位销量 =1 500÷1=1 500(件)，或 =4 500÷3=1500(件)，或 =9 000÷6=1500(件)

（3）联合单位变动成本 =6 × 10 ＋ 3 × 24 ＋ 1 × 40=172（元）

（4）联合单位边际贡献 =300−172=128（元）

（5）联合保本量 =435.2 ÷ 128=3.4（万件）

A 产品的保本销售量 =3.4 × 6=20.4（万件）

A 产品的保本销售额 =20.4 × 20=408(万元)

B 产品的保本销售量 =3.4 × 3=10.2（万件）

B 产品的保本销售额 =10.2 × 40=408(万元)

C 产品的保本销售量 =3.4 × 1=3.4（万件）

C 产品的保本销售额 =3.4 × 60=204(万元)

3. 分算法

分算法是指在一定条件下，将全厂固定成本按一定标准（如边际贡献额、销售额、工时等）合理分配给各产品，然后按确定“单一品种保本点”的办法分别计算确定每一品种产品的保本点，最后汇总计算多品种产品的综合保本销售额的方法。

【例 8–12】 某公司生产 A、B、C 三种产品，有关资料见表 8–5。要求根据资料，按产品边际贡献分配共同固定成本，并采用分算法进行保本分析。

表 8–5　共同固定成本分配率

摘 要	A 产品	B 产品	C 产品
预计销售量（件）	1 000	1 500	700
销售单价（元）	30	40	50
单位变动成本（元）	18	20	30
单位边际贡献（元）	12	20	20
专属固定成本（元）	8 000	5 000	12 000
共同固定成本（元）	25 000		

ABC 产品共同固定成本分配率 =25 000 ÷（12 × 1 000+20 × 1 500+20 × 700）

=25 000 ÷ 56 000

=0.45

分配给 A 产品的固定成本 =12 × 1 000 × 0.45=5 400（元）

分配给 B 产品的固定成本 =20 × 1 500 × 0.45=13 500（元）

分配给 C 产品的固定成本 =20 × 700 × 0.45=6 300（元）

4. 主要品种法

主要品种法是指在特定条件下，通过在多种产品中确定的一种主要品种，完成多品种条件下本量利分析任务的一种方法。

8.6 保利分析

尽管保本是企业生产最基本的目标，是安全经营的前提，但企业的经营目标不在于保本，而是尽可能地获取利润，达到一定的盈利目标，所以保利分析才是企业生产真正的目的，也只有在盈利条件下，才能充分揭示成本、业务量和利润之间的关系。保利分析，就是指在目标利润引进本量利分析的基本数学模式，在单价和成本水平既定的情况下，充分揭示成本、业务量、利润三者之间关系的本量利分析。

通过保利分析，可以确定为了实现目标利润而应该达到的目标销售量和目标销售额，从而以销定产，确保企业经营方向。

保利点是指在单价和成本水平确定情况下，为确保预先确定的目标利润能够实现，而应达到的销售量和销售额的统称，具体包括保利量和保利额两项指标。

保利点的计算分为单一品种保利点与多品种保利点。

8.6.1 单一品种保利点的计算

假设在没有企业所得税的情况下：

$$\text{目标利润} = \text{单价} \times \text{销量} - \text{单位变动成本} \times \text{销量} - \text{固定成本}$$

$$\text{保利量} = \frac{\text{固定成本} + \text{目标利润}}{\text{单价} - \text{单位变动成本}}$$

$$= \frac{\text{固定成本} + \text{目标利润}}{\text{单位边际贡献}}$$

假设企业存在所得税：

税后目标利润 =（单价 × 销量 − 单位变动成本 × 销量 − 固定成本）×（1−企业所得税税率）

$$保利量=\frac{固定成本+\frac{税后目标利润}{1-企业所得税税率}}{单价-单位变动成本}$$

$$=\frac{固定成本+\frac{税后目标利润}{1-企业所得税税率}}{单位边际贡献}$$

保本额是企业为实现既定的目标利润所需的业务额。保利额可在保利量计算公式的基础上乘以单价。在不存在企业所得税的情况下，公式为：

$$保利额=\frac{固定成本+目标利润}{单价-单位变动成本}\times 单价$$

$$=\frac{固定成本+目标利润}{边际贡献率}$$

假设存在企业所得税，计算保利额的公式为：

$$保利额=\frac{固定成本+\frac{税后目标利润}{1-企业所得税税率}}{边际贡献率}\times 单价$$

$$=\frac{固定成本+\frac{税后目标利润}{1-企业所得税税率}}{边际贡献率}$$

【例 8–13】 某公司甲产品，单位售价 3 000 元，单位变动成本 2 000 元，年固定成本总额 2 000 000 元，计划年度的目标利润为 100 000 元。

$$保利量=\frac{固定成本+目标利润}{单价-单位变动成本}$$

$$保利量=\frac{2\ 000\ 000+100\ 000}{3\ 000-2000}$$

=2 100（件）

$$保利销售额=\frac{2\ 000\ 000+100\ 000}{(3\ 000-2\ 000)\div 3\ 000}$$

=6 363 636.36（元）

说明该公司欲实现 100 000 元的目标利润，保利销售量应为 21 000 件，保利销售额应达到 6 363 636.36 元。

【例 8-14】 以【例 8-13】的资料，若计划年度的所得税率为 25%，欲实现目标税后利润 375 000 元，保利量与保利销售额是多少？

$$保利量=\frac{2\ 000\ 000+375\ 000\div（1-25\%）}{3\ 000-2\ 000}$$

=3 167（件）

保利销售额 =3 000 × 3 167=9 501 000（元）

（3）保利成本及其计算。

保利成本是指在其他因素既定的条件下，为保证目标利润的实现，特定成本应当达到的水平，包括保利单位变动成本和保利固定成本两项指标。

保利单位变动成本的计算公式：

$$单位变动成本=单位变动成本+\frac{固定成本+目标利润}{销售量}$$

保利固定成本的计算公式：

固定成本 =（单价 − 单位变动成本）× 销售量 − 目标利润

（4）保利单价及其计算。

保利单价是指在其他因素既定的条件下，为保证目标利润实现应当达到的单价，又称为目标单价。保利单价的计算公式如下：

$$单价=单位变动成本+\frac{固定成本+目标利润}{销售量}$$

8.6.2 多品种保利点的计算

多品种保利点只需计算达到目标利润的销售额。

$$综合保利销售额=\frac{固定成本+目标利润}{综合边际贡献率}$$

$$综合保利销售额=\frac{固定成本+\dfrac{目标税后利润}{1-所得税税率}}{综合边际贡献率}$$

【例 8-15】 按【例 8-13】的资料，已知固定成本为 3 000 000 元，综合边际贡献率 40%。若该公司计划期目标利润为 600 000 元。

则：实现目标利润的综合保利销售额

=（3 000 000 ＋ 600 000）÷40%

=9 000 000（元）

假设所得税税率为 25%。则实现目标税后利润的综合保利销售额为：

综合保利销售额 =[3 000 000 ＋ 600 000÷(1−25%)]÷40%

=9 500 000（元）

（5）保本作业率指标。

企业经营的安全程度，不仅可以用安全边际、安全边际率等正指标来评价，也可以用逆指标——保本点作业率来反映。

所谓保本作业率又叫“危险率”，是指保本点业务量（额）占现有或预计销售业务量（额）的百分比，该指标是一个反指标，越小说明越安全。

$$保本作业率=\frac{保本量}{现有或预计销售量}\times 100\%$$

$$=\frac{保本额}{现有或预计销售量}\times 100\%$$

安全边际率＋保本作业率 =1

8.7 利润敏感分析

在保本分析和保利分析中，隐含着一个假定，即除待求变量外的其他参数都是确定不变的。实际上，由于市场的变化（譬如供求数量、原材料价格、产品价格等变动）和企业生产技术条件的变化，会引起模型中参数发生变化，对原已计算的盈亏临界点、目标利润或目标销售量产生影响。经营者希望事先预知掌握有关参数可能变化的影响程序，以便在变化发生时及时采取对策，调整企业计划，使生产经营活动始终控制在最有利的状态。敏感性是解决类似问题的一种可取方法。保本点敏感性分析是指在现有或预计销售量的基础上测算影响保本点的各个因素单独达到临界值时仍能确保企业不亏损的一种敏感性分析方法。

8.7.1 利润敏感因素

利润敏感分析主要研究与分析有关因素发生多大变化时会使盈利转为亏损，或亏损转为盈利。

单价、单位变动成本、产销量和固定成本的变化，会影响利润的高低。这种变化达到一定程度，会使企业利润消失，进入盈亏临界状态，使企业的经营状况发生质变。因此进行敏感分析目的是提供目标发生质变的各参数变化的临界值。

临界值，也称盈亏临界值，是指在不使目标值发生质的变化的前提下，允许有关参数值变动达到的最小值或最大值。

【例 8-16】 恒丰有限公司只生一种产品，单价 80 元，单位变动成本 50 元，全年固定成本为 240 万元，计划销售量为 50 万件。

假设不考虑税费，计算明年利润：

明年利润 =500 000×（80−50）−2 400 000

=12 600 000（元）

影响销售高低的因素包括：单价、单位变动成本、产销量和固定成本。

（1）销售量最小值，是指使企业利润为零的销售量，即盈亏临界点销售量。

销售量最小允许值 = 全年固定成本 ÷（单价 − 单位变动成本）

=2 400 000÷（80−50）=80 000（件）

（2）销售单价最小值。单价下降会使利润下降，下降到一定程度，利润将变为 0，它是企业能忍受销售单价的最小值。

单价的最小允许值 = 单价 +（固定成本 ÷ 计划销售量）

=80+240 000÷500 000=84.80（元）

（3）单位变动成本的最大值。单位变动成本上升会使利润下降，并逐渐趋近于零，此时的单位变动成本是企业能忍受的最大值。

单位变动成本的最大允许值 = 单价 −（固定成本 ÷ 计划销售量）

=80−240 000÷500 000=79.52（元）

（4）固定成本最大值。固定成本上稭也会使利润下降，并趋近于零。

固定成本的最大允许值 =（单价 - 单位变动成本）× 计划销售量

=（80−50）×500 000=15 000 000（元）

8.7.2 敏感系数计算

各参数变化都会引起利润的变化，有的参数发生微小变化，就会使利润发生很大的变动。如果利润对这些参数的敏感系数绝对值大于 1，我们称这类参数为敏感因素；如果利润对这些参数的敏感系数绝对值小于 1，我们称这类参数为不敏感因素。

衡量因素敏感程度强弱的指标称为敏感系数。其计算公式为：

$$敏感系数=\frac{目标值变动百分比}{因素值变动百分比}$$

敏感系数为正，表示该变量与利润呈同方向变动；敏感系数为负，表示该变量与利润呈反方向变动。

注意：敏感分析中的临界值问题与敏感系数问题，实际上是一个问题的两个方面。某一因素临界值的允许值越高，利润就对该因素越不敏感；反之，某一因素临界值的允许值越低，利润就对该因素越敏感。

其中，目标值是指利润；因素值是指单价、单位变动成本、销售量和固定成本。计算敏感系数可帮助管理人员了解各因素变动对利润的影响程度，以便找出问题的关键，提高管理效率，及时调整措施，保证目标利润的实现。

【例 8–17】 接【例 8–16】进行敏感程度分析。

（1）单价的敏感程度。设单价增加 8%，则：

变动后的单价 =80×（1+8%）=86.40（元）

单价变动后的利润 =（86.40−50）×500 000−2 400 000

=15 800 000（元）

若原利润 12 600 000 元，比率为：

利润变动百分比 =（15 800 000−12 600 000）÷12 600 000×100%

=25.40%

单价的敏感系数 =25.40%÷8%=3.2

单价对利润的影响很大，从百分率上看，利润以3.2倍的速率随单价变化。提价似乎是提高盈利的最有效手段，价格下降也将是企业的最大威胁。经营者根据敏感系数应明确知道，每降价1%，企业将失去3.2%的利润，所以要格外关注。

（2）单位变动成本的敏感程度。设单位变动成本增长8%，则：

变动后的单位变动成本 =50×（1 + 8%）=54（元）

单位变动成本变动后的利润 =（80−54）×500 000−2 400 000

=10 600 000（元）

利润变动百分比 =（10 600 000−12 600 000）÷12 600 000×100%

=−15.87%

单位变动成本的敏感系数 =（−15.87%）÷8%=−1.99

单位变动成本对利润的影响比单价要小，单位变动成本增加1%时，利润将减少1.99%；当单位变动成本降低1%，利润将增加1.99%。由于敏感系数绝对值大于1，说明变动成本的变化会造成利润更大的变化，仍属于敏感因素。

（3）固定成本的敏感程度。设固定成本增长8%：

变动后的固定成本 =2 400 000×（1 + 8%）=2 592 000（元）

固定成本变动后的利润 =（80−50）×500 000−2 592 000

=12 408 000（元）

利润变动百分比 =（12 408 000−12 600 000）÷12 600 000×100%

=−1.52%

固定成本的敏感系数 =（−1.52%）÷8%=−0.19

即：固定成本的敏感系数为 −0.19，说明当固定成本增加1%时，利润将减少0.19%；当固定成本降低1%，利润将增加0.19%。

（4）销售量的敏感程度。设销售量增长8%，则：

变动后的销售量 =500 000×（1 + 8%）=540 000（件）

销售量变动后的利润 =（80−50）×540 000−2 400 000

=13 800 000（元）

利润变动百分比 =（13 800 000−12 600 000）÷12 600 000×100%

=9.52%

销售量的敏感系数 =9.52% ÷ 8%=1.19

即：销售量的敏感系数为 1.19，说明当销售量增加 1% 时，利润将增加 1.19%；当销售量降低 1%，利润将减少 1.19%。

将以上敏感系数按绝对值的大小排列，依次为单价、单位变动成本、销售量和固定成本，说明利润对单价的变动最为敏感，其次是单位变动成本和销售量，固定成本的影响程度最小。

由于敏感性分析适用于各种不同的情况，因此在许多领域得到广泛的应用。在本量利分析中进行敏感分析，可以研究和提供引起目标利润从盈利转化为亏损时各因素变化的界限，各因素变化对利润的影响程度，以及当个别因素变化时，如何保证原目标利润的实现，最终为管理人员提供一种简便、有效、直接的方法，以判断可能发生预测误差的后果并作出相应的决策。

8.7.3 敏感分析表

敏感系数提供了利润对各因素变动的敏感程度，但不能直接反映各因素变动后的利润值。

因此，在实务中，一般通过编制敏感分析表来反映各因素变动后的利润值。

通过分析表，管理人员能了解利润对各因素的敏感程度，并可直观地看出各因素变化后的利润值。

【例 8-18】 根据【例 8-13】【例 8-14】，编制敏感分析表，见表 8-6。

表 8-6　单因素变动敏感分析表

单位：元

各因素变动对利润的影响	−8%	−5%	0	5%	8%
单价（元 / 件）	9 400 000	10 600 000	12 600 000	14 600 000	15 800 000
单位变动成本（元 / 件）	14 600 000	13 850 000	12 600 000	11 350 000	10 600 000
固定成本（元）	12 792 000	12 720 000	12 600 000	12 480 000	12 408 000
销售量（件）	11 400 000	11 850 000	12 600 000	13 350 000	13 800 000

第 9 章 企业生产全流程控制方法

企业在采购阶段、生产阶段、销售阶段等需要采用一定的方法控制成本。

9.1 采购阶段成本控制

采购阶段发生的成本包括订货成本、储存成本、缺货成本，企业在保证生产或销售经营需要的前提下，最大限度地降低存货成本。具体包括：①保证生产正常进行；②有利于销售；③便于维持均衡生产，降低产品成本；④降低存货取得成本；⑤防止意外事件的发生。

9.1.1 存货的取得成本

存货的取得成本由订货成本与购置成本组成。

1. 订货成本

订货成本中有一部分与订货次数无关，如常设采购机构的基本开支，称为订货固定成本，另一部分与订货次数有关，如差旅费、邮费等，称为订货的变动成本，即订货成本公式为：

订货成本 = 订货固定成本＋年需要量 ÷ 每次进货量 × 订货变动成本

= 订货固定成本＋订货次数 × 订货变动成本

订货变动成本 =(存货每期需求量 ÷ 每次订货批量)× 每次订货费用

【例 9-1】 甲公司是一家汽车挡风玻璃批发商，为 5 家汽车制造商提供挡风玻璃，为了降低与存货有关的总成本，有关资料如下：

（1）全年固定进货成本 1 200 元；

（2）全年需求预计为 16 000 块玻璃；

（3）每次订货发生时处理订单成本 36 元；

（4）每次订货需要支付运费 50 元；

（5）每次收货后需要验货，验货时外聘一名工程师，验货过程需要 6 小时，每小时支付工资 20 元。

根据以上资料，计算下列指标。

每次订货的变动成本 =36 ＋ 50 ＋ 6 × 20=206（元）

订货次数 =16 000 ÷ 400=40（次）

全年变动成本 =206 × 40=8 240（元）

订货成本 =1 200 ＋ 8 240=9 440（元）

2. 购置成本

购置成本指存货本身的价值，经常用数量与单价的乘积确定。即：

购置成本 = 年需要量 × 存货单价

【例 9-2】 接【例 9-1】，假若每块玻璃单价 200 元，则：

购置成本 =16 000×200=320 000（元）

入库订货成本加购置成本，就等于存货的取得成本。其公式如下：

取得成本 = 订货成本＋购置成本

= 订货固定成本＋订货变动成本＋购置成本

接上例，则取得成本 =1 200 ＋ 8 240 ＋ 320 000=3 209 440（元）

9.1.2 储存成本

储存成本是企业为避免存货短缺，保证正常生产经营而必须维持的存货量。库存量过多，会增加库存成本和废料损失；库存量过少，则供应不足延误生产。因此企业应设定安全库存量，即保险储备，防止大量突发订货、交货期缩短等因素造成缺货。

储存成本分为固定成本与变动成本，固定成本与存货数量无关，如仓库折旧费、仓库职工月固定工资等，变动成本与存货数量有关，如存货资金的应计利息、存货变质与破损、保险费用等。

所以储存成本公式为：

储存成本 = 储存固定成本＋储存变动成本

变动储存成本 =(每次订货批量 ÷2)× 单位存货每期储存成本

【例 9-3】 接【例 9-1】，假若玻璃入库后，为储存玻璃发生如下费用：

（1）为存储挡风玻璃需要租用公共仓库。仓库租金为每年 20 000 元；

（2）挡风玻璃为易碎品，损毁成本为进货成本的 1‰；

（3）其他的变动储存成本为每块玻璃 0.01 元。

假设全年订货 40 次，每次储存 400 块玻璃。

根据以上资料，计算相关数据。

每块玻璃的变动储存成本 =1200×1‰＋ 0.01=1.21（元）

每次进货储存成本 =1.21×400=484（元）

全年储存成本 =20 000 ＋ 484×40=39 360（元）

9.1.3 缺货成本

缺货成本包括停工待料、延迟发货损失等，企业应分析产生缺货的原因，制订积极有效的方法，尽可能地将损失降低。

解决缺货成本，还是从订货成本、储存成本抓起，科学制订订货成本、储存成本，可以有效解决缺货带来的损失 。

1. 安全库存量

安全库存量应考虑几个因素：

（1）考虑保险储备的再订货点

再订货点 = 预计交货期内的需求＋保险储备

= 交货时间 × 平均日需求量＋保险储备

（2）保险储备确定的方法：使保险储备的储存成本与缺货损失之和最小。

保险储备的储存成本 = 保险储备 × 单位储存成本

缺货损失 = 一次订货期望缺货量 × 年订货次数 × 单位缺货损失

相关总成本 = 保险储备的储存成本＋缺货损失

比较不同保险储备方案下的相关总成本，选择最低者为最优保险储备。

2. 经济订货基本模型

经济订货基本模型适用于整批间隔进货，不允许缺货的存储问题。使存货总成本最低的进货批量，叫做经济订货批量或经济批量。

经济订货量基本模型需要设立的假设条件有：

（1）企业一定时期的进货总量可以较为准确地予以预测；

（2）存货的耗用或者销售比较均衡；

（3）存货的价格稳定，且不存在数量折扣，进货日期完全由企业自行决定，并且每当存货量降为 0 时，下一批存货均能马上一次到位；

（4）仓储条件及所需现金不受限制；

（5）不允许出现缺货的情形；

（6）所需存货市场供应充足，不会因买不到所需存货而影响生产。

经济订货基本模型相关参数，见表 9-1。

表 9-1　经济订货基本模型相关参数

模型	经济订货基本模型
经济订货批量	$EOQ=\sqrt{\frac{2KD}{Kc}}$
经济订货批量相关总成本	$TC(Q)=\sqrt{2KDKc}$
公式说明	D 为年需要量，K 为每次订货费用，Kc 为单位存货储存费率

【例 9-4】 甲公司每年需耗用特种钢材 2 880 千克，该材料每千克采购成本为 20 元，年单位存货储存费率为 40 元，平均每次订货费用为 400 元。符合经济订货基本模型的全部假设条件。

根据上述资料，计算下列指标。

（1）经济订货批量 $=\sqrt{\frac{2\times 2\ 880\times 400}{40}}=240$（千克）

（2）相关总成本 $=240\times 40=9\ 600$（元）

9.1.4 订货成本控制

企业建立请购授权审批制度，明确审批人对采购作业的授权批准方式、权限、程序和责任。采购人员发生的差旅费、通信费、资料费等属于订货成本，采购人员填制费用报销单，经部门和相关领导审批后，交付财务部门报销。费用报销单模式见表 9-2。

表 9-2

费 用 报 销 单

部门： 报销日期： 年 月 日 附件： 张

费用项目	类别	金额	部门负责人	
			财务负责人	
			单位领导	
			报销人	
报销金额合计（大写人民币元）			¥	

会计： 复核： 出纳： 制表：

采购部根据生产部提交的物料需求单，填写采购申请表，见表 9-3。

表 9-3 采购申请表

使用部门：

请购项目	物料编号	名称	规格	数量	估计单价	到达日期
询价记录	商家	商标	单价	总价	批次	预计交货日期
采购经办人						
采购部经理						

1. 招标采购

企业可采用招标采购，对供应商设定条件，如定价、规格等，几家共同竞标，中标者可作为长期供应商。企业应建立供应商档案，包括供应商名称、联系方式、地址、付款条件、交货条件、开户行、营业执照复印件、统一社会信用代码等。采购材料到库后，企业应制订验收和入库制度，提高工作效率。

2. 制订采购底价

采购部应对本企业需要采购的所有材料与物品制订底价，实际采购价格应低于底价，底价可以有效地控制采购费用。如何制订可执行的底价，可根据以往采购价格、目前供应商提供的价格、市场此类材料或物品的报价以及本企业可接受的价格，统一制订价格。

3．控制付款时间

采购付款时间长短可影响企业的现金流，企业尽可能跟供应商争取更长的账期；延长付款付款方式也很重要，如采用现金或票据支付，结果是不一样的，见表 9-4。

表 9-4　采用现金或票据支付的区别

付款方式	对企业的影响
现金	采用现金支付，一般能换来供应商比其他支付方式更多的优惠或折扣，更能掌握主动地位，增加谈判砝码
商业票据	1. 可以提高企业的正面形象，在购货时可要求供应商降低采购价格而获得利益；因为票据本身就是信用的象征，说明该企业的经营状况良好，增加供应商的信心 2. 增强了企业的财务监督，提高财务管理的水平。同时更有效地实施资金的筹划和合理化库存结构 3. 票据有一定的付款期限，公司资金可暂用于其他方面获取投资回报

选择不同的付款方式也有利于公司资金周转，企业可以选择以下方式：①预付部分货款；②货到后用商业票据支付（因商业票据最长付款期限为 6 个月）；③货到后分期付款；④货到后一次性现金支付。具体能争取到哪一类付款方式，需要采购部与供应商谈判。

9.1.5 存货成本控制

1．存货 ABC 控制系统

ABC 分类管理，就是按照一定的标准，将企业的存货划分为 A、B、C 三类，分别实行分品种重点管理、分类别一般控制和按总额灵活掌握的存货管理方法。ABC 控制系统分类标准及其管理方法，见表 9-5。

表 9-5　ABC 控制系统分类标准及其管理方法表

项目	特征	分类标准		管理方法
		金额（%）	品种数量（%）	
A 类	金额巨大，品种数量较少	50 ~ 70	10 ~ 15	分品种重点管理
B 类	金额一般，品种数量相对较多	15 ~ 20	20 ~ 25	分类别一般控制
C 类	品种数量繁多，价值金额却很小	10 ~ 35	60 ~ 70	按总额灵活掌握

分类标准主要有两个：一是金额标准；二是品种数量标准。其中金额标准是最基本的，品种数量标准仅作为参考。重点控制法在仓库管理中是经常运用的一种方法，可以使库存结构得到优化，减少库存总量、节约管理力量等。

2. 适时制库存控制系统

适时制库存控制系统又叫做零库存管理，看板管理系统。制造企业事先与供应商和客户协调好：只有当制造企业在生产过程中需要原料或零件时，供应商才会将原料或零件送来；且产品生产出来就被客户拉走。要求有稳定而标准的生产程序以及诚信的供应商。

9.2 生产成本控制

生产成本费用控制包括直接材料、人工、能源及动力、修理费等。通常使用定额管理方法进行考核、奖惩等。主要包括：材料消耗定额、工时定额、人员定额、用工定额、成本费用定额等。

9.2.1 直接材料成本控制

对材料实施消耗定额管理，是企业控制直接材料成本的重要措施。定额就是企业预计材料的消耗量，并以此为标准预估产品的材料总耗用量，消耗定额与实际成本之间的差额叫做材料成本差异。

1. 原材料消耗定额

依据用途不同，原材料消耗定额可分为原材料工艺性消耗定额和原材料非工艺性消耗定额。

（1）原材料工艺性消耗定额，是指生产单位产品或完成单位工作量所用材料的有效消耗量，包括单位产品的净重消耗和合理的工艺性消耗。

（2）原材料非工艺性消耗定额，也称“原材料供应定额”，是指在原材料工艺性消耗定额的基础上，还包括一部分因客观条件限制不可避免的非工艺性损耗，如在生产过程 中不避免产生的废品、现场搬运保管过程中的合理损耗和其他非工艺技术引起的损耗，包括废品消耗、材料代用损耗、设备调整中的损耗等。

2. 制定材料消耗定额

根据生产部、仓库的有关原材料领用、发放、入库记录单，以及产成品计算表，确定单位产品材料消耗定额。单位产品直接材料消耗定额明细表，见表 9–6。

表 9–6 单位产品直接材料消耗定额明细表

产品名称及规格：　　　　　　　　　　　　　　　　　填写日期：

序号	材料名称	计量单位	损耗率（1%）	实际用量	材料单价	消耗定额	单位产品消耗定额

原材料工艺性消耗定额计算公式如下：

单位产品原材料工艺性消耗定额 = 单位产品净重的材料消耗量＋各种工艺性消耗之和

原材料非工艺性消耗定额计算公式如下：

单位产品原材料非工艺性消耗定额 = 单位产品原材料工艺性消耗定额 ×（1＋原材料供应系数）

【例 9–5】 在材料消耗定额比较准确的情况下，车间领用某种原料 5962 千克，单价 10 元，共生产甲产品 500 件，乙产品 400 件。甲产品消耗定额为 3.5 千克，乙产品消耗定额为 2.4 千克。

甲产品原料定额消耗量 =500 × 3.5=1750（千克）

乙产品原料定额消耗量 =400 × 2.4=960（千克）

原料消耗量分配率 =5962 ÷（1750 + 960）=2.2

甲产品应分配的原料数量 =1750 × 2.2=3850（千克）

乙产品应分配的原料数量 =960 × 2.2=2112（千克）

甲产品应分配原料费用 =3850 × 10=38500（元）

乙产品应分配原料费用 =2112 × 10=21120（元）

3. 辅助材料消耗定额

一般用间接方法确定辅助材料消耗定额，原材料供应系数根据公司上年度原材料供应数据资料、辅助材料消耗定额的确定。

（1）与主要原材料消耗成正比例的辅助材料，其消耗定额可按主要原材料单位消耗量的比例计算。

（2）与产品产量成正比例的辅助材料消耗定额，可按单位产品来计算。例如，包装用材料和保护用涂料等。

（3）与设备开动时间或工作日有关的辅助材料消耗定额，可根据设备开动时间或工作日来定，例如，润滑油等。

（4）与使用期限有关的辅助材料，则可根据统计资料及使用记录加以确定。

9.2.2 直接人工费用定额控制

1. 工时定额

工时定额是衡量直接人工费用的指标之一，是指在现有的生产技术条件下，生产单位产品所需的工时，包括产品加工时间、必要的间歇时间和不可避免废品的工时。工时定额主要由生产技术部门和人力资源部制订，以百件产品为计算单位，所耗的工时定额可依据“每百件产品工时定额表编制定额文件。每百件产品工时定额表见表9–7。

表9–7 每百件产品工时定额表

产品名称：　　　　　　　　型号与规格

工序（岗位）名称	定员人数	工价	每件产品工时定额	每百件产品工时定额

2. 标准工资率

标准工资率，是指直接人工的价格标准，即每小时支付的工资额。可按照标准工资和用工总量，计算标准工资率。

3. 绩效工资

通过制定绩效工资的方法，对人工成本进行控制。绩效工资制度与计件工资类同，但又不是简单的工资与产品数量挂钩的工资形式，它是将员工的薪酬与个人业绩挂钩。绩效工资是以职工被聘上岗的工作岗位为主，根据岗位技术含量、责任大小、劳动强度和环境优劣确定岗级，以企业经济效益和劳动力价位确定工资总量，以职工的劳动成果为依据支付劳动报酬，是劳动制度、人事制度与工资制度密切结合的工资制度。

下图为某企业薪酬定额，比如基本工资为2500元，即生产车间一级一档员工基本薪酬为1750元（2500×0.7）。

职级	岗位层级	薪级系数	管理岗位	采购部	生产车间	销售部	后勤部
六级	4	2.4					
	3	2.3					
	2	2.2					
	1	2.1					
五级	4	2.0					
	3	1.9					
	2	1.8					
	1	1.7					
四级	3	1.6					
	2	1.5					
	1	1.4					
三级	3	1.3					
	2	1.2					
	1	1.1					
二级	2	1					
	1	0.9					
一级	2	0.8					
	1	0.7					

图9-1　薪酬定额

绩效工资由四部分组成：基本工资，工龄工资，岗位工资，奖励工资。

（1）基本工资，是指为保证员工生活必需的支出，一般按照本省市最低标准制订。

（2）工龄工资，是指根据员工在职年限制订的工资。

（3）岗位工资，是指根据员工学历、职称、技能等制订的相对固定的工资报酬。

（4）奖励工资，是指用于奖励员工在工作中做出显著成绩一种工资形式，可以弥补计时工资和计件工资的不足。

9.2.3 燃料、动力消耗定额控制

燃料、动力消耗定额是在一定的条件下，为生产单位产品或完成单位工作量，合理消耗能源的数量标准。

1. 制订燃料消耗定额

燃料消耗定额、即根据煤、油的使用情况，分类制订。

（1）工艺用燃料消耗定额，一般按产品（或零件、毛坯）的重量计算燃料的消耗定额。

（2）动力用燃料消耗定额，一般以发 1 度电或生产 1 吨蒸汽等消耗多少水、煤、天然气为标准制定，常以标准燃料使用量计算，我国以标准煤为单位核算。标准煤是指热值为 7 000 千卡 / 千克的煤炭。它是标准能源的一种表示方法。由于煤炭、石油、天然气、电力及其他能源的发热量不同，为了使它们能够进行比较，我国通常采用标准煤这一标准折算单位。另外，我国还经常将各种能源折合成标准煤的吨数来表示，如 1 吨秸秆的能量相当于 0.5 吨标准煤，1 立方米沼气的能量相当于 0.7 公斤标准煤。

折算标准系数公式如下：

能源折算标准煤系数 = 某种能源实际热值（千卡 / 千克）÷7 000（千卡 / 千克）

在各种能源折算标准煤之前，首先测算各种能源的实际平均热值，再折算标准煤。

平均热值也称平均发热量，是指不同种类或品种的能源实测发热量的加权平均值。

计算公式为：

平均热值（千卡 / 千克）= Σ[某种能源实测低位发热量（千卡 / 千克）× 该能源数量（吨）]÷ 能源总量（吨）

某种燃料使用量 = 标准燃料使用量 ÷（某种燃料每千克发热量 ÷7 000）

能源消耗统计台账，见表 9–8。

表 9-8　能源消耗统计台账

单位名称：　　　　能源类别：

时间	第一季度		第二季度		第三季度		第四季度		备注
	消耗量（千克）	费用（元）	消耗量（千克）	费用（元）	费用（元）	消耗量（千克）	消耗量（千克）	费用（元）	
计划用量									
实际用量									
差异									
百分率									
合计									

2. 制订动力消耗定额

通常按其用途制订动力消耗定额：

（1）对于带动机器设备运转的动力，一般先按实际性能、开动马力计算动力消耗量，再核算加工每种产品所耗用的机器台时数，两者相乘后，将得到生产单位产品时该机器所耗的动力。

（2）对于用在生产工艺过程的动力，如冶炼所消耗的电力、蒸汽等动力，则可按单位产品确定。

【例 9-6】 融创企业生产甲、乙两种产品的外购动力单位消耗定额分别为 5 小时和 8 小时。1 月生产甲产品 1000 件，乙产品 500 件，共支付动力费 23 850 元，按定额消耗量比例分配甲、乙产品动力费。

动力消耗定额分配率 =23 850 ÷（1 000 × 5 + 500 × 8）=2.65

当月甲产品应分配的动力费用 =2.65 × 5 × 1 000=13 250（元）

9.3 质量成本控制

本节介绍废品损失和停工损失。

9.3.1 废品损失控制

废品损失费主要是指成品、半成品达不到质量要求且无法修复或在经济上不值得修复造成报废所损失的费用，以及外购原材料等因质量问题所损失的费用。

废品损失原因如下。

（1）生产人员质量意识和技能水平不足形成废品。

（2）机械设备或工艺装备不合格形成废品。

（3）原材料或辅助材料、燃料等不符合相关标准形成废品。

（4）生产作业指导书发生错误或不明确形成废品。

（5）产品周转过程中由于防护措施不当形成废品。

（6）生产或储存的环境与产品要求不符形成废品。

（7）生产线为追赶生产进度而忽略标准形成废品。

（8）单次采购原材料的数量过多，与实际使用情况产生较大差距，原产线停产、转产造成较多原物料丧失使用价值形成废品。

为降低废品损失，开工前进行设备、物料、人工的检查，对设备进行调试检查，对原料质量进行检验，加强人员培训，达到岗位技术操作要求。

9.3.2 减少返工返修商品的措施

返工返修是指为修复不合格产品并使之达到质量要求所支付的费用，包括返工返修所消耗的人工费及使用的原材料费、燃料动力费等。产品返工返修记录单见表 9-9。

表 9-9　产品返工返修记录单

生产编号				批号			
产品型号				返修人姓名			
返工 / 维修数量				仓库			
工时费用			材料费用				合计（元）
标准价格	实际工时	金额	材料名称	单价（元）	材料用量	金额（元）	

续上表

生产编号		批号	
产品型号		返修人姓名	
返工 / 维修数量		仓库	
返工 / 维修记录（包括返工 / 返修原因，使用材料） 操作：　　　　日期：			
返工 / 维修结果 验证：　　　　日期：			

返工返修的原因：

（1）产品设计存在缺陷；

（2）原材料质量有问题，导致产品不合格；

（3）运输过程中由于保管不当，造成产品受损；

（4）操作不当，造成产品不合格。

控制返工返修费需要做到以下几点：

（1）量产之前进行全方面检查，包括产品设计、设备运行 、原材料、生产环境、生产人员等，减少量产后大量产品发生返工返修费的可能。

（2）严格检查生产线可能出现的隐患，及时修复。

（3）检查原材料质量。

（4）改善产品防护措施和产品储存环境，降低此类可改善的差错导致损失的可能。

（5）及时进行产品记录，检验产品质量。

9.3.3 停工损失费控制措施

停工损失的原因主要有以下几个方面：

（1）由于洪水、火灾引起的损失；

（2）原材料无法及时供应；

（3）由于设备故障造成停产；

（4）停电停水造成生产线无法正常运行。

为了降低停工损失的发生，需要做好防火防雷工作；对原材料、燃料、辅助材料等设置安全库存，对机器设备进行定期维护保养，及时发现隐患，及时处理；控制物料质量，确保生产线正常运行。

第 10 章 餐饮企业成本核算

餐饮企业成本核算具有鲜明的行业特点，餐饮成本核算方法分为采购成本核算、库房成本核算、厨房加工核算、餐厅成本核算和会计成本核算等多种。

10.1 餐饮成本含义与核算

餐饮业是指专门从事加工、烹饪与出售食品，并提供消费场、设备以及服务，以满足顾客需要的行业。餐饮业一般包括宾馆、饭店、餐馆、快餐店、西餐厅、酒吧等。

餐饮业成本是指在一定时期内，所发生的费用与支出总和，包括经营成本、营业费用、管理费用等，具体如下：

（1）原材料；

（2）工资费用（包括基本工资、奖金、津贴、福利等）；

（3）水电费；

（4）燃料费；

（5）物料用品；

（6）租赁费；

（7）折旧及摊销费；

（8）企业管理费（包括办证、接待、广告宣传费等）；

（9）维修费；

（10）其他费用支出（包括清洁、洗涤、办公费、贷款利息、电话费、差旅费等）。

在餐饮企业，主要成本（如原材料成本、房屋租赁成本、人工成本等）在餐饮成本中占比较高。

10.1.1 餐饮业成本分类

由于餐饮具有生产加工、劳动服务、商业零售于一体的独特特点，除了原料成本外，其他如工资、固定资产折旧等，很难分清用于哪个环节，所以计算中习惯以原材料作为其成本要素，即构成菜点的原料耗费之和，它包括食品原料的主料、配料和调料。

1. 主料

主料是指制成各种餐饮产品的主要原料，通常以米、面、鸡、鸭、鱼、肉、蛋、山珍、海鲜等为主，也有以水果、蔬菜、豆制品等作为菜肴主料的。一般来说，主料单位价值高、耗用量较大，故所占成本比重也较大。

2. 配料

配料，也称为辅料，是指制成各种餐饮产品的辅助材料。在各式菜肴、羹汤中充任配料，以各种蔬菜的根、茎、叶、花、果为主，以鱼、肉、蛋、禽次之，耗用量少于主料。

3. 调料

调料也称为调味品，是制成各种口味产品的调味用料（如油、盐、酱、醋、味精、蚝油等），主要起到调味的作用。调料在烹饪食品中耗用量比较少。

主料和配料是构成餐饮食品的主体。餐饮企业首先要对主料、配料进行成本核算。其次，是对调料的成本核算。

10.1.2 餐饮净料成本的核算方法

餐饮产品的主配料，一般要经过清理、拣洗、宰杀、拆卸、泡发、初熟等加工处理后，才能用来配制成品。没有经过加工处理，不能用以直接配制成品的原料，称为毛料，如活鱼、活鸡、干货，未经拣洗的蔬菜等；经过加工处理，可用来直接配制成品的原料称为净料，如光鸭、光鸡、净鱼，净肉，已涨发的干货，经过拣洗的蔬菜等。

影响净料成本的因素有两个：一是原料的购进价格、质量和加工处理前损耗程度；二是净料率（出料率）的高低，同一种原料净料率越高，它的成本就越低；反之，净料率越低，它的成本就越高。一般来说，鲜货原料经过拣洗、宰杀、拆卸等过程重量将减少；干货原料经过清洗、涨发等过程重量则会增加。

1. 净料成本

大部分采购回来的食品原料经过加工后都会有变化，所以要进行净料成本的核算，其计算公式如下：

净料成本 =（毛料总值 − 副料总值）÷ 净料率

式中，毛料总值就是指采购食品原料的市场形态；副料总值就是指对毛料加工后剔除出来的净料还可以作为其他用途的部分。

比如，生猪宰杀后，剔除出的猪血、内脏等还可以作为其他用途的，应另计算。净料率一般都有行业约定俗成的百分比。

$$净料重量 = 毛料重量 \times 净料率$$

$$毛料重量 = \frac{净料重量}{净料率}$$

$$净料单位成本 = \frac{毛料单位成本}{净料率}$$

$$毛料单位成本 = 净料单位成本 \times 净料率$$

$$毛料重量 = \frac{毛料单位成本}{净料单位成本} \times 100\%$$

【例 10-1】 兴城饭店购入活鳝鱼 30 千克，每千克 64 元，经宰杀处理后加工成鳝鱼丝，净料率为 50%，求鳝鱼丝的单位成本。

鳝鱼总净料成本 = 毛料总值 ÷ 净料率

=30 × 64 ÷ 50%

=3 840（元）

鳝鱼单位成本 =3 840 ÷ 30=128（元）

2. 净料其他计算方法

根据原料加工方式和用途不同，还可以分为一料一档、一料多档等。

（1）一料一档单位成本计算。

一种原料经过加工处理后只有一种净料，下脚料已经无法利用，其他成本核算是以毛料价值为基础，直接核算净料成本，其计算公式如下：

$$净料单位成本 = \frac{毛料总值}{净料重量}$$

若毛料经加工后，除得到净料外，尚有可以利用的下脚料，则计算净料成本时，应先减去下脚料的价值，其计算公式如下：

$$净料单位成本 = \frac{毛料总值 - 下脚料价值}{净料总量}$$

【例 10-2】 亚太餐饮中心厨房购进冬瓜 50 千克，进货价款为 3.2 元 / 千克。去皮后得到净冬瓜 40 千克，求净冬瓜的单位成本。

净冬瓜净料成本 =50 × 3.2 ÷ 40=4（元 / 千克）

【例 10-3】 亚太餐饮中心厨房购进 20 千克大白菜做菜心使用，进价 2.8 元/千克。经初步加工处理后得到菜心 10 千克，下脚料 8 千克，单价 1.6 元/千克。废料 2 千克，没有任何利用价值。

$$大白菜净料成本 = \frac{20 \times 2.8 - 8 \times 1.6}{10} = 4.32（元）$$

（2）一料多档单位成本计算。

一种原料经加工处理后可得到两种或两种以上的净料或半成品，要分别核算不同档次的原料成本。食品原料加工处理形成不同的档次后，各档原料价值是不同的。为此，要分别确定不同档次的原材料的价值比率，然后才能核算各档原料成本。其计算公式如下：

$$净料单位成本 = \frac{毛料价格 \times 毛料重量 \times 各档原料价值比率}{各档净料重量}$$

【例 10-4】 肥羊一只，重 68 千克，每千克单价为 20 元，共计 1 360 元。经拆卸分档，可得精肉 30 千克，肥膘 10 千克，羊排 14 千克、羊腿 5 千克，羊血 3 千克，内脏 6 千克。各档原料价值比率为 40%、18%、24%、6%、5%、7%，求各档原料的单位成本。

① 精肉单位成本 =68 × 20 × 40% ÷ 30=18.13（元）

② 肥膘单位成本 =68 × 20 × 18% ÷ 10=24.48（元）

③ 羊排单位成本 =68 × 20 × 24% ÷ 14=23.31（元）

④ 羊腿单位成本 =68 × 20 × 6% ÷ 5=16.32（元）

⑤ 羊血单位成本 =68 × 20 × 5% ÷ 3=22.67（元）

⑥ 内脏单位成本 68 × 20 × 7% ÷ 6=15.87（元）

【例 10-5】 鲤鱼一条，重 2 千克，每千克 11.2 元，下脚料鱼杂回收 1.46 元，全鱼经炸熟后为 1.4 千克，耗油 500g，油价每 500 克是 10.8 元，求熟鱼的总成本。

熟鱼成本 =11.2 × 2−1.46+10.8 × 1

=31.74（元）

10.1.3 餐饮净料率的核算方法

原料按是否加工，分为毛料和净料。

毛料：最初购进的原料，未经加工处理的

净料：经过初加工处理和烹制品种的半成品

1. 净料率

净料率，是指净料重量占毛料重量的百分比，又称起货率。净料率也称出材率、拆卸率、涨发率。它是餐饮业在长期经营过程中总结出的规律，在净料处理技术水平和原料规格、质量相同的情况下，原料的净料重量和毛料重量间形成一定的比例关系，通过这种比例关系来计算净料重量。

其计算公式为：

净料率 = 加工后可用原材料重量 ÷ 加工前原材料总重量 ×100%

【例 10-6】 兴城饭店购进玉米棒 10 千克，经加工得鲜玉米粒 5 千克，求玉米的净料率。

玉米的净料率 = 加工后可用原材料重量 ÷ 加工前原材料总重量 ×100%

=5 ÷ 10 × 100%

=50%

【例 10-7】 兴城饭店购入干蘑菇 30 千克，经水发后得净料 60 千克，求蘑菇的涨发率。

干蘑菇净料率 =60 ÷ 30 × 100%=200%

2. 损耗率的计算

损耗率与净料率相对应，是指原料在加工处理后损耗的原料重量与加工前原料重量的比率。

$$损耗率 = \frac{原料损耗重量}{毛料重量} \times 100\%$$

净料率 + 损耗率 =100%

损耗重量 = 毛料重量 − 净料重量

【例 10-8】 兴城饭店购进 32 千克茄子，经加工损耗率为 10%，求茄子的净料重量。

根据公式：$损耗率=\frac{原料损耗重量}{毛料重量}\times 100\%$

可知：原料损耗重量 =32 × 10%=3.2（千克）

净料重量 =32−3.2=28.8（千克）

3. 影响净料率的因素

（1）进货价格。原料的采购价格高低直接决定起货成本的高低。

（2）进货重量。进货质量的好坏，也会影响到起货成本的高低。

原材料的规格质量和净料的处理技术是决定净料率高低的两大因素。

4. 部分食材净出率参照表

（1）部分蔬菜类食材净出率，见表 10−1。

表 10−1　部分蔬菜类食材净出率

毛料名称	计量单位（克）	净料处理工艺	可食净料		
			品名	数量（克）	净料率（%）
萝卜	500	削皮、去两端、洗净	净萝卜	450	90
马铃薯（土豆洋芋）	500	削皮、洗净	净土豆	375	75
山药（薯蓣）	500	削皮、洗净	净山药	350	70
大葱（鲜）	500	去皮、根和叶、洗净	净大葱	300	60
大蒜（蒜头）	500	去皮、根、洗净	净蒜仁	400	80
大蒜（紫皮）	500	去皮、根、洗净	净蒜仁	425	85
青蒜	500	去皮、根和叶、洗净	净青蒜	400	80
荸荠（马蹄，地栗）	500	去皮、根、洗净	净荸荠	375	75
甘薯（山芋，红薯，地瓜）	500	削皮、洗净	净地瓜	450	90
地瓜	500	削皮、洗净	净地瓜	400	80
芋头（芋艿，毛芋）	500	削皮、洗净	净芋头	425	85
姜	500	削皮、洗净	净姜	475	95
竹笋	500	去皮、根、洗净	净地瓜	300	60
竹笋（毛笋，毛竹笋）	500	去皮、根、洗净	净地瓜	325	65
老姜	500	刮皮、洗净	净姜	400	80
胡萝卜	500	削皮、洗净	净胡萝卜	400	80
莲藕	500	削皮、去两端、洗净	净莲藕	350	70

续上表

毛料名称	计量单位（克）	净料处理工艺	可食净料		
			品名	数量（克）	净料率（%）
青笋（莴笋、莴苣笋）	500	去叶、削皮、洗净	净青笋	200	40
香葱	500	去根须、叶、洗净	净香葱	350	70
茭白（茭笋、茭粑）		去根、皮、洗净	净茭白	325	65
圆白菜（大头菜、甘蓝）	500	去黄叶、洗净	净圆白菜	425	85
圆葱	500	去老皮、洗净	净圆葱	400	80
大芹菜	500	摘叶、削皮、根	净芹菜	325	65
香菜（无根）	500	去头、去老叶、洗净	净香菜	400	80
大葱（干）	500	去干皮、根、洗净	净大葱	350	70
西芹	500	削皮、撕筋、洗净	净西芹	325	65
韭黄	500	撕皮、根、洗净	净韭菜	450	90
韭菜	500	去黄叶、洗净	净韭菜	400	80
球生菜	500	去老叶、心、洗净	净球生菜	300	60
小芹菜	500	摘叶、去老根、洗净	净芹菜	325	65
蒜苗	500	去须根、黄老叶、洗净	净蒜苗	300	60
菜花（花椰菜）	500	去根、茎、洗净	净菜花	325	65
蒜苗（蒜薹）	500	去根、顶尖、洗净	净蒜薹	400	80
茼蒿（蓬蒿菜、艾菜）	500	去根、叶、洗净	净茼蒿	400	80
西兰花	500	去根、茎、洗净	净西兰花	350	70
大白菜	500	去老叶、根、洗净	净白菜	400	80
小白菜	500	去根、去黄叶、洗净	净小白菜	375	75
油菜	500	摘老叶、老筋、洗净	净油菜	350	70
菠菜	500	摘老叶、根、洗净	净菠菜	400	80
油麦菜	500	去老叶、根、洗净	净油麦菜	400	80
金针菜（黄花菜）	500	摘老叶、根、洗净	净黄花菜	375	75
长茄子	500	去蒂、洗净	净茄子	450	90

续上表

毛料名称	计量单位（克）	净料处理工艺	可食净料		
			品名	数量（克）	净料率（%）
大青椒	500	去蒂、籽、洗净	净青柿椒	400	80
尖椒	500	去蒂、籽、洗净	净尖椒	350	70
小黄瓜	500	去蒂、洗净	净黄瓜	450	90
黄瓜	500	去皮、瓤、洗净	净黄瓜	250	50
红椒	500	去蒂、籽、洗净	净红椒	350	70
杭椒	500	摘蒂、洗净	净杭椒	450	90
七彩椒	500	去蒂、籽、洗净	净七彩椒	350	70
西葫芦瓜	500	去蒂、籽、洗净	净西葫芦	350	70
冬瓜	500	刮皮、去瓤、籽、洗净	净冬瓜	350	70
老南瓜	500	刮皮、去籽、洗净	净南瓜	375	75
丝瓜	500	刮皮、去瓤、籽、洗净	净丝瓜	400	80
笋瓜（生瓜）	500	刮皮、去瓤、籽、洗净	净笋瓜	450	90
番茄（西红柿，番柿）	500	去蒂、洗净	净西红柿	475	95
四季豆	500	撕筋、去两端、洗净	净四季豆	450	90
荷兰豆	500	撕筋、去两端、洗净	净荷兰豆	450	90
扁豆（鲜）	500	撕筋、去两端、洗净	净扁豆	450	90
蚕豆（鲜）	500	去皮、洗净	净蚕豆	150	30
豆角	500	撕筋、去两端、洗净	净豆角	450	90
豆角（白）	500	撕筋、去两端、洗净	净豆角	450	90
豇豆（鲜）	500	撕筋、去两端、洗净	净豇豆	475	95
绿豆芽	500	撕筋、去两端、洗净	净绿豆芽	500	100
毛豆（青豆）	500	去皮、洗净	净毛豆	275	55
四季豆（菜豆）	500	撕筋、去两端、洗净	净四季豆	475	95
豌豆（鲜）	500	去皮、洗净	净豌豆	225	45
豌豆苗	500	撕筋、去两端、洗净	净豌豆苗	475	95
油豆角（多花菜豆）	500	撕筋、去两端、洗净	净油豆角	475	95

（2）鲜食用菌、藻类食材净出率，见表 10-2。

表 10-2　鲜食用菌、藻类食材净出率

毛料名称	计量单位（克）	净料处理工艺	可食净料		
			品名	数量（克）	净料率（%）
猴头菇	500	去根、杂质、洗净焯水	净猴头菇	450	90
黄蘑	500	去根、杂质、洗净焯水	净黄蘑	425	85
金针菇（智力菇）	500	去根、杂质、洗净焯水	净金针菇	450	90
口蘑（白蘑）	500	去根、杂质、洗净焯水	净口蘑	450	90
平菇（鲜，糙皮）	500	去根、杂质、洗净焯水	净平菇	425	85
蘑菇（鲜，鲜蘑）	500	去根、杂质、洗净焯水	净蘑菇	425	85
松蘑（松口蘑，松茸）	500	去根、杂质、洗净焯水	净松蘑	400	80
鸡腿菇	500	去根、杂质、洗净焯水	净鸡腿菇	425	85
榛蘑（假蜜环菌）	500	去根、杂质、洗净焯水	净榛蘑	375	75
香菇（鲜，香蕈，冬菇）	500	去根、杂质、洗净焯水	净香菇	450	90
珍珠白蘑	500	去根、杂质、洗净焯水	净珍珠白蘑	450	90
榆黄蘑	500	去根、杂质、洗净焯水	净榆黄蘑	400	80
竹荪	500	去根、杂质、洗净焯水	净竹荪	375	75
羊肚菌	500	去根、杂质、洗净焯水	净羊肚菌	375	75
杏鲍菇	500	去根、杂质、洗净焯水	净杏鲍菇	425	85
蟹味菇	500	去根、杂质、洗净焯水	净蟹味菇	425	85
牛肝菌	500	去根、杂质、洗净焯水	净牛肝菌	350	70
鸡纵菌	500	去根、杂质、洗净焯水	净鸡纵菌	350	70
虎掌菌	500	去根、杂质、洗净焯水	净虎掌菌	425	85
茶树菇	500	去根、杂质、洗净焯水	净茶树菇	425	85
鲍鱼菇	500	去根、杂质、洗净焯水	净鲍鱼菇	425	85
鸡油菌	500	去根、杂质、洗净焯水	净鸡油菌	375	75
滑子蘑	500	去根、杂质、洗净焯水	净滑子蘑	450	90
紫菜	500	去根、杂质、水泡、洗净	净紫菜	500	100
地衣	500	去根、杂质、水泡、洗净	净地衣	500	100
发菜	500	去根、杂质、水泡、洗净	净发菜	500	100

续上表

毛料名称	计量单位（克）	净料处理工艺	可食净料		
			品名	数量（克）	净料率（%）
海带（鲜，江白菜，昆布）	500	去根、杂质、水泡、洗净	净海带	500	100
海冻菜（石花菜，冻菜）	500	去根、杂质、水泡、洗净	净海冻菜	500	100
木耳（黑木耳，云耳）	500	去根、杂质、洗净焯水	净木耳	400	80
银耳	500	去根、杂质、洗净焯水	净银耳	400	80
裙带菜	500	去根、杂质、水泡、洗净	净裙带菜	450	90

（3）部分家禽、家畜类食材净出率，见表 10-3。

表 10-3　家禽、家畜类

毛料名称	计量单位（克）	净料处理工艺	可食净料		
			品名	数量（克）	净料率（%）
猪里脊	500	拉皮、剔筋	净里脊	400	80
猪腿瘦肉	500	剔筋、切配	净瘦肉片	350	70
猪肉（后臀尖）	500	剔筋、切配	丁、丝、条、片	475	95
猪小排（排骨）	500	剔筋、切配	切块	425	85
猪腰	500	洗净、片去腰臊	净腰花	425	85
猪心	500	去朦皮、洗净	净心	450	90
猪肝	500	去筋、切片	肝片	425	85
猪肚	500	撕油筋、洗净	熟大猪肚	275	55
肥肠	500	去油筋、煮熟	熟肥肠	140	28
猪心肝	500	去油筋、煮熟	熟心肝	300	60
猪腰	500	去油筋、煮熟	熟猪腰	375	75
五花肉	500	洗净、刮毛、煮熟	熟白肉	375	75
带皮肉	500	洗净、刮毛、煮熟	熟肉	325	65
排骨	500	洗净	熟排骨	350	70
牛尾	500	斩牛尾脊骨、尾尖	净牛尾	350	70

续上表

毛料名称	计量单位（克）	净料处理工艺	可食净料		
			品名	数量（克）	净料率（%）
牛里脊	500	拉去皮、筋、切配	腌牛里脊	500	100
牛心肝	500	洗净、切配	净心肝	450	90
牛百叶	500	洗净、去膜、切配	净百页	300	60
牛腱子	500	剔筋、洗净、煮熟	熟牛腱子	300	60
牛肋条肉	500	洗净、煮熟	熟牛肋条肉	350	70
牛心肝	500	洗净、煮熟	熟心肝	350	70
牛肚	500	洗净、煮熟	熟牛大肚	300	60
全羊肉（肥，瘦）	整只	出骨	净肉	350	70
羊肉（瘦）	500	洗净、去膜、切配	净肉	450	90
羊肉（后腿）	500	洗净、出骨、	净肉	250	50
羊肉（里脊）	500	洗净、去膜、切配	净肉	475	95
羊肉（颈，羊脖）	500	洗净、去膜、切配	净肉	400	80
羊肉（前腿）	500	洗净、出骨、	净肉	175	35
羊肉（胸脯，腰窝）	500	洗净、去膜、切配	净肉	400	80
带皮羊肉	500	洗净、煮熟	熟羊肉	350	70
白条鸡	500	去脚、血水、煮熟	熟鸡	325	65
鸡（乌骨鸡）	500	洗净、去皮	净鸡	225	45
白条鸭	500	洗净、煮熟	熟鸭	325	65
鸭翅	500	洗净	净翅	325	65
去骨鸭掌	500	进一步去骨、煮熟	熟鸭掌	350	70
白条鹅	500	洗净	净鹅	325	65
冻鹅肠	500	洗净、食碱发	发鹅肠	400	80
鸽	500	洗净、煮熟	熟鸽	200	40
鲜乳鸽	500	洗净、剔骨	鸽肉	200	40
鹌鹑	500	洗净、煮熟	熟鹌鹑	275	55
带皮兔	500	洗净、煮熟	熟兔肉	300	60

（4）部分水产品类食材净出率，见表10–4。

表10–4 水产品类

毛料名称	计量单位（克）	净料处理工艺	可食净料		
			品名	数量（克）	净料率（%）
鲍鱼（杂色鲍）	500	按照标准要求初加工	净料	300	60
海参（鲜）	500	按照标准要求初加工	净料	400	80
蛏子	500	按照标准要求初加工	净料	275	55
牡蛎	500	按照标准要求初加工	净料	325	65
海蜇皮	500	按照标准要求初加工	净料	325	65
海蜇头	500	按照标准要求初加工	净料	325	65
蛤蜊	500	按照标准要求初加工	净料	225	45
蚶子（银蚶）	500	按照标准要求初加工	净料	125	25
河蚌	500	按照标准要求初加工	净料	125	25
墨鱼	500	按照标准要求初加工	净料	325	65
生蚝	500	按照标准要求初加工	净料	500	100
乌贼（鲜，枪乌贼，台湾枪乌贼）	500	按照标准要求初加工	净料	425	85
鲜贝	500	按照标准要求初加工	净料	500	100
鲜赤贝	500	按照标准要求初加工	净料	175	35
鲜扇贝	500	按照标准要求初加工	净料	175	35
白米虾（水虾米）	500	按照标准要求初加工	净料	300	60
对虾	500	按照标准要求初加工	净料	325	65
海虾	500	按照标准要求初加工	净料	275	55
蚌肉	500	按照标准要求初加工	净料	325	65
河虾	500	按照标准要求初加工	净料	425	85
基围虾	500	按照标准要求初加工	净料	325	65
龙虾	500	按照标准要求初加工	净料	225	45
明虾	500	按照标准要求初加工	净料	275	55
蟹（海蟹）	500	按照标准要求初加工	净料	250	50

续上表

毛料名称	计量单位（克）	净料处理工艺	可食净料		
			品名	数量（克）	净料率（%）
蟹（河蟹）	500	按照标准要求初加工	净料	200	40
蟹（梭子蟹）	500	按照标准要求初加工	净料	250	50
鲅鱼(马鲛鱼,燕鲅鱼,巴鱼)	500	按照标准要求初加工	净料	375	75
八爪鱼（八角鱼）	500	按照标准要求初加工	净料	375	75
鳊鱼（鲂鱼，武昌鱼）	500	按照标准要求初加工	净料	300	60
草鱼（白鲩，草包鱼）	500	按照标准要求初加工	净料	275	55
鲳鱼（平鱼，银鲳，刺鲳）	500	按照标准要求初加工	净料	350	70
大黄鱼（大黄花鱼）	500	按照标准要求初加工	净料	325	65
带鱼（白带鱼，刀鱼）	500	按照标准要求初加工	净料	375	75
大麻哈鱼（大马哈鱼）	500	按照标准要求初加工	净料	350	70
鳟鱼（虹鳟鱼）	500	按照标准要求初加工	净料	300	60
鲤鱼（鲤拐子）	500	按照标准要求初加工	净料	275	55
罗非鱼（越南鱼，非洲黑鲫鱼）	500	按照标准要求初加工	净料	275	55
鲈鱼（鲈花）	500	按照标准要求初加工	净料	275	55
鳗鲡（鳗鱼，河鳗）	500	按照标准要求初加工	净料	400	80
泥鳅	500	按照标准要求初加工	净料	300	60
小黄鱼（小黄花鱼）	500	按照标准要求初加工	净料	300	60
银鳕鱼	500	按照标准要求初加工	净料	375	75
虾仁	500	按照标准要求初加工	净料	450	90
鳝鱼	500	按照标准要求初加工	净料	350	70
牛蛙	500	按照标准要求初加工	净料	250	50
甲鱼	500	按照标准要求初加工	净料	275	55
像拨蚌	500	按照标准要求初加工	净料	325	65

（5）部分干货净出率，见表 10-5。

表 10-5　干货食材净出率

毛料名称	计量单位（克）	净料处理工艺	可食净料		
			品名	数量（克）	净料率（%）
官燕	500	拣洗、泡发	水发官燕	2 500~4 000	500~800
血燕	500	拣洗、泡发	水发血燕	2 500~3 000	500~600
干鲍鱼	10 头 /500	拣洗、泡发	煲发鲍鱼	750~1 250	150~250
鲜鲍鱼	10 头 /500	拣洗、泡发	煲发鲍鱼	100~150	20~30
金钩翅（生翅）	500	拣洗、泡发	水发翅	450~1 000	90~200
金钩翅（熟翅）	500	拣洗、泡发	水发翅	1 000~2 000	200~400
鱼肚（油发）	500	拣洗、泡发	水发鱼肚	2 500~3 000	500~600
鱼肚（盐发）	500	拣洗、泡发	水发鱼肚	2 000~2 500	400~500
鱼肚（水发）	500	拣洗、泡发	水发鱼肚	1 500~2 000	300~400
海参（水发）	500	拣洗、泡发	水发海参	3 500~5 000	700~1 000
海参（油发）	500	拣洗、泡发	水发海参	2 500~3 500	500~700
海参（高压发）	500	拣洗、泡发	水发海参	250~400	50~80
刺参	500	拣洗、泡发	水发海参	3 750~4 000	750~800
鱿鱼	500	拣洗、泡发	水发鱿鱼	2 000	400
干黄笋（大）	500	拣洗、泡发	水发笋片	1 250~1 750	250~350
干香菇	500	拣洗、泡发	水发香菇	1 250	250
竹 荪	500	拣洗、泡发	水发竹荪	3 500	700
干花菇	500	拣洗、泡发	水发花菇	1 500	300
茶树菇	500	拣洗、泡发	水发茶树菇	2 250	450
干黄牛肝	500	拣洗、泡发	水发黄牛肝	2 000	400
元蘑	500	拣洗、泡发	水发元蘑	1 250	250
榛蘑	500	拣洗、泡发	水发榛蘑	1 000	200
草蘑	500	拣洗、泡发	水发草蘑	750	150
海带	500	拣洗、泡发	水发海带	1 250	250
小木耳（黑）	500	拣洗、泡发	水发黑木耳	4 500	900
大黑木耳	500	拣洗、泡发	水发黑木耳	3 000	600
干黄花菜	500	拣洗、泡发	水发黄花菜	1 000~1 500	200~300
干银耳	500	拣洗、泡发	净水发银耳	3 000	600

续上表

毛料名称	计量单位（克）	净料处理工艺	可食净料		
			品名	数量（克）	净料率（%）
干海带丝	500	拣洗、泡发	净海带丝	2 500	500
干豇豆	500	拣洗、泡发	水发豇豆	2 500	500
龙口粉丝	500	泡发	净湿粉丝	1 750	350
红苕粉丝	500	泡发	净红苕粉丝	1 500	300
宽粉条	500	泡发	净湿宽粉条	1 750	350
宽蕨粉	500	泡发	熟蕨粉	1 500	300
干粉条	500	泡发	净湿粉条	1 500	300
干豆腐	500	泡发	水发干豆腐	600	120

10.2 餐饮原料的核算方法

根据加工方法和处理程度的不同，净料分为生料、半成品（无味半成品、调味半成品）、熟制品三类。

10.2.1 生料成本的核算

生料是指经过加工和处理，但没有经过调味和制熟处理的净料。

$$生料单位成本=\frac{毛料总值-其他各档价款}{生料总量}$$

【例 10-9】 兴城饭店购进羊腿 100 千克，单价 24.5 元。经过拆卸处理得骨头 16 千克，单价 4.8 元；碎肉 5.5 千克，单价 11.4 元。求净羊肉单位成本。

$$净羊肉单位成本=\frac{100\times 24.5-(16\times 4.8+5.5\times 11.4)}{100}$$

$$=\frac{2\,450-(76.8+62.7)}{100}$$

$$=23.11（元）$$

10.2.2 半成品（熟品）单位成本核算

半成品是经过初步熟制处理或调味的净料。根据在加工过程中是否耗用了调味品，可分为无味半成品和调味半成品。

1. 无味半成品成本计算

$$\text{无味半成品单位成本}=\frac{\text{生料总值}}{\text{无味半成品（熟品）重量}}$$

【例 10-10】 兴城饭店购进新鲜猪肝 40 千克，每千克 22 元，经过加工后，损耗 20%，求猪肝加工后的单位成本。

猪肝单位成本 =40 × 22 ÷ [40-（1 × 20%）]=27.50（元）

2. 调味半成品（熟品）的成本计算

调味半成品是指加放了调料的净料或经过调味和熟制的净料。

$$\text{调味半成品（熟品）单位成本}=\frac{\text{生料总值}+\text{调味品总值}}{\text{调味半成品（熟品）重量}}$$

【例 10-11】 兴城饭店购入猪蹄 20 千克，每千克进价 14 元，经煮熟后得熟猪蹄 15 千克，所用调味品作价 3.5 元，求熟猪蹄的单位成本。

$$\text{熟猪蹄的单位成本}=\frac{20\times 14+3.5}{15}=18.90\text{（元 / 千克）}$$

10.3 餐饮业产成品核算方法

餐饮业成本核算方法，主要包括先总后分和先分后总两种。其中，先总后分适用于成批产品的成本核算，先分后总法适用于单件制作菜点的成本计算。

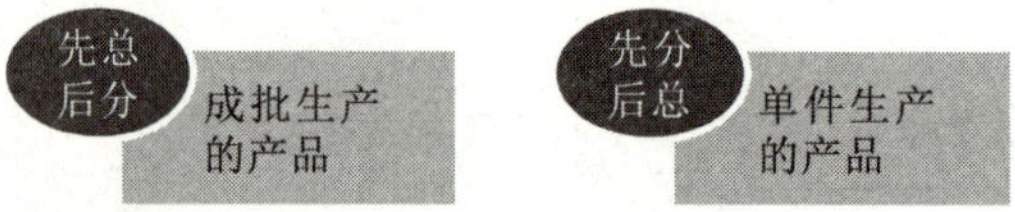

10.3.1 先总后分法菜点成本的计算

先总后分法适用于成批产品的成本核算。如馒头，面包等。

$$\text{单位产品成本}=\frac{\text{本批产品所耗用原料总成本}}{\text{产品数量}}$$

【例 10-12】 猪肉包子 60 个。用料如下：面粉 1 千克，进价为 8 元 / 千克；猪肉 1 千克，单价为 16 元 / 千克；酱油 0.15 千克，单价为 9 元；味精 3 克，葱末 50 克，姜末 5 克，总价 8 元，求猪肉包子的单位成本。

每个包子的成本 =（8 × 1+16 × 1+0.15 × 9+8）÷ 60

=33.35 ÷ 60=0.56（元）

10.3.2 先分后总法菜点成本的计算

先分后总法适用于单件制作菜点的成本的计算。

单件菜点成本 = 单件菜点所用的主料成本 + 配料成本 + 调味品成本

计算步骤如下：

（1）根据实际生产耗用，核算本批产品各种原材料成本和单位产品成本。

（2）比较单位产品实际成本和标准成本，计算成本误差。

（3）填写生产成本记录表。若成本误差较大，应分析原因，采取控制措施。

【例 10-13】 兴城饭店制做葱爆羊肉，每份用羊肉片 0.3 千克，单价 30 元 / 千克，用葱计价 1.6 元，其他辅料成本 4 元，求此菜每份成本。

单份菜点成本 =0.3 × 30+1.6+4=14.6（元）

10.3.3 餐饮产品价格的计算

由于餐饮业的经营特点是产、销、服务一体化，所以菜点价格的构成应当包括菜点从加工制作到消费各个环节的全部费用。因为产品的成本的可变性较小，所以价格主要由毛利的高低来体现。

菜点销售价格计算公式如下：

菜点销售价格 = 原料成本 + 毛利额

或者：

菜点销售价格 = 原料成本 + 生产经营费用 + 利润 + 税金

公式中的原料成本就是主料、配料和调味料经加工后成本总和，也即是净成本的总和；毛利额是经营费用加上应得利润的总和。

在餐饮业，影响价格因素大致可分为内部和外部两种，见表 10-6。

表 10-6　影响价格因素

类　别	说　明
内部	（1）原料成本包括原料进货价、净料率和组合成本，是决定品种售价的主要因素 （2）技术水平，即实际烹调操作水平，操作水平较稳定，成本变化也稳定，反之，成本就容易上下浮动 （3）期望值。即管理者希望实现的毛利率水平，对每一类销售品种，都有确定的毛利率标准 （4）经营方针，即经营档次和经营特色对品种定价的影响，主要表现为毛利率的影响
外部	（1）流行饮食品种或经营方式，一般受需求与价格关系规律的支配 （2）目标市场的特点，即市场定位的顾客需要特点，表现为对价格的关心和承受力 （3）竞争格局，就是在一定区域内，由竞争对手所形成的竞争局面，竞争越激烈，对价格的影响就越灵敏 （4）其他如通货膨胀率、物价指数、一定时期的经济政策，以及社会大型活动都会构成对价格影响

1. 毛利率和利润率

（1）毛利率的定义及计算。

产品的毛利率是菜点毛利额与成本或销售价格的比率。成本毛利率又称为外加毛利率；销售毛利率又称为内扣毛利率。计算公式如下：

$$成本毛利率=\frac{产品毛利}{产品成本}\times 100\%$$

$$销售毛利率=\frac{产品毛利}{产品销售价格}\times 100\%$$

【例 10-14】 已知鱼香肉丝每份售价 24 元，成本为 12 元，分别求鱼香肉丝的成本毛利率和销售毛利率。

$$成本毛利率=\frac{24-12}{12}\times 100\%=100\%$$

$$销售毛利率=\frac{24-12}{24}\times 100\%=50\%$$

菜点的价格是根据菜点成本和毛利率制定的。毛利率的高低直接决定价格水平，决定着企业的盈亏，关系着消费者的利益。因此，需要确定合理的毛利率标准。

（2）利润率的定义及计算。

产品的利润率是产品利润与产品成本或产品销售价格的比率。纯利润是从毛利中扣除生产经营费用和税金后的利润。

$$成本利润率=\frac{产品利润}{产品成本}\times 100\%$$

$$销售利润率=\frac{产品利润}{产品销售价格}\times 100\%$$

（3）毛利率间的换算。

毛利率换算关系如下：

$$成本毛利率=\frac{销售毛利率}{1-销售毛利率}$$

$$销售毛利率=\frac{成本毛利率}{1+成本毛利率}\times 100\%$$

2. 菜点销售价格的计算

（1）成本毛利润法（外加法）。

【例 10-15】 某饭店制作清炒虾仁，每份成本 17.3 元，若成本毛利率为 85%，求每份菜点的售价。

清炒虾仁销售价格 =17.3 ÷ 85%=20.35（元）

【例 10-16】 一份炸虾球，销售价格是 68 元，成本毛利率为 60%，求该菜成本。

炸虾球成本 =68 × 60%=40.80（元）

（2）销售毛利率法（内扣法）。

销售毛利率法，是以品种销售价格为基础，按照毛利与销售价格的比值计算价格的方法。由于这种毛利率是由毛利和售价之间的比率关系推导出来的。其计算公式如下：

$$菜点销售价格=\frac{菜点原料成本}{1-销售毛利率}$$

【例 10-17】 肉丝炒蒜苗的成本为每份 8 元，若按销售毛利率 40% 计算，求每份肉丝炒蒜苗的销售价格。

肉丝炒蒜苗销售价格 =8 ÷ 40%=20（元）

【例 10-18】“葱爆肉丝”每份售价 36 元，销售毛利率为 45%，求每份“葱爆肉丝”成本。

每份葱爆肉丝成本 =36 ×（1−45%）=19.80（元）

10.4 餐饮成本报表

餐饮成本报表主要有日报表和月报表，小型饭店一般每月进行一次餐饮产品成本核算，大型饭店除了月成本核算外，还要进行日成本核算。

10.4.1 餐饮成本月报表

餐饮企业要设一名专职核算员，对营业收入和各种原料进货、发料备有原始记录，按时进行仓库原料盘点清查。

月餐饮成本核算主要有以下两种方法：

（1）按厨房实际领用的原材料计算产品成本，即按厨房实际领用的原材料计算已售出产品耗用的原材料成本，核算期一般每月计算一次。计算公式如下：

本月耗用原材料成本 = 原料月初结存额＋本月领用额 − 月末盘存额

【例 10-19】 某面包房进行本月原料消耗的月末盘存，期末剩余原料 113 900 元。本月耗用原料 589 300 元，上月末结存原料成本 84 500 元。

当月实际耗用成本 = 上月结存金额＋本月领用额 − 月末结余额

=84 500 ＋ 589 300−113 900

=559 900（元）

这种方法主要适用于条件较好的实行领料制度的企业。因为这种类型的企业设有专门贮存原材料的仓库和冷藏设备，并由专人负责，凡是加工制作所需要的原材料都经过一定的领料手续才可领用，能如实得到原材料或成本数据。

（2）“以存计耗”，倒求成本，即餐饮企业每月末对库存原料进行盘点，见

表 10-7。计算当月餐饮原料的实际耗用数，以保证成本数据的真实准确。计算公式为：

本月耗用原材料成本 = 直接购入成本＋仓库领用成本＋内部调入成本－员工用餐成本－招待用餐成本－员工购买餐饮产品收入－下脚料销售收入－其他杂项扣除

①直接购入成本。根据直拨单统计的各厨房每天购进，经验收并直接进入厨房使用的原材料成本额。

②仓库领用成本。根据领料单统计的各厨房每天从仓库领用的原材料成本额。

③内部调入成本。根据调拨单统计，各厨房在每天生产过程中，因个别原材料短缺而从其他厨房调用的餐饮原材料成本额。

④内部调出成本。根据调拨单统计的，由本厨房拨给其他厨房的餐饮原材料成本额。

⑤员工用餐成本。员工用餐成本不应计入餐饮成本，应转入销售费用或管理费用。

⑥招待用餐成本。招待用餐成本不计入餐饮成本，应转入销售费用或管理费用。

⑦余料出售成本。出售下脚料、半成品、成品回收金额。

⑧结存成本。一是上日结存，即上日未用完的原材料今日继续使用，其成本计入今日消耗；二是本日结存，即当日未用完的原料可留作下日使用，其成本额应从当日成本扣除。厨房每日成本结存数一般都是选择几天原料用量，实际测试得到每日平均结存数确定。

结存成本 = 本日结存成本－上日结存成本

当日餐饮原料成本 = 直接购入成本＋仓库领用成本＋内部调入成本－内部调出成本－员工用餐成本－招待用餐成本－余料出售成本－结存成本

表 10-7　原材料盘存表

编号：
部门：　　　类别：　　　　年　月　日　　　　　　　单位：元

原材料名称	单位	单价	盘存数量	盘存金额	备注
合计					

仓库管理员：

【例 10-20】 某小吃店餐饮产品成本月报表，见表 10-8。

表 10-8　餐饮产品成本月报表

单位：元

项目	金额	项目	金额
月初仓库结存额	84 500	减：内部调出成本	2 100
月初厨房结存额	8 900	下脚料销售收入	890
本月仓库领用额	629 000	员工用餐成本	97 800
本月直接购入额	112 000	员工购买餐饮产品收入	12 000
减：月末仓库盘存额	43 200	其他杂项扣除	
月末厨房盘存额	23 500	扣除总额	112 790
本月餐饮成本总消耗	767 700	本月餐饮成本净额	654 910
内部调入成本			

10.4.2 餐饮成本日报表

餐饮企业每日餐饮产品成本由直接发料成本和库房发料成本组成。直接发料成本应记入发料当天的餐饮产品成本，从库房发料、领料单可得到相关数据，见表 10-9。

表 10-9　原材料领料单

编号：
部门：　　　　　　　　　　　　年　　月　　日　　　　　　　　　　　　单位：元

材料名称	计量单位	数量		单价	金额	备注
		领用	实发			
合计						

厨师长：　　保管员：　　领料人：

除了考虑直接发料成本和库房发料成本以外，还要考虑内部调拨、员工用餐成本、业务招待用餐成本等，其计算公式如下：

每日成本＝直接购入成本＋仓库领用成本＋内部调入成本－内部调出成本－员工用餐成本－招待用餐成本－员工购买餐饮产品收入－下脚料销售收入－其他杂项扣除

计算餐饮产品每日成本后，再从有关收入报表中取得每日销售额数据，可计算日餐饮产品成本表。

（1）核算各餐厅营业收入。餐饮营业收入包括餐饮产品收入和酒水收入。

（2）核算每日餐饮产品成本。餐厅营业成本包括餐饮产品成本和酒水成本。每天及时收集各厨房的领料单、直拨单、调拨单、结存单、内部招待单等有关凭证，各餐厅实际餐饮产品成本是根据以上原始凭证核算的结果统计。

（3）核算餐厅成本率和成本误差率，其计算公式为：

当日餐饮产品成本率＝当日食品成本 ÷ 当日食品营业额 ×100%

当日饮料成本率＝当日饮料成本 ÷ 当日饮料营业额 ×100%

【例 10-21】 某饭店有中餐厅和西餐厅，2×21 年 10 月 1 日，两个餐厅当日成本收入资料见表 10-10。假定成本误差率＜ 2%，成本率差额＜ 2%。

表 10-10　本日成本核算资料

2×21 年 10 月 1 日　　　　单位：元

项目	中餐厅			西餐厅			总计		
	菜肴	酒水	合计	菜肴	酒水	合计	菜肴	酒水	合计
直接购入	4 580	5 480	10 060	6 890	9 400	16 290	11 470	14 880	26 350
仓库领用	6 500	7 590	14 090	7 490	8 800	16 290	13 990	16 390	30 380
内部调入	280	300	580	500	600	1 100	780	900	1 680
内部调出	300	120	420	700	800	1 500	1 000	920	1 920
职工用餐	800	0	800	600	0	600	1 400	0	1 400
招待用餐	1 450	900	2 350	2 100	1 000	3 100	3 550	1 900	5 450
余料出售	200	0	200	400	500	900	600	500	1 100
上日结存	580	2 340	2 920	690	720	1 410	1 270	3 060	4 330
本日结存	600	800	1 400	1 100	1 400	2 500	1 700	2 200	3 900
当日营业额	17 800	29 430	47 230	29 000	37 800	66 800	46 800	67 230	114 030

计算中餐厅本日菜肴成本以及成本率：

本日菜肴成本＝上日结存成本＋直接购入成本＋仓库领用成本＋内部调入成本－内部调出成本－员工用餐成本－招待用餐成本－员工购买餐饮产品收入－下脚料销售收入－其他杂项扣除－本日结存成本

=580 ＋ 4580 ＋ 6500 ＋ 280−300−800−1450−200−600

=8590（元）

$$成本误差率=\frac{实际成本率-标准成本率}{标准成本率}\times 100\%$$

成本率差额＝实际成本率－标准成本率

其他项目依此计算，不再一一赘述。

核算结果见表 10-11。

表 10-11　中西餐厅日成本核算结果

项目	中餐厅			西餐厅			总计		
	菜肴	酒水	合计	菜肴	酒水	合计	菜肴	酒水	合计
实际成本	8 590	13 890	22 480	10 670	15 820	26 490	19 260	29 710	48 970
标准成本	8 450	14 000	22 450	10 990	14 500	25 490	19 440	28 500	47 940
绝对数误差	140	110	30	−320	1 320	1 000	−180	1 210	1 030
相对数误差（%）	1.65	0.78	0.13	−2.91	9.10	3.92	0.93	4.25	2.15
实际成本率（%）	48.26	47.20	47.60	36.79	41.85	39.66	41.15	44.19	42.94
标准成本率（%）	47.47	47.57	47.53	37.90	38.36	38.16	41.54	42.39	42.04
成本率差额（%）	0.79	−0.37	0.07	−1.11	3.49	1.5	−0.39	1.8	0.9

绝对数误差 =8 590−8 450=140（元）

相对数误差 =140 ÷ 8 450 × 100%=1.65%

中餐厅菜肴实际成本率 = 当日菜肴成本 ÷ 本日菜肴营业额 × 100%

=8 590 ÷ 17 800 × 100%

=48.26%

中餐厅菜肴标准成本率 = 当日菜肴成本 ÷ 本日菜肴营业额 × 100%

=8 450 ÷ 17 800 × 100%

=47.47%

成本率差额 =48.26%−47.47%=0.79%

其他依次计算，不再一一赘述。

根据表 10-11，该饭店当日中西餐厅成本绝对误差分别是 30 元、1 000 元，合计 1 030 元；相对误差为 0.13%、3.92%，合计为 4.05%。均超过成本误差率 2% 的要求，应查明原因，提出改进措施。

编制成本日报表，将分类统计核算出的食品成本分别填入餐厅的食品成本栏内，然后将营业额分别填入营业额栏内，最后核算餐厅食品成本率，综合汇总编制完成食品成本日报表，见表 10-12。

表 10-12 食品成本日报表

日期	直接购入	仓库领用	内部调拨		职工用餐	招待用餐	余料出售	食品成本		营业额		食品成本率（%）	
			调进	调出				当日	累计	当日	累计	当日	累计
1	26 350	30 380	1 680	1 680	1 680	5 450	5 450	68 280	68 280	114 030	114 030	59.88	59.88
…	…	…	…	…	…	…	…	…	…	…	…	…	…
31	…	…	…	…	…	…	…	…	…	…	…	…	…

第 11 章 物流企业成本核算

物流行业是指物品从供应地向接收地的实体流动过程中，根据需要，将运输、仓储、装卸、搬运、包装、流通加工、配送、信息处理等基本功能有机结合，为用户提供多功能、一体化的综合性服务的行业。

11.1 物流成本核算对象

对于物流企业来讲，其成本费用承担实体主要是各种不同类型的物流活动或物流作业，如运输作业、仓储作业、配送作业、装卸搬运作业、包装作业等。

11.1.1 物流企业生产经营的主要特点

物流行业是指物品从供应地向接收地的实物流动过程中，根据实际需要，将运输、仓储、装卸、搬运、包装、流通加工、配送、信息处理等基本功能有机结合，形成完整的供应链，为用户提供多功能、一体化的综合性服务的行业。运输业务是物流行业的核心。

物流企业的生产经营具有如下特点：

1. 只使劳动对象发生位置的改变，并不改变劳动对象的属性和形态，不创造新的物质产品
2. 在运输生产过程中只消耗劳动手段，不消耗劳动对象
3. 运输生产和消费同时进行
4. 运输生产过程具有流动性、分散性
5. 各种运输方式之间的替代性和协作性比较强
6. 运输生产中所需固定资产比重大，流动资产比重小

11.1.2 物流成本核算流程

物流成本管理流程，如图 11-1 所示。

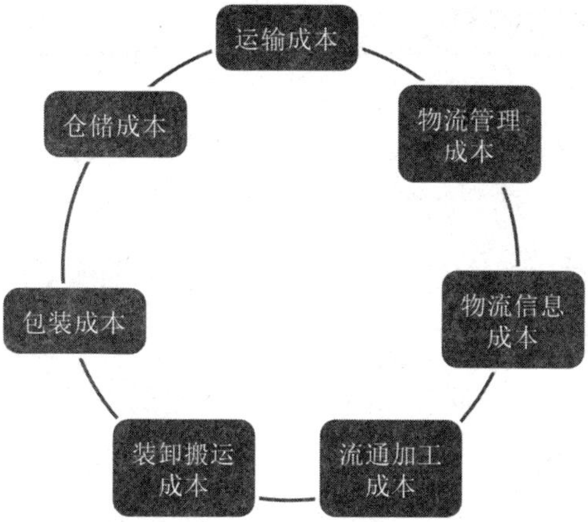

图 11-1　物流成本管理流程

以上项目归纳为以下成本，见表 11-1。

表 11-1　物流成本项目释义

	成本项目	内容说明
物流运作成本	运输成本	一定时期内，企业为完成货物运输业务而发生的全部费用，包括从事货物运输业务的人员费用、车辆（包括其他运输工具）的燃料费、折旧费、维修保养费、租赁费、养路费、过路费、年检费、事故损失费、相关税金等
	仓储成本	一定时期内，企业为完成货物储存业务而发生的全部费用，包括仓储业务人员费用，仓储设施的折旧费、维修保养费、水电费、燃料与动力消耗等
	包装成本	一定时期内，企业为完成货物包装业务而发生的全部费用，包括包装业务人员费用，包装材料消耗，包装设施折旧费、维修保养费，包装技术设计、实施费用以及包装标记的设计、印刷等辅助费用
	装卸搬运成本	一定时期内，企业为完成装卸搬运业务而发生的全部费用，包括装卸搬运业务人员费用，装卸搬运设施折旧费、维修保养费、燃料与动力消耗等
	流通加工成本	一定时期内，企业为完成货物流通加工业务而发生的全部费用，包括流通加工业务人员费用，流通加工材料消耗，加工设施折旧费、维修保养费，燃料与动力消耗费等
物流信息成本		一定时期内，企业为采集、传输、处理物流信息而发生的全部费用，指与订货处理、储存管理、客户服务有关的费用，具体包括物流信息人员费用，软硬件折旧费、维护保养费、通讯费等
物流管理成本		一定时期内，企业物流管理部门及物流作业现场所发生的管理费用，具体包括管理人员费用，差旅费、办公费、会议费等

11.2 运输成本的核算

由于运输有多种方式，因此运输业务包括汽车运输业务、火车运输业务、飞机运输业务、轮船运输业务等。

运输成本计算对象、成本计算单位和成本计算期如下：

1. 成本计算对象

通常以不同燃料和不同厂牌的营运车辆所提供的运输服务作为成本计算对象。以特种大型车、集装箱车、零担车、冷藏车、油罐车从事运输服务的物流企业，还应以不同类型、不同用途车辆所提供的运输服务作为单独的成本计算对象。

2. 成本计算单位

以汽车运输工作量的计量单位为依据。货物运输工作量的计量单位为吨公里，实际工作中通常以千吨公里为成本计算单位。集装箱车辆的成本计算单位为千标准箱公里。

3. 成本计算期

按月、季、半年和年计算成本。跨月运输时以行车路单签发日期所归属月份计算其成本。

单位运输成本的计算公式如下：

物流企业应根据“主营业务成本——运输支出”明细账所归集的运输成本和当月实际完成运输周转量，计算单位运输成本。

单位运输成本 = 运输总成本 ÷ 运输周转量

11.2.1 直接材料的归集和分配

（1）燃料费用的归集和分配。

各种车辆耗用的燃料，应根据领料单进行汇总，编制燃料耗用汇总表，以便于对燃料费用进行归集和分配。

确定各月燃料实际耗用数的方法有满油箱制和实地盘存制两种：

满油箱制

在月初、月末油箱加满的前提下，车辆当月加油的数量即为当月燃料的实际耗用数

实地盘存制

应在月末实地测量车辆油箱的存油数，并根据当月的领用数，计算车辆当月实际耗用的燃料数

车辆当月燃料实际耗用 = 月初车存数 + 本月领用数 − 月末车存数

（2）轮胎费用的归集和分配。

各种车辆领用的轮胎外胎、内胎和垫带，应根据领料单进行汇总，编制轮胎领用汇总表，以便于对轮胎费用进行归集和分配。

如果对外胎采用一次摊销法，在领用时直接记入“主营业务成本”或“营运间接费用”“管理费用”等相关科目。

如果对外胎采用按行程摊提法，应根据外胎行驶里程记录和外胎里程摊提率，编制外胎摊提费用计算表，以便对该项费用进行归集与分配。

11.2.2 直接人工的归集和分配

直接人工主要指车辆司机和助手的职工薪酬费用。

固定车辆的司机和助手的工资：根据工资汇总表直接列入各成本计算对象的明细账户。

没有固定车辆的司机和助手的工资、后备司机和助手的工资：按一定的标准分配记入各成本计算对象的明细账户，分配标准有营运货物吨位和营运车日两种，计算公式如下：

职工工资费用分配率 = 应分配工资总额 ÷ 总营运货物千吨公理（或总营运车日）

11.2.3 其他直接费用的归集和分配

其他直接费用包括折旧费、养路费、其他费用等。

- 一般按货车吨位数计算缴纳，可直接计入成本计算对象成本及有关费用

养路费

- 车辆的折旧费一般采用工作量法计提。计算车辆折旧时，应从车辆原值中扣减外胎价值

折旧费

- 将各种救援、善后费用净额以及车辆牌照检验费用、车辆日常维护费用、行车杂费等均可以根据相关凭证直接计入各类运输成本

其他费用

11.2.4 营运间接费用的归集和分配

营运间接费用：运输分公司、车场、车站等部门为组织与管理运输业务过程中所发生的各种间接费用，包括职工薪酬、折旧、保险、差旅、水电、办公费、取暖等费用，这些费用在营运过程中发生但不能直接计入成本计算对象，应于发生时先记入“营运间接费用”科目的借方，期末从贷方分配转入各成本计算对象，结转后无余额。

营运间接费用的分配标准有直接费用或营运车日等，计算公式如下：

> 营运间接费用分配率 = 受益单位的直接费用 ×（营运间接费用总额 ÷ 营运直接费用总额）

【例 11-1】 圆通运输公司有 100 辆小货车和 50 辆集装箱运输车，运输企业以运输车辆划分产品品种，公司 1 月份发生的实际发生的制造费用，见表 11-2，合计 155 900 元。另外，该月小货车生产成本如下：直接材料 180 000 元，直接工资 90 000 元，集装箱运输车直接材料 42 000 元，直接工资为 10 000 元。以直接工资为分配标准分别来计算小货车和集装箱运输车的总成本和单位成本。

表 11-2　某物流企业 10 月份制造费用明细表

一级科目	明细科目	金　额	合　计
直接材料	小货车	180 000	180 000
	集装车运输车	42 000	42 000

续上表

一级科目	明细科目	金　额	合　计
直接工资	小货车	90 000	90 000
	集装箱运输车	10 000	10 000
制造费用	工资及福利费	6 500	155 900
	折旧费	41 000	
	修理费	18 000	
	办公费	46 000	
	水电费	39 000	
	其他	5 400	

（1）制造费用按生产工人工资为标准分配计入小货车和集装箱车中，制造费用的分配情况，见表 11–3。

表 11–3　制造费用分配表

产品品种	直接人工	分配率	分配额
小货车	90 000	155 900 ÷ 100 000=1.559	90 000 × 1.559=140 310
集装箱运输车	10 000	155 900 ÷ 100 000=1.559	10 000 × 1.559=15 590
合计	100 000		155 900

（2）根据生产费用凭证及汇总表和制造费用分配表登记小货车和集装箱运输车生产成本明细账和生产成本比较，见表 11–4。

表 11–4　生产成本明细账

品种	直接材料	直接人工	制造费用	合计
小货车	180 000	90 000	140 310	410 310
集装箱运输车	42 000	10 000	15 590	67 590

（3）最后，编制小货车成本、集装箱运输车成本计算表，见表 11–5、表 11–6。

表 11-5　小货车成本计算表（100 辆）

单位：元

成本项目	总成本	单位成本
直接材料	180 000	1 800
直接人工	90 000	900
制造费用	140 310	1 403.10
合计	410 310	4 103.10

表 11-6　集装箱运输车成本计算表（50 辆）

单位：元

成本项目	总成本	单位成本
直接材料	42 000	840
直接人工	10 000	200
制造费用	15 590	311.80
合计	67 590	1 351.80

11.3 包装成本的核算

包装是指为在流通过程中保护产品、方便运输、促进销售，按一定技术方法而采用的容器、材料及辅助物等的总体名称，也指为了达到上述目的而采用容器、材料和辅助物的过程中施加一定的技术方法等操作活动。

1. 包装成本的构成

物流企业的包装成本一般包括以下内容：

包装材料费用	包装机械费用	包装技术费用	包装人工费用	其他辅助费用
• 实施包装过程中消耗的材料支出	• 使用包装机械或工具的购置、维护费用及折旧费用	• 设计、实施缓冲包装、防潮包装、防霉包装等技术所支出的费用	• 实施包装作业人员发放的工资、资金、津贴及补贴等	• 如包装标记、包装标志的印刷费用、拴挂物费用等支出

2. 包装成本的核算

如果企业的包装收入单独核算，对于包装业务中产生的各项费用，凡是能和包装收入配比的，直接记入“主营业务成本——包装成本”科目，不能直接配比的记入“销售费用”科目。

如果企业的包装收入未能单独核算，对于发生于物流环节的包装费用应区分费用性质和项目记入“销售费用”总账科目及相关明细账户。

11.4 仓储成本的核算

1. 仓储成本项目

仓储成本项目分为堆存直接费用和营运间接费用两项。

堆存直接费用：仓库因仓储、保管货物而发生的直接费用，如薪酬、材料、折旧摊销、照明动力、劳动保护等

营运间接费用：企业的仓储装卸营运部或分公司为管理和组织仓储和装卸的营运生产所发生的管理费用和业务费用属于营运间接费用

2. 仓储成本计算对象、成本计算单位和成本计算期

成本计算对象：各种类型的仓库

成本计算单位：以货物堆存量的计量单位为依据。货物堆存量通常用堆存吨/天表示，也能以堆存平方米/天表示

成本计算期：按月、季、半年、年计算成本

3. 堆存成本的核算

堆存直接费用的归集：根据各种凭证直接列入所属仓库或库区的成本，记入“主营业务成本——堆存支出”的借方。

堆存间接费用的归集和分配：按营运部或分公司设立明细账归集营运间接费用，期末按堆存直接费用和装卸直接费用的比例进行分配。

11.5 装卸成本的核算

广义的装卸：是指物流企业运用机械设备和人力为客户提供改变货物在物流同一节点存在的状态和空间位置的服务，包括狭义的装卸和搬运。

狭义的装卸：是指在指定地点以人力或机械将货物装入或卸下运输设备。

狭义的搬运：是指在同一场所内对货物进行水平的移动。

1. 装卸成本计算对象、成本计算单位和成本计算期

成本计算对象	成本计算单位	成本计算期
• 以运输业务或仓储业务为主的企业，以机械作业和人工作业分别作为成本计算对象 • 以港口业务为主的物流企业，可以装卸作业的主要货种作为成本计算对象	• 以货物装卸量的计量单位为依据，通常用装卸吨表示；集装箱也可以用标准箱为单位，1 标准箱 =10 装卸吨	• 按月、季、半年、年计算成本

2. 装卸成本的归集和分配

装卸费用通过“主营业务成本——装卸支出”账户进行归集与分配。该账户按成本计算对象设置明细账，并按成本项目进行明细核算。

（1）直接人工：根据工资结算表等有关资料编制职工薪酬费用汇总表，据以直接计入各类装卸成本。

（2）直接材料、燃料及动力：根据装卸机械领用燃料凭证、供电部门的收费凭证或企业的分配凭证直接计入各类装卸成本。

（3）轮胎：一般于领用新胎时直接计入各类装卸成本，也可通过摊销的方法计入。翻新和零星修补费用在发生和支付时直接计入各类装卸成本。

其他直接费用：

（4）折旧费：直接计入各类装卸成本，宜采用工作量法计提。

（5）其他费用：装卸机械领用的随机工具等，领用时一次直接计入各类装卸成本，也可摊销处理。修理费用、劳保费用等，在费用发生和支付时，直接计入各类装卸成本。对外发生的装卸费用，直接计入各类装卸成本。事故损失直接计入有关装卸成本，或先通过“其他应收款——暂付赔款”归集，月末将由本期装卸成本负担的事故净损失结转计入有关装卸成本。

（6）营运间接费用：装卸队直接开支的管理费和业务费，在发生和支付时直接计入装卸成本。当按机械装卸和人工装卸分别计算成本时，先通过“营运间接费用”归集，再按直接费用比例分配计入各类装卸成本。

11.6 配送成本的核算

配送业务是指物流企业根据客户的要求，对货物进行储存、拣选、包装、组配等作业，并按时将组配的货物以最合理的方式送交收货人的服务。

配送业务：指物流企业根据客户要求，对货物进行储存、拣选、包装、组配等作业，并按时将组配的货物送交收货人的服务，集装卸、储存、包装、运输等活动于一身。

1. 配送成本的构成

常见的配送成本包括以下项目：

成本计算对象	成本计算单位	成本计算期
• 不同环节有各自的成本计算对象。保管环节是仓库，分拣及配货环节是货物，配送发运环节是货运车辆	• 货物保管环节是堆存量，用千吨 / 天表示；分拣配货环节是分拣配货量，用千吨或千件表示；配装环节是配装量，用千吨表示；运送环节是货物周转量，用千吨 / 公里表示	• 按月、季、半年、年计算成本

2. 配送成本的归集和分配

根据各种凭证直接列入各个环节的成本，应根据“工资及福利费分配表”“耗用材料汇总表”“固定资产折旧费用计算表”及各种发票、单据等直接列入各个环节成本。

借：主营业务成本——配送支出——堆存费用

——分拣配货费用

——配装费用

——运输费用

贷：应付职工薪酬 / 原材料 / 累计折旧 / 银行存款等

3. 配送间接费用的归集和分配

先在组织和管理这些业务的营运部门或分公司归集，记入“营运间接费用——配送营运部”。

期末按堆存、分拣及配货、配装和运输四项业务的直接费用比例进行分配。

第 12 章 建筑施工企业成本核算

建筑施工企业是指依法自主经营、自负盈亏、独立核算，从事建筑产品生产和经营，具有法人资格的经济实体。具体地讲，建筑施工企业是指从事铁路、公路、隧道、桥梁、堤坝、电站、码头、机场、运动场、房屋等土木工程建筑活动，从事电力、通信线路、石油、燃气、给排水、供热等管道系统和各类机械设备、装置的安装活动，从事对建筑物内、外装修和装饰的设计、施工和安装活动的企业。

12.1 建筑施工企业生产特点与核算对象

12.1.1 建筑施工企业生产经营的特点

一般而言，建筑施工企业的特点主要由其建筑产品的特点决定。其实，相较于其他工业产品，建筑产品具有体积庞大、复杂多样、整体难分、不易移动等特点，从而使建筑施工企业除了一般工业生产的基本特性外，还具备以下特点。

- 生产的流动性和分散性
- 生产的单件性和配套性
- 施工生产的长期性
- 施工生产的露天性
- 产品销售的特殊性

1. 生产的流动性和分散性

由于建筑产品固定在土地上，不同工种的工人要在同一建筑的不同部位进行流动分散施工；生产工人要在同一工地不同单位工程之间进行流动分散施工；施工队伍要在不同工地、不同地区承包工程，进行迁移分散施工等。

2. 施工生产的单件性和配套性

由于每一项建筑产品都有其特定的用途和建设要求，施工生产需要针对具体工程，因地制宜、因时制宜地单独编制施工组织设计，单独组织施工；通常一个建设项目往往由若干个单项工程组成，而各个单项工程之间必须相互配合、配套施工，方能发挥效用。

3. 施工生产的长期性

建筑产品形体规模大、产品造价高、完工时间长；施工地点固定，约束条件多，施工生产周期经常跨越数个年度，占用和消耗的人力、物力、财力多。

4. 施工生产的露天性

建筑产品的生产多是在露天进行的，直接承受气候温差条件的制约，并且伴有风霜雨雪、酷暑严寒下艰苦施工，经常性的高空、地下、涵洞、水下条件的作业，因此，需要认真履行合约，保质保量地如期竣工交付使用。

5. 产品销售的特殊性

建筑产品一般在施工前已有确定的雇主和用户，产品的交易结算，不表现为产品销售的实物形态转移，而是由竣工验收办理工程价款结算进行劳务形成的价值补偿。

12.1.2 工程成本核算的会计科目

施工企业为核算和监督施工过程中各项施工费用的发生、归集和分配情况，正确计算工程成本，设置如下科目。

工程成本应设置“合同结算”“合同履约成本”“机械作业”“合同取得成本”等账户。

1. 合同结算

“合同结算”科目核算同一合同下属于在某时段内履行履约义务涉及与客户结算对价的合同资产或合同负债，并在此科目下设置“合同结算——价款结算”科目，反映定期与客户进行结算的金额，设置“合同结算——收入结转”科目反映按履约进度结转的收入金额。

2. 合同履约成本

“合同履约成本”账户核算企业为履行当前或预期取得的合同所发生的、不属于其他企业会计准则规范范围且按照本准则应当确认为一项资产的成本。企业因履行合同而产生的毛利不在本科目核算。本账户可按合同，分别“服务成本”“工程施工”等进行明细核算。期末借方余额，反映企业尚未结转的合同履约成本。

“合同履约成本”账务处理如图 12-1 所示。

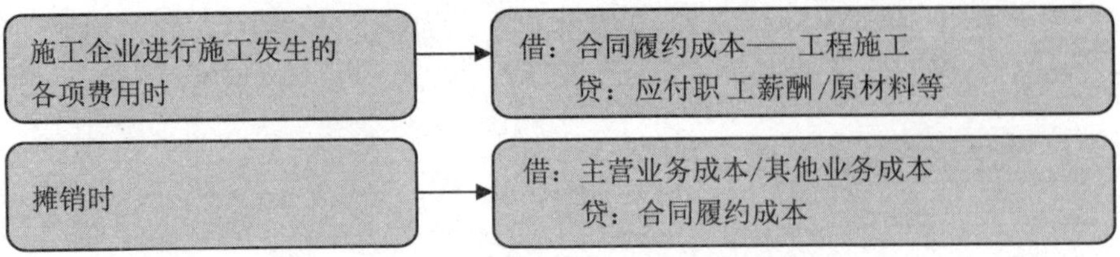

图 12-1　合同履约成本账务处理

3. 机械作业

“机械作业”账户，属于成本类账户，主要是针对建筑企业有单独的设备管理部门为各项目提供设备发生的费用及内部结算的台班的核算。在月份终了时，机械作业科目一般应无余额。账务处理如图 12-2 所示。

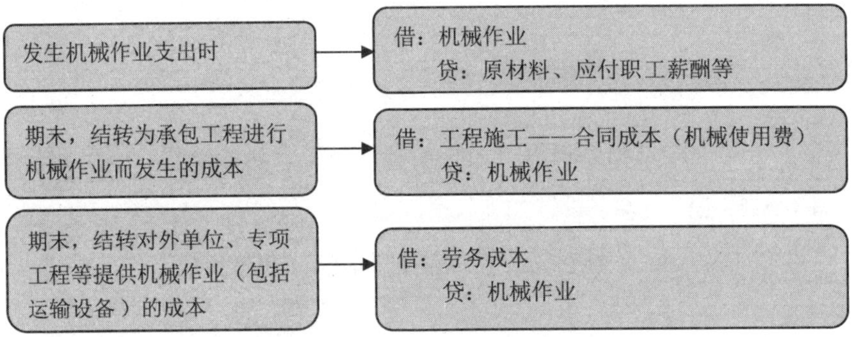

图 12-2　机械作业账务处理

4. 合同取得成本

“合同取得成本”科目核算企业取得合同发生的、预计能够收回的增量成本。本科目可按合同进行明细核算。期末借方余额，反映企业尚未结转的合同取得成本。

账务处理如图 12-3 所示。

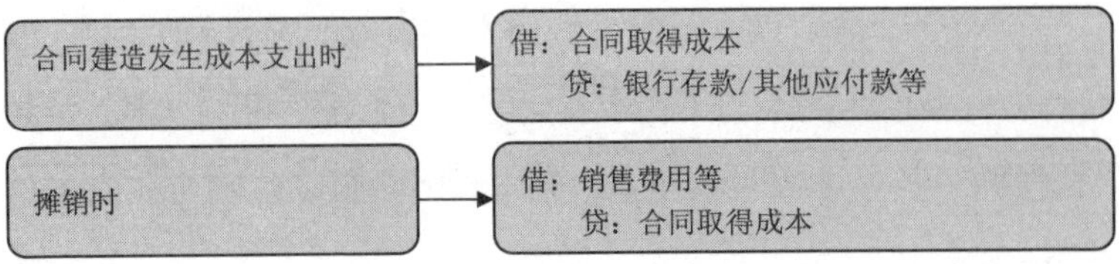

图 12-3　合同取得成本账务处理

5. 合同资产

“合同资产”账户核算企业已向客户转让商品而有权收取对价的权利。仅取决于时间流逝因素的权利不在本科目核算。本账户应按合同进行明细核算。

企业在客户实际支付合同对价或在该对价到期应付之前，已经向客户转让了商品的，应当按因已转让商品而有权收取的对价金额，借记本科目或“应收账款”科目，贷记“主营业务收入”“其他业务收入”等科目；企业取得无条件收款权时，借记“应收账款”等科目，贷记本科目。涉及增值税的，还应进行相应的处理。

6. 合同负债

“合同负债”账户核算企业已收或应收客户对价而应向客户转让商品的义务。本账户应按合同进行明细核算。期末贷方余额，反映企业在向客户转让商品之前，已经收到的合同对价或已经取得的无条件收取合同对价权利的金额。

企业在向客户转让商品之前，客户已经支付了合同对价或企业已经取得了无条件收取合同对价权利的，企业应当在客户实际支付款项与到期应支付款项孰早时点，借记“银行存款”“应收账款”“应收票据”等科目，贷记本科目；企业向客户转让相关商品时，借记本科目，贷记“主营业务收入”“其他业务收入”等科目。涉及增值税的，还应进行相应的处理。

12.2 工程成本的计算对象

根据企业施工组织特点、所承包工程实际情况、工程价款结算办法，与施工图预算相适应原则等来确定工程成本计算对象。

一般应以每一个独立编制的施工图预算的单位工程为依据，根据工程规模大小、结构类型、工期长短、现场施工条件等具体情况，结合企业施工组织特点和加强成本管理的要求，确定建筑安装工程的成本计算对象。

12.2.1 工程成本的归集和分配

1. 材料成本

材料费应按照材料领用的不同情况进行归集分配：

1 • 能点清数量和分清材料对象的，直接用于工程的材料，计入各成本对象

2 • 能点清数量、集中配料或统一下料的材料，在领料凭证上注明“工程集中配料”字样，月末根据用料情况，结合材料消耗定额，编制“集中配料耗用分配表”，在各成本对象之间分配

3 • 不能点清数量也很难立即分清用料对象的大堆材料，几个单位工程共同使用，根据月初结存数和本月进料数倒轧本月实际用量，结合材料消耗定额，编制大堆材料耗用计算单，据以计入各成本计算对象

4 • 其他不能点清数量的材料，采用适当方法分配计入各成本计算对象

5 • 实行材料节约奖的，应按材料节约的数额，直接计入各成本计算对象

6 • 已办理领料手续但没有全部耗用的材料，应在期末填制退料单，据以冲减本期材料费

7 • 周转材料应根据各个工程成本计算对象在用的数量，按照规定的方法摊销

【例 12-1】 吉城建筑工程公司承包一项工程，某月发出中粗河沙、碎石共 4 100 立方米，中粗河沙单价 20 元，碎石单价 40 元。则材料耗用量计算单见表 12-1。

表 12-1　大堆材料耗用明细账

<table>
<tr><th>材料名称</th><th colspan="2">计量单位</th><th colspan="2">期初盘存量</th><th colspan="2">本期进场量</th><th colspan="2">期末盘存量</th><th colspan="2">本期实际用量</th></tr>
<tr><td>中粗河沙</td><td colspan="2">立方米</td><td colspan="2">500</td><td colspan="2">2 800</td><td colspan="2">700</td><td colspan="2">2 600</td></tr>
<tr><td>碎石</td><td colspan="2">立方米</td><td colspan="2">300</td><td colspan="2">1 700</td><td colspan="2">500</td><td colspan="2">1 500</td></tr>
<tr><td>材料名称及规格</td><td colspan="5">中粗河沙</td><td colspan="5">碎石</td></tr>
<tr><td>单位价格</td><td colspan="5">20 元 / 立方米</td><td colspan="5">40 元 / 立方米</td></tr>
<tr><td>使用工程名称</td><td>定额耗用量 / 立方米</td><td>实际耗用量 / 立方米</td><td>差异</td><td>差异金额</td><td>金额 / 元</td><td>定额耗用量 / 立方米</td><td>实际耗用量 / 立方米</td><td>差异</td><td>差异金额</td><td>金额 / 元</td></tr>
<tr><td>主体工程</td><td>1 200</td><td>1 400</td><td>+200</td><td>4 000</td><td>28 000</td><td>800</td><td>840</td><td>+40</td><td>1 600</td><td>33 600</td></tr>
<tr><td>配套工程</td><td>1 000</td><td>1 200</td><td>+200</td><td>4 000</td><td>24 000</td><td>400</td><td>660</td><td>+260</td><td>10 400</td><td>26 400</td></tr>
<tr><td>合计</td><td>2 200</td><td>2 600</td><td></td><td>8 000</td><td>52 000</td><td>1 200</td><td>1 500</td><td></td><td>12 000</td><td>60 000</td></tr>
</table>

对于工程施工过程中采用的各种周转材料，若是租入的周转材料，按实际支付的租赁费直接记入各受益对象的“材料费”项目；对自用周转材料，记入

“工程成本”或“材料费”项目。

月终，根据“领料单”“定额领料单”“退料单”等原始凭证编制“工程施工材料费用分配表”，计算各种材料的成本。工程施工材料费用分配见表 12-2。

表 12-2　工程施工材料费用分配表

单位：万元

工程成本计算对象	主要材料						结构件	其他材料	周转材料摊销	合计
	钢材	水泥	沙子	砾石	其他	合计				
主体工程	150	65	8	4.4	2	229.4	12	6.6	4	252
配套工程	140	34	5	2.8	1.5	183.3	7.7	3	1	195
合计	290	99	13	7.2	3.5	412.7	19.7	9.6	5	447

借：合同资产——主体工程——材料费　　2 520 000

　　　　　　——配套工程——材料费　　1 950 000

　贷：原材料——主要材料　　4 127 000

　　　　　　——结构件　　197 000

　　　　　　——其他材料　　96 000

　　　　　　——周转材料摊销　　50 000

根据会计分录，登记会计凭证，见表 12-3。

表 12-3　转账凭证

附件：4 张

2×21 年 1 月 31 日　　　　转字第 016 号

摘要	一级科目	二级或明细科目	账页	借方金额										贷方金额									
				千	百	十	万	千	百	十	元	角	分	千	百	十	万	千	百	十	元	角	分
结转原材料成本	合同资产	主体工程			2	5	2	0	0	0	0	0	0										
	合同资产	配套工程			1	9	5	0	0	0	0	0	0										
	原材料	主要材料													4	1	2	7	3	0	0	0	0
	原材料	结构件														1	9	7	0	0	0	0	0
	原材料	其他材料															9	6	0	0	0	0	0
	原材料	周转材料摊销															5	0	0	0	0	0	0
合计				¥	4	4	7	0	0	0	0	0	0	¥	4	4	7	0	0	0	0	0	0

会计主管：××　　记账：××　　出纳：××　　审核：××　　填制：××

2. 直接人工的归集和分配

（1）采用计件工资制度时，根据工程任务单和工程结算汇总表，将所归集的人工费用直接计入成本计算对象。

（2）采用计时工资制度时，如果能够正确区分工人劳动的服务对象，直接将人工费用计入成本计算对象；如果建筑安装工人同时为多项工程工作，就需要将人工费用在各个成本计算对象之间进行分配。

【例 12-2】 鑫立建筑有限公司 2×21 年 1 月发生如下经济业务。

10 日，根据公司人力资源部提供的职工工资明细表显示：本月应发工资薪金总额 1 010 000 元（其中：公司行政管理人员 210 000 元、甲施工项目部工人 340 000 元、乙施工项目部工人 370 000 元、机械作业 90 000 元），财务部扣除应该代扣的个人所得税 18 000 元、个人应该承担的社会保险费及住房公积金 70 000 元后，本月实际应该支付的金额为 922 000 元。出纳人员开出转账支票 922 000 元，通过开户银行转款到职工的工资卡。

（1）结转工资成本。

借：管理费用　　210 000
　　劳务成本——甲项目　　340 000
　　劳务成本——乙项目　　370 000
　　机械作业　　90 000
　　贷：应付职工薪酬　　1 010 000

根据会计分录，登记会计凭证，见表 12-4。

（2）结转代扣工资。

借：应付职工薪酬——工资薪金　　88 000
　　贷：应交税费——代扣个人所得税　　18 000
　　　　　　　　——代扣个人社保费、公积金　　70 000

根据会计分录，登记会计凭证，见表 12-5。

表 12-4　转账凭证

附件：2 张

2×21 年 1 月 10 日　　　　转字第 017 号

摘要	一级科目	二级或明细科目	账页	借方金额										贷方金额									
				千	百	十	万	千	百	十	元	角	分	千	百	十	万	千	百	十	元	角	分
结转工资成本	管理费用					2	1	0	0	0	0	0	0										
	劳务成本	甲项目				3	4	0	0	0	0	0	0										
	劳务成本	乙项目				3	7	0	0	0	0	0	0										
	机械作业	主要材料					9	0	0	0	0	0	0										
	应付职工薪酬														1	0	1	0	0	0	0	0	0
合计				¥	1	0	1	0	0	0	0	0	0	¥	1	0	1	0	0	0	0	0	0

会计主管：××　　记账：××　　出纳：××　　审核：××　　填制：××

表 12-5　转账凭证

附件：2 张

2×21 年 1 月 10 日　　　　转字第 018 号

摘要	一级科目	二级或明细科目	账页	借方金额										贷方金额									
				千	百	十	万	千	百	十	元	角	分	千	百	十	万	千	百	十	元	角	分
结转代扣工资	应付职工薪酬	工资薪金					8	8	0	0	0	0	0										
	应交税费	个人所得税															1	8	0	0	0	0	0
	应交税费	社保费、公积金															7	0	0	0	0	0	0
合计						¥	8	8	0	0	0	0	0			¥	8	8	0	0	0	0	0

会计主管：××　　记账：××　　出纳：××　　审核：××　　填制：××

（3）15 日，开出转账支票支付职工工资 922 000 元。

借：应付职工薪酬——工资　　　　922 000

　　贷：银行存款　　　　922 000

根据会计分录，登记会计凭证，见表 12-6。

表 12-6　付款凭证

附件：1 张

贷方科目：银行存款　　　　　　2×21 年 1 月 10 日　　　　　　银付字第 002 号

摘　要	贷方科目		账页	金　额								
	一级科目	二级或明细科目		百	十	万	千	百	十	元	角	分
支付职工工资 922 000 元	应付职工薪酬	工资			9	2	2	0	0	0	0	0
合计				¥	9	2	2	0	0	0	0	0

会计主管：××　　　记账：××　　　出纳：××　　　审核：××　　　填制：××

3. 机械使用费的归集和分配

施工企业使用的施工机械可分为租赁机械和自有机械两种。

租赁机械支出的租赁费和进出场费，直接计入各工程成本的“机械使用费”成本项目，通过“合同资产”核算。

自有机械的使用费，通过“机械作业”账户进行。

分配机械使用费可采用如下方法：

（1）按施工机械的实际台时（或完成工作量）分配机械使用费。

月末，根据“机械使用费分配表”并记入“合同资产——工程施工”借方及工程成本计算单的“机械使用费”项目内，同时贷记“机械作业”账户。当月“机械作业”账户发生的费用一般当月分配完毕，月末没有余额。

（2）先按施工机械的计划台时费对机械使用费进行分配，然后依据计划机械使用费与实际机械使用费之间的比值调整为实际机械使用费。其计算公式如下：

机械使用费计划数＝机械工作台时合计数 × 机械台时费计划数

某项工程应分配的机械使用费＝（该工程使用机械台时数 × 机械台时费计划数）×（机械使用费实际数 ÷ 机械使用费计划数）

【例 12-3】 某建筑公司从外单位租入一台吊车用于望江小区工程项目，按照规定的台班费定额，根据“机械租赁结算账单”以银行存款支付租赁费 98 000 元，根据以上经济业务账务处理如下。

借：合同资产——望江小区项目　　98 000

　　贷：银行存款　　98 000

4. 辅助生产费用的归集和分配

辅助生产部门所发生的各项费用，通过“生产成本——辅助生产”科目进行归集，并按辅助生产车间或单位、产品或劳务的品种设置二级明细账。

月末根据归集的费用计算产品、劳务的总成本和单位成本，然后按各工程和部门的受益数量分配计入各项工程成本、机械作业成本以及其他费用项目中。期末借方余额为在产品成本。

5. 其他直接费用的归集和分配

（1）凡是能分清成本对象的，直接计入各受益工程成本计算对象下的“其他直接费用”成本项目中。

（2）如果是几个工程共同发生的，不能直接确定成本计算对象的，可以先行汇总在“其他直接费用”明细账中，月末分配计入各成本计算对象。

【例 12-4】 2×21 年 1 月，某建筑公司承担某高速公路 B 标段的隧道、桥梁施工，领用生产工具 16 500 元，按生产工时进行分配；检验试验费 11 200 元、场地清理费 14 200 元，按工料成本比例分配，根据上述资料和施工统计资料编制“其他直接费分配表”，见表 12-7。

表 12-7　其他直接费分配表

2×21 年 1 月 31 日　　单位：元

核算对象	工具用具		检验试验费		场地清理费	
	耗用工时	分配金额	工料数量	分配金额	工料数量	分配金额
隧道工程	2 000	11 000	500	4 000	600	8 520
桥梁工程	1 000	5 500	900	7 200	400	5 680
合计	3 000	16 500	1 400	11 200	1 000	14 200

根据“其他直接费分配表”，计算下列费用。

（1）分配工具用具使用费。

工具用具使用费分配率 $=\dfrac{16\,500}{3\,000}=5.5$（元 / 小时）

隧道工程分配费用 =5.5×2 000=11 000（元）

桥梁工程分配费用 =5.5×1 000=5 500（元）

借：合同资产——××合同（隧道，其他直接费） 11 000

——××合同（桥梁，其他直接费） 5 500

贷：周转材料——在库低值易耗品 16 500

（2）分配检验试验费。

检验试验费分配率 = $\frac{11\ 200}{1\ 400}$ =8（元 / 小时）

隧道工程分配费用 =8×500=4 000（元）

桥梁工程分配费用 =8×900=7 200（元）

借：合同资产——××合同（隧道，其他直接费） 4 000

——××合同（桥梁，其他直接费） 7 200

贷：银行存款 11 200

（3）分配场地清理费。

场地清理费分配率 = $\frac{14\ 200}{1\ 000}$ =14.2（元 / 小时）

隧道工程分配费用 =14.2×600=8 520（元）

桥梁工程分配费用 =14.2×400=5 680（元）

借：合同资产——××合同（隧道，其他直接费）8 520

——××合同（桥梁，其他直接费） 5 680

贷：银行存款 14 200

6. 间接费用的归集和分配

（1）间接费用属于共同费用，难以分清受益对象。间接费用发生时记入“合同资产——间接费用”科目进行核算，如图 12-4 所示。

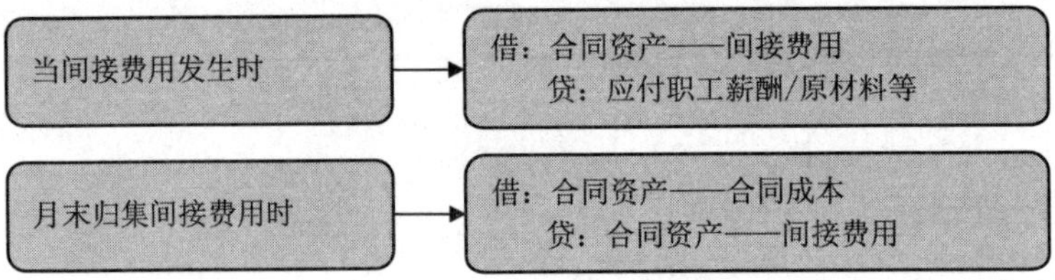

图 12-4　间接费用账务处理

月末采用一定的标准分配计入相应的工程成本。“合同履约成本——间接费用”科目月末没有余额。

（2）间接费用的分配因工程类别不同而不同。土建工程一般以工程成本的直接费用为分配标准，安装工程以人工费用为分配标准。

间接费用分配率＝间接费用总额 ÷ 各类工程（劳务、作业）成本中人工费用总额 ×100%

某工程应分配间接费用＝该工程人工费用总额 × 间接费用分配率

施工单位的间接费用一般要经过两次分配。

间接费用也可以先计算实际间接费用与间接费用定额的百分比，再用该百分比对各项工程按定额计算的间接费用进行调整（系数法）。

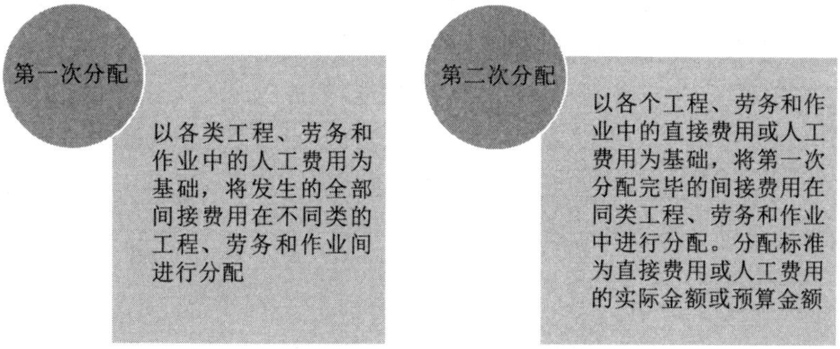

【例 12-5】 某建筑施工公司同时进行甲、乙两个土建工程的施工，本月“工程施工——间接费用”账户归集的间接费为 80 000 元，本月甲工程发生的直接费为 120 000 元，乙工程发生的直接费为 80 000 元。

各工程应负担的间接费用计算如下：

间接费用分配率 =80 000 ÷（120 000+80 000）× 100%=40%

甲工程应负担的间接费 =120 000 × 40% =48 000（元）

乙工程应负担的间接费 =80 000 × 40% =32 000（元）

企业应编制“间接费用分配表”，作为分配间接费用的核算依据。“间接费用分配表”的格式见表 12-8。

表 12-8 间接费用分配表

2016 年 8 月

受益对象	分配标准	分配率（%）	分配金额（元）
甲工程	120 000	40	48 000
乙工程	80 000	9	32 000
合计	200 000		80 000

根据表 12-12，作会计分录如下：

借：合同资产——×× 合同——甲工程（间接费用） 48 000

——×× 合同——乙工程（间接费用） 32 000

贷：施工间接费用 80 000

12.2.2 月末已完工程和未完工程成本的分配

施工企业的各项生产费用，在各成本计算对象之间进行归集和分配以后，应计入本月各成本计算对象的生产费用，归集在“合同资产——工程施工”借方和有关成本计算单中。这些生产费用月末应在已完工程和未完工程之间进行分配。

已完工程：包括已全部竣工，不再需要进行任何施工活动的工程，即竣工工程，也包括已经完成预算定额所规定的全部工序，在本企业不再需要进行任何加工的分项工程。

1. 未完工工程成本的计算

未完工程成本的计算：期末到施工现场实地丈量盘点未完工程实物量，并按其完成施工的程度折合为已完工程数量，根据预算单价计算未完工程成本（期末未完工程成本一般不负担管理费）。

未完工程成本 = 预算单价 × 未完工程实物量 × 履约进度

= 未完工程预算造价 × 履约进度

如果未完工程施工量很小或期初与期末数量相差不大，可以不计算未完工程成本。

根据计算结果填制未完工程盘点单及工程成本计算单。

2. 已完工程实际成本的计算

已完工程实际成本从“合同资产——工程施工”科目的贷方转入“主营业务成本”科目借方。

已完工程实际成本＝月初未完工程成本＋本月生产费用－月末未完工程成本

【例 12-6】 A 公司与 B 公司签订施工协议，2018 年 10 月 31 日，完成工程量 2 000 万元（毛利 200 万元），结算 1 800 万元，实际收款 1 500 万元。2018 年 11 月 30 日，累计完成工程量 3 200 万元（毛利 320 万元），结算 2 600 万元，实际收款 2 800 万元；2018 年 12 月 31 日，累计完成工程量 4 500 万元（毛利 450 万元）。结算 4 000 万元，实际收款 3 800 万元。

（1）2018 年 10 月 1 日。

借：合同资产——成本（20 000 000-2 000 000）　18 000 000

　　贷：原材料　18 000 000

借：合同资产——毛利　2 000 000

　　主营业务成本　18 000 000

　　贷：主营业务收入　20 000 000

借：银行存款　15 000 000

　　贷：合同负债　15 000 000

（2）2018 年 11 月 30 日。

借：合同资产——成本（32 000 000−3 200 000−18 000 000）　10 800 000

　　贷：原材料等　10 800 000

借：合同资产——毛利　（3 200 000−2 000 000）1 200 000

　　主营业务成本　10 800 000

　　贷：主营业务收入　12 000 000

借：银行存款（28 000 000−15 000 000）　13 000 000

　　贷：合同负债　13 000 000

（3）2018 年 12 月 31 日。

借：合同资产——成本（45 000 000−3 2000 000−1 300 000）　11 700 000

　　贷：原材料等　11 700 000

借：合同资产——毛利　　1 300 000

　　主营业务成本　　11 700 000

　　贷：主营业务收入　　13 000 000

借：银行存款（38 000 000−28 000 000）　　10 000 000

　　贷：合同负债　　10 000 000

参考文献

[1] 企业会计准则编审委员会 . 企业会计准则及应用指南实务详解 [M]. 北京：人民邮电出版社，2019.

[2] 财政部会计司 . 企业会计准则第 14 号：收入应用指南 2018[M]. 北京：中国财政经济出版社，2018.

[3] 企业产品成本会计编审委员会 . 企业产品成本会计核算详解与实务 [M]. 北京：人民邮电出版社，2020.

[4] 栾庆忠 . 增值税纳税实务与节税技巧 [M].5 版 . 北京：中国市场出版社，2018.

[5] 林佳良 . 土地增值税清算指南 [M].5 版 . 北京：中国市场出版社，2018.

[6] 计敏，王庆，王立新 . 全行业增值税操作实务与案例分析 [M]. 北京：中国市场出版社，2018.

[7] 栾庆忠 . 增值税发票税务风险解析与应对 (实战案例版)[M]. 北京：中国人民大学出版社，2019.

[8] 李跃升 . 成本管理会计与企业决策分析 [M]. 北京：人民邮电出版社，2019.

[9] 蔡昌 . 房地产企业全程会计核算与税务处理 [M].4 版 . 北京：中国市场出版社 ,2018.

[10] 李曙亮 . 房地产开发企业会计与纳税实务 [M].2 版 . 大连：大连出版社 ,2018.

[11] 曾勤，张程程 . 会计科目设置与应用大全书 [M]. 北京：人民邮电出版社，2018.

[12] 中华人民共和国财政部 . 企业会计准则应用指南 (2018 年版)[M]. 上海：立信会计出版社，2018.

[13] 邱银春 . 新手学会计 [M]. 北京：清华大学出版社，2018.

[14] 马泽方 . 企业所得税实务与风险防控 [M].2 版 . 北京：中国市场出版社 ,2018.

[15] 吴健 . 新个人所得税实务与案例 [M]. 北京：中国市场出版社 ,2018.

[16] 王月明，吴健 . 企业所得税优惠实务操作指南与案例解析 [M]. 北京：中国税务出版社 ,2018.

[17] 本书编写组 . 中华人民共和国现行税收法规及优惠政策解读 [M]. 上海：立信会计出版社，2018.

[18] 中国注册会计师协会 . 会计 CPA[M]. 北京：中国财政经济出版社，2018.

[19] 国家税务总局教材编写组 . 企业所得税汇算清缴实务 [M]. 北京：中国税务出版社 ,2016.